19세기 지방재정 운영

한국학총서 근대전환기의 국가와 민 01

19세기 지방재정 운영

손병규 지음

景仁文化社

책머리에

　이 책은 '근대전환기의 국가와 민'을 공동 주제로 한 총서 집필의 일환으로 작성되었다. 이 총서의 몇몇 연구는 '대한제국' 시기 이전의 19세기에 주목한다. 서구중심의 '근대주의' 역사관에 의거한 '근대' 시기설정에 여러 가지 다른 생각이 제시되고 있음을 반영하고 있다. 한국사의 19세기는 이후 연속되는 식민지의 강렬한 경험만이 아니라 해방후 현대사회에 이르는 한국사회를 이해하기 위한 계기를 마련해 준다. 더구나 근현대 한국사회에서 '국가와 민'의 관계가 갖는 다양한 특성은 보다 장기적인 관점에서 추적되어야 할 것 같다.

　한국사 연구에서 19세기는 오래전부터 전통사회의 '해체'나 '붕괴'의 시기, 혹은 사회경제적 '위기'의 시기로 이해되어 왔으며, 아직도 그러한 인식들로부터 크게 벗어나지 못하고 있다. 전자는 상품화폐경제의 발달이 봉건사회로부터 자본주의적 전환을 야기한다는 '세계사발전단계론'의 일반성에 근거한다. 후자는 식민지시대의 '근대화'로부터 상대화된 전근대 한국사회의 아시아적인 특성을 전제로 하는 관점이다. 양자의 관점 사이에는 근대화의 동인을 한국사 내에 두는가 아니면 일본이나 서양과 같은 바깥에서 찾는가로 대립되는 듯한 논쟁이 있었다. 하지만 이 논쟁은 사회주의 국가 붕괴 이후의 역사인식 변화와 연동하여 진척되지는 못했다.

19세기 한국사회에 대하여 서로 대립하는 듯이 보이는 이 두 가지의 역사인식은 사실, 서구적 근대를 지향하는 개발도상국의 '근대주의' 인식을 공유했다. 이것은 근대국민국가의 건설을 지상과제로 하여 민주주의와 자본주의라는 근대적 가치를 절대화한 것에 연유한다. 더구나 근대사회로의 전환을 한국역사과정의 어쩔 수 없는 기정사실로 받아들이기를 재촉하기도 한다. 서구 역사경험에 의거한 성과로서 근대사회의 선진성을 제창하는 세계사 인식이 비판받기 시작할 때까지 그러했다. 혹은 근대비판을 제창하면서도 궁극적으로는 세계사의 '대전환'이라는 블랙홀에 빠져 헤어나지 못하는 논지까지도 전통적인 '근대주의' 인식에서 벗어난 것인지 의심된다.

민주주의와 물질적 성장으로 대표되는 서구중심적 근대주의의 성과 그 반대쪽에, 인간의 존엄성과 자율성 말살과 사회불평등 심화, 자연환경의 파괴와 같은 근대주의의 부작용이 거론된 지는 이미 오래다. 지역, 민족마다 제각기 다른 역사과정에 의해 형성된 다양한 근대의 실상이 근대주의의 획일적 적용과 근대화의 일률적 추진으로 인해 말살, 은폐되어온 사실도 지적되었다. 근대적 성과가 아니라 근대적 폭력성에 의한 파괴가 특히 비서구 지역에서 자행되었음이 밝혀져 왔다.

근대비판은 서구사회 스스로의 위기감으로부터 시작하여 아시아사회의 역사적 선진성에 대한 발견, 최근 중국의 경제적 부상에 자극되어 진행되어온 측면이 있다. 그 가운데 중국의 광범위한 지역에 대한 중앙집권적 통치체제의 빠른 생성 — 가령 귀족제를 부정한 관리 선발 — '과거제' — 과 지방정부로의 관리 파견 — '군현제' — 에 의거한 집권적 관료시스템 — 과 근대사회에 이르는 지속이 주목되었다. 서구사회에서 관료제를 동반한 국가단위의 집권적 통치체제는 원거리무역의 경쟁으로부터 촉발된 '부국강병'의 절대왕정에서나 가능한 일이었다. 중국을 비롯한 동아시아의 이러한 현상을 '근대적 선진성'으로 평가하고, 일찍부터 식민지-제국주의를 선점하기 위한 기반으로 국가 공권력을 강화하는 근대사회로의 '발전' 가능성이 존재했음을 높이 사기도 한다.

그러나 이미 언급했듯이 동아시아사회에서 이러한 집권시스템을 '발견'했다는 것이 서구적 근대주의를 기준으로 하는 '선진성'이라면 바로 근대비판의 역사인식 전환을 가져다주지는 않는다. 서구적 근대주의에 대한 비판은 서구도 상대화되는 세계 각지의 다양한 근대 현상을 각지의 다양한 역사과정으로부터 이해하는 데에서부터 출발한다. 동시에 '다양한 근대'를 발견하는 과정에서 금방 전체로서의 어떠한 일반성이나 시기구분을 확정하기 어려움을 깨닫게 된다. 다양한 근대의 통일적 이해는 각지의 많은 탐구를 기다려야 한다.

본서의 주제인 '19세기 지방재정'은 이러한 '다양한 근대'의 실상을 조선왕조의 중앙집권적 통치체제의 전개과정으로부터 제시하고자 하는 것이다. '재정'이란 '정부의 경제활동'을 가리킨다. 집권적 통치체제를 유지하기 위한 정부의 재정 확보와 지출은 민의 경제생활에 근거하여 운영된다. 국가와 민 사이의 권력구도를 결정짓는 조선왕조적 재정의 운영원리가 19세기에 한국사회에 어떻게 관철되고 저지되는가? 그리하여 한국사의 근대를 어떻게 특징지을 수 있을까? 그것은 서구의 그것과 다름은 물론, 유사한 재정체계를 견지한 중국의 그것과도 또 다른 측면이 있다.

특히 조선왕조 19세기의 재정을 지방 차원에서 다루고자 하는 이유는 모든 재원이 왕권으로 수렴되어가는 중앙집권적 방향성만으로 조선왕조의 재정시스템을 이해할 수 없기 때문이다. 조선왕조의 중앙집권적 재정시스템은 민의 자발적 조직화와 지방관청의 독자적 운영권이 보장 됨으로써 가능했다. '군현제'라는 중앙집권적 지방행정체계는 지방관이 직접적인 왕권 전달자로 존재하므로 중앙정부에 대한 분권적인 요소가 최대한 억제되는 제도다. 그러나 전근대 동아시아사회는 — 지역에 따라 정도를 달리하지만 — 여러 가지 조건과 이유로 자율성에 의지한 집권화 의 방법이 채택되었다. 집권적인 지방행정체계하에서 각 지역이 횡적으 로 동등한 지방통치·재정 운영이 확보되는 상황을 말한다. 근대사회의 일률적이고 일원적인 집권성과는 성격을 달리함은 말할 것도 없다.

한국사에서 19세기는 오히려 재정 중앙집권화 정책의 지속적 강화에 대한 반동이 이원적 재정시스템의 균형을 되찾아가는 측면을 간과할 수 없다. 19세기 재정의 특징에 대한 탐구는 한국사에서 발견되는 다양한 근대의 한 요소가 될 것이다. 본문에서는 19세기 재정운영의 실상과 그 지향에 대한 이 책의 구성에 맞추어 일부 기존의 졸고로부터 그 골자를 재편집하면서 또한 새롭게 서술했다. 특히 각각의 조선왕조 재정시스템 과 운영원리와 관련한 역사인식에 대해 '보론'으로 문제제기를 시도했 다. 여기서는 조선왕조 재정시스템의 관철이라는 관점에서 기왕의 19세 기 연구가 결론적으로 주장했던 전통사회의 '해체, 붕괴'나 '위기'의 관 점을 비판할 것이다.

'붕괴'든 '위기'든 한국사의 19세기에 대한 기왕의 인식은 침울하기 짝이 없다. 현재까지도 일반화되어 있는, 조선왕조, 특히 그 말기에 대한 부정적 이미지에는 이러한 역사인식이 한 몫을 하지 않았을까 싶다. 침 울하기로 치자면 국가의 주권을 상실하고 민의 주체성이 말살되는 식민 지 경험에 견줄 수 있으랴? 이후로 현대사회에 이르기까지 사회불평등 의 심화는 더욱 격심해졌다. 조선왕조 후기에 양반의 경제적 위상이 낮아지는 반면, 타계층의 양반지향적 성향이 강해졌다. 그로 인해 경제적 위상과 사회적 위상에 괴리가 생기기도 하지만, 이 시기는 전반적으로 이후의 시기에 비해 사회불평등이 해소되는 방향성을 보이고 있었다. 그러한 사회현상은 통치 및 재정시스템의 중앙집권적 방향성과도 궤를 같이한다.

　한국사에서 '다양한 근대'를 발견하는 것은 이후 현대에 이르는 한국사 인식의 변화에 기여할 것으로 기대된다. 이것은 서구적 근대화를 지상 목표로 하는 일본의 식민지정책과 대립하는 것이면서, 그 시대를 견뎌내는 원동력으로 잠재해있었다. 현재의 한국사회가 민주주의의 새로운 길을 세계에 제시하기에 이른 것은 20세기 후반의 민주화운동만으로 설명되지 않는다. 조선왕조를 살아오고 식민지시대를 견뎌온 민중의 역사경험에 근거하여, 그것이 최근까지의 한국사회에 영향을 끼친 점들이 발굴될 때이다.

2018년 5월, 동아시아학술원 연구실에서.

차 례

책머리에

머리말 ·· 1

제1장 정규의 재원과 비정규의 재원
   ; 조선왕조 재정시스템의 재구성 ····························· 15
   1. 지방재정에 대한 정약용(丁若鏞)의 지적 ····························· 17
   2. 상납 재원과 '본관봉용(本官奉用)' 재원 ····························· 33
   3. 지방재정 운영상의 '공(公)'과 '사(私)' ····························· 54
   [보론 1] '중간수탈론' 재고 ··· 72

제2장 지방재정의 운영주체; 수령과 향리, 그리고 양반 ········· 81
   1. '읍재정(邑財政)'의 운영; 재정과정의 관점 ····················· 83
   2. 지방군현의 재정업무와 범위 ··· 93
   3. 재정운영을 둘러싼 타협과 갈등 ····································· 104
   [보론 2] '삼정문란론' 재고 ··· 110

제3장 지방재정 운영시스템의 모델
   ; 화성(華城)과 완영(完營)의 시도 ····························· 119
   1. 유수부재정의 구조; 수원유수부의 경우 ····················· 121

2. 수원유수부와 전라감영의 재정운영
   ; 서유구(徐有榘)의 공무로부터 …………………………… 134
3. 지방재정 운영시스템; 중앙과 지방의 관계로부터 ………… 168
[보론 3] 조선왕조의 군현제; 중앙집권과 지방자치의 관계 …… 186

제4장 중앙재정의 경색화와 지방재정의 대응 ………………… 197
   1. 중앙재정과 '잡세(雜稅)' 및 '잡비(雜費)' 설정의 이유 ……… 199
   2. 지방재정 운영시스템상의 '잡역(雜役)' ……………………… 212
   3. 지방재정 운영상의 대응; 납세조직의 활동 사례 …………… 220
[보론 4] 국가재분배체제상의 '시장'에 대하여 ………………… 227

제5장 중앙집권적 재정시스템의 성패 ………………………… 239
   1. 갑오개혁의 재정사적 의의 …………………………………… 241
   2. 대한제국기의 호구정책이 말하는 것 ……………………… 253
   3. 대한제국기 재정개혁의 이념적 굴절 ……………………… 264
[보론 5] 재정시스템의 '전통과 근대',
         그 단절과 연속의 시각 ……………………………… 274

참고문헌 …………………………………………………………… 282
찾아보기 …………………………………………………………… 290

머리말

케네츠 포머런츠(Kenneth Pomeranz)는 중국 양자강 하류델타지역의 생활수준이 산업화 초기의 서유럽 선진지역과 비교해서 그리 뒤지지 않는다는 사실을 밝힌 바 있다(*The Great Divergence: China, Europe, and the Making of the Modern World Economy*). 그것은 서구중심의 경제발전 사관에 대한 비판적인 연구성과로 평가된다. 그의 논지는 중국의 높은 인구압력에도 불구하고 높은 노동생산성을 유지할 수 있는 사회경제학적이고 생태학적인 근거에 기초해서 제기되었다. 노동을 시간당 임금으로 상품화하는 자본주의적 개념의 노동생산성이 아니라 인구나 가족 단위당 소득으로 계산하고, 생산을 위한 자원의 사용과 소비 측면에서 절약적인 관례, 그로 인해 소득이 갖는 상대적 가치를 고려하여 생활수준을 측정하는 방법이다.

그의 논지는 이처럼 인적자원과 같은 노동의 질적 개념—총요소생산성(總要素生産性)—을 포함하고 있다는 점에서 주목된다. 원리적으로 노동은 생산수단과 분리될 때에 상품화하여 임금을 얻게 되는—비인간적인— 것이지만, 사회적 분업이 일어나기 이전단계의 소농사회에서 노동은 상품화되는 것이 아님을 깨닫게 한다. 가족노동의 협업에 의한 토지집약적 농업을 파종에서 수확에 이르는 전 과정에서 통일적으로 경영할 때에 오히려 높은 생산력을 발휘할 수도 있다. 물론 그는 그 지역 농민의 생활수준을 주로 미작(米作)에 의한 경작소득에 그치는 것이 아니라, 농업수공업과 시장유통을 이용한 소득을 고려한다.

그의 논지에 따르자면 상대적으로 건조하고 더구나 시장이 미발달된

지역의 생활수준은 선진적인 지역과 비교하기에 한참 역부족일 것 같
다. 그러나 그의 계산에 그다지 크게 고려되지 않은 부분이 있다. 그것
은 국가의 재정시스템이 소농경영에 끼치는 영향력인데, 조선왕조의 경
우를 배려하지 못한 데에서 기인하는 것이 아닌가 여겨진다. 또한 그는
"유럽은 자유, 중국은 전제(專制)"라는 전제하에서 비교하는 서구중심의
역사인식을 비판한다. 따라서 국가나 그보다 광범위한 체제를 단위로
경제발전을 비교하는 데에 부정적인 경향이 있다. 중국의 여러 지역을
국지적으로 관찰하여 그 가운데 선진지역을 유럽의 선진지역과 '동등하
게' 비교하고 통합적으로 생각하기를 제안하기 때문이다.

그가 농민의 생활수준을 생각할 때에 재정에 대해 고려하지 않은 것
은 아니다. 유럽은 식민지 경영과 원격지 무역에 의존하는 중상주의 정
책에 따라 필수적으로 소요되는 군사비용이 절대왕조 재정의 막대한 비
중을 차지한다. 그에 반해 전근대 중국과 일본의 경우는 전쟁이 일시적
인 현상에 그치므로 군비지출이 적다는 점을 지적한다. 건설적이지 못
한 재정의 낭비에 대해 조세 징수의 억제가 인민의 생활수준을 높게 유
지하는 한 이유라는 것이다. 그런데 명청대(明淸代)의 천자(天子)의 군대
와 이민족들의 빈번한 침입에 대비하는 변방지역의 둔민에 들어가는 군
사비용, 에도[江戶] 일본 각지 영주들의 사병조직과 막부(幕府) 산하의
군대에 드는 군비등과 비교하면, '군역(軍役)'제도로 운영되는 조선왕조
의 군사체계는 월등히 적은 군비를 요할 뿐이다.

재정에서 군비 비중이 낮다는 것은 조선왕조 재정시스템의 가장 큰
특징이다. 그 점에서 조선왕조는 재정의 목적인 '애민(愛民)' 내지 '안민
(安民)'을 실현하는 데에 매우 유리한 조건을 갖추고 있다. 조선왕조는
임란 이후에 훈련도감의 삼수(三手)를 예외로 전문군대를 양성하지 않

았다. 군역제도에 의거하여 왕도 수비 군문(軍門)과 지방의 군영에 배치되는 자는 번갈아 상번하는 농민들이었다. 면포나 쌀이나 엽전으로 군역 징발에 대신하는 군보(軍保)의 부담도 18세기를 통해 감소했다. 재정의 징수와 소비를 재화로 일원화하지 않고 노동력 동원을 지속적으로 병행시켰는데, 이는 재화의 운송을 비롯한 부대비용을 줄여서 재정규모를 최소화하여 징수 규모도 억제하려 한 결과였다. 중앙집권적 재정시스템의 지향이 그러한 비용을 증대시킬 수밖에 없었지만, 주로 중앙의 정규재정에 집중적으로 토지세화가 진행되어 현물화폐로 조세가 상납되는 데에 그쳤다. 그 외에 특히 지방재정 운영에는 호구파악에 기초한 노역 동원 방법이 지속적으로 구사되었다.

조선왕조의 재정시스템은 밖으로는 조공책봉체제(朝貢册封體制)의 평화주의적 국제관계를 유지함으로써 군비를 최소화할 수 있었으며, 안으로는 명청과 에도에 비해 경제규모 대비, 월등히 낮은 재정수입으로 운영하는 '절약재정(節約財政)'을 견지할 수 있었다. 오히려 적은 재정규모로도 국가재분배체제를 유지하고 국가가 민에게 곡물을 빌려주거나 무료로 배급하는 구휼시스템을 작동시킬 수 있었다던 것이다. 더구나 18~19세기를 통해 계층간 경제적 사회적 격차가 줄어들어 양측면에서의 위상이 하향평준화하는 경향을 보인다. 이러한 상황을 모두가 넉넉지 못하지만 평등주의적인 사회에 복지가 실현되기 쉬운 사실과 연관시키는 것은 무리한 생각일까?

조선왕조 재정시스템의 특징을 비교사적으로 관찰할 때, 포머런츠가 그다지 고려하지 않는-오히려 중국은 '전제'라는 시각을 부정함으로써- 전제국가의 중앙집권적 통치체제와 국가 재정시스템의 영향력은 조선왕조의 경우에는 전혀 소홀히 할 수 없는, 지대한 것임은 분명하다.

문명의 주변부에 존재하면서 중국화, 혹은 일본화되지 않고 독립국으로
서 고유한 통치, 재정체제를 오랫동안 유지할 수 있었던 이유를 돌아볼
필요가 있지 않을까 한다.

　이 연구는 근대전환기의 사회경제적 변동에 대한 국가의 경제정책을
그것이 실현되는 지방의 재정운영으로부터 관찰한다. 지방관청은 군현
제적으로는 국가의 수족 그 자체이지만, 재정시스템상으로는 국가와 민
사이에 존재하여 국가정책을 수행할 뿐 아니라, 민의 대응을 직접적으
로 수용하여 융통성을 발휘해야할 위치에 있었다. 여기서는 단순히 '삼
정문란(三政紊亂)'으로 상징되는 지방 경제정책의 실패가 왕조 몰락과
근대사회로의 전환을 증명한다는 시각을 일방적으로 따르지는 않는다.
왕조국가의 중앙집권적 경제정책과 지방 재정운영의 자율성이 병존하
는 국가경제체제를 발견하고 그것이 근대전환기 사회변동에 대응하는
양상과 의미를 밝히고자 한다.

　조선왕조는 18세기에 국가재정규모를 최소화하는 '절약재정'의 틀을
마련하고, 집권적으로 재원을 징수, 분배하는 국가재분배체제를 실현하
고자 했다. 그러기 위해서 재원의 징수에서 상납운송에 이르는 재정과
정의 업무를 지방관청에 위임하는 한편, 운영경비 조달을 위한 자율적
재정운영을 보장했다. 19세기의 지방관청과 주민은 이러한 국가재분배
체제를 유지하고 중앙재정의 경직성에 대응하는 방안을 함께 모색하고
있었다. 그러나 부세문제와 그 개선방향에 대해 제기되는 다양한 방안
이 합의되지 못할 때, 요구의 관철을 위한 항의가 일어났다. 이런 관점
에서 근대적 재정개혁으로 인식되는 19세기 말의 재정개혁에 대해서도
조선왕조의 전통적인 재정시스템의 연장선에서 재평가하고자 한다.

　제1장에서는 19세기의 사회경제 현상을 설명할 조선후기 재정시스템

의 기초적인 운영원리를, 특히 정규의 재원과 비정규의 재원에 대한 이해를 중심으로 제시한다. 여기서는 우선 정약용(丁若鏞)이 『목민심서(牧民心書)』에서 제시한 재정구조에 대한 이해를 살펴보고, 재정 내용의 정규화를 기하여 작성된 『부역실총(賦役實摠)』에서 지방재정의 범주를 확인함으로써 19세기 지방재정 체계화의 방향성을 생각해본다. 이어서 조선왕조 재정시스템의 이념적 구조로서 '공사(公私)' 인식에 대해 서술한다.

정약용은 중앙집권적인 통치체제를 완수하기 위한 재정구조를 지향하면서도 지방에서 상납업무를 수행할 때에 이중의 장부를 사용할 것을 권하고 있다는 사실이 주목된다. 정약용은 스스로 나라의 법전을 논하는 데에는 핵법을 주장하여 원칙을 세우고자 했으나 목민서에서는 습속에 순응하는 관법을 주장했다. 그러나 이것이 재정의 궁극적이고 이상적인 구조에 대해 그것을 실현하기 위한 어쩔 수 없는 현실적 방안으로 제시된 것은 아니다. 조선왕조 재정이 양자를 분리할 수 없는 관계로 병립하는 것이며, 그것이 조선왕조의 전제국가체제에서 현실 가능한 실천적인 체계임을 시사하고 있다. 단지 지방관청에 보장된 자율적 지방재정의 운영현황이 공공연한 투명성을 확보하게 되기를 기대할 뿐이다.

『부역실총』은 18세기 말에 작성되었지만, 18세기 중엽을 전후로 하는 국가재정의 정액화, 총액화의 결과물이며 또한 19세기 지방재정 운영의 지향점을 제시하고 있기도 하다. 비정규의 재원으로 숨겨져 있던 부분들이 상납 비용과 지방관청의 업무수행 비용 등으로 공개되고 있으며, 그러한 방향으로 공식화되어가서 모든 재원이 정규의 재정부문으로 통일될 것을 예시하고 있다. 그러나 읍재정 운영실태와 비교할 때, 지방재정의 체계화와 함께 그 자율성을 더욱 분명하게 확인할 수 있다.

　조선왕조 재정시스템은 조선건국과 더불어 제시된 '절용이애인(節用而 愛人)'의 이념을 근거로 한다. 밖으로는 중국과의 외교관계를 '조공책봉 채제(朝貢冊封體制)'로 설정함으로써 군사비 지출을 억제하고 안으로는 중앙집권화에 따른 재정팽창을 '절용'의 논리로 제약하는 '절약재정' 체 계로 견지되어왔다. 소비와 징수의 억제에 기초한 재정체제는 징수액을 소비액에 맞추어 정액으로 설정하여 정규의 재정부분으로 공표된다. 반 면에 납세자로부터 수요처의 소비에 이르기까지 들어가는 비용－어떤 의미에서는 '기회비용'－이 비정규의 재정부분으로 지방재정운영의 중 심을 이룬다. 나아가 비정규의 재정부분 내에서 공식화에 대한 비공식적 운영의 온존에서 공과 사의 경계에 있는 지방재정을 발견하게 된다.

　제1장의 [보론]으로는 조선왕조의 절약적 재정시스템에 필연적인 부 가적 재정비용에 대한 이해를 바탕으로, 기존연구에서 일반화되어 있던 '중간수탈론'을 비판하고자 한다.

　제2장에서는 지방재정 운영을 지방관청의 수령 및 향리와 외촌의 주 민들의 역할과 그들 사이의 상호보조 및 견제라는 점에서 관찰한다. 지 방재정, 특히 군현단위의 자체경비에 대한 '읍재정' 운영이 외촌의 주민 들에 의한 자치적 납세활동에 의지하고 있음을 볼 수 있다. 정액적 재정 정책으로 보장된 지방재정 운영의 자율성은 19세기에도 지방의 지배적 세력들이 주도하는 주민간의 협의로 지속되었다. 지방재정 운영상의 수 요는 지방관청 내의 다양한 통치재정기구에 의해 분담되는 한편, 재정 적자를 메우기 위한 부가적 징수가 지역주민의 합의하에 산하 면리에 할당되는 실태를 확인할 수 있다.

　지방재정경비는 동리단위의 호구에 부담을 분정(分定)하여 주로 노역

동원으로 이루어졌다. 이러한 부담에 대해 동리의 유력 양반이 부담의
종류에 따라 하나, 혹은 관련되는 몇 개의 동리를 조합하여 납세조직을
구성하여 대응하는 사례를 볼 수 있다. 동리사이의 부담 정도를 균등하
게 조절하는 역할을 하기도 하고, 재화를 기부하거나 모아서 구매한 전
답의 소출로 사람을 사서 노역 동원에 대신하는 일을 주도하기도 한다.
이것은 지방통치나 재정운영의 이념에 대한 광범위한 지역공동체 주민
들의 이해를 기반으로 하며, 동리 차원에서 자치적인 상호부조의 인식
위에 가능하다. 18세기 이후 유력자가 주도하는 지역공동체의 자치적
활동의 전통이 19세기에도 지속되었다.

　지방관청은 18세기 중엽을 전후하는 재원의 군현단위 총액제 실시로
재정운영상의 자율성을 확보했다. 그것은 징수에서 수송납부와 분배에
이르는 재정과정상의 업무를 중앙정부로부터 위임받은 지방재정의 역
할에 기인한다. 그러나 그만큼 자체경비의 수요도 증가하고 다양화되며
불시의 많은 수요가 발생하기도 했다. 지방재정 운영의 자율성에 의한
역할의 증대에 대응하는 방법과 기술이 축적되어갔다. 지방관아의 산하
재무기구들은 개별 조직이 독자적으로 파악하는 재정운영의 분산성을
가지면서도 재무조직의 재원조달로 지방재정 운영이 일원화되는 경향
도 동시에 진행되었다. 19세기에 그 역할이 증대된 재무기구로 특히 '민
고(民庫)'의 운영에는 지방 유력자가 직접 관여했다.

　1830년대에 경상도 단성현의 재정은 환곡의 미회수로 말미암은 적자
운영이 문제시되었고, 주민과의 합의하에 이것을 메우기 위한 부가적인
지방세를 거두고 있었다. 그러나 그 후로 지방재정 운영을 둘러싸고 수
령, 향리, 납세자 주민 사이에 합의가 원활하게 이루어지지 않았다. 이에
대한 항의가 '단성민란'으로 일어났으며, 지방재정 운영의 핵심인 '삼정

(三政)'에 대한 문제점이 드러났다. 농민 항쟁이 발발할 수 있고, 그것을 수습할 수 있는 배경에는 여러 종류의 '향회(鄕會)'와 동리 차원의 자치적 활동이 있었다.

제2장의 [보론]은 소위 '삼정문란론'에 대해 재고하는 것이다. '삼정문란(三政紊亂)' 인식은 조선왕조가 붕괴하기에 이르는 사회경제적 원인을 농민층 분해와 계급투쟁의 관점에서만이 아니라 부세제도 운영상의 문제에서 찾은 결과이다. 그러나 여기서는 '삼정'을 부세제도 운영상의 문제로만이 아니라 조선왕조 재정구조의 특성과 변화 가운데 관찰하고자 했다.

제3장에서는 지방재정 운영을 수원유수부와 전라도감영의 사례로 분석한다. 수원유수부의 재정구조는 지방 재정기구의 편성과 각각의 자율적 활동 측면에서 관찰될 것이다. 수원유수부와 전라도감영의 재정운영 사례는 19세기 재정운영의 실태를 보여준다.

수원은 정조17년(1793)에 유수부로 승격되어 중앙기관의 하나가 되었지만, 여전히 일정한 통치구역을 가지고 주민에 대해 징수를 수행하고 치안 및 농업재생산의 유지를 도모해야 하는 지방행정구획의 하나로 존재했다. 수원유수부의 정치적 위상에 따른 재정업무의 특수성에도 불구하고 내부의 통치 및 재정기구들의 역할 분담과 재정운영상의 긴밀한 협조관계는 오히려 수원의 재정구조가 지방재정의 표본으로 설계된 듯한 느낌을 준다.

1830년대 전라감영과 수원유수부의 재정운영 사례를 서유구(徐有榘)에 의해서 제안된 모범적 운영시스템이라는 인식으로 분석한다. 재직시의 공무기록인 1834년에『완영일록(完營日錄)』과 1836년의『화영일록(華

營日錄)』에 기초하여 19세기 지방재정 운영시스템의 일반적 경향 가운데 가지는 감영과 유수부 재정의 특성과 그 의미를 음미한다. 수원유수부와 전라감영의 재정운영은 유교지식인 관료에 의해서 조선왕조 재정의 목적성을 가지고 정열적으로 추진되었으며, 그 성과와 더불어 현실적인 제약이 19세기 재정의 일반적인 문제점으로 노출될 것이다.

제3장의 [보론]으로 조선왕조의 군현제를 중앙집권과 지방자치의 관계로부터 거론하고자 한다. 동아시아의 각국은 전제주의 국가로서의 중앙집권적 전통을 공유하며, 더구나 명청(明淸), 조선(朝鮮), 에도[江戸]의 통치체제와 재정시스템은 전래 없는 중앙집권화의 강화를 나타낸다. 그러나 근대 국민국가의 중앙집권력과 비교할 때 동아시아 전제국가의 집권성은 지방단위의 자율성, 자치성을 기반으로 성립됨을 알 수 있다.

제4장에서는 19세기에 심화하는 중앙재정의 경직성과 지방재정 운영상의 대응 방법에 대해 관찰한다. 재정운영상의 '잡세(雜稅)' '잡비(雜費)' '잡역(雜役)'은 개별 국가기관이나 지방관청의 비정규 재원으로 조선왕조의 중앙집권적 재정체제를 특징짓는다. 이것을 재정과 시장의 상호관계로부터 살피고 대응 방법으로서의 납세조직 재편에 대해 분석한다.

왕도 서울의 재정수요에 맞춘 원액의 재원 이외에 조세물류비용을 비롯한 정규외의 부가적 비용이 '정세(正稅)'에 대한 '잡세'로 규정되었다. 특히 '무명잡세(無名雜稅)'는 중앙의 각종 국가기관들이 정액의 재정으로 감당할 수 없는 수요증대를 물류통과세 징수로 보전하고자 하는 활동명목이었다. 정액외의 개별분산적 재정확보 활동으로 불법시되었지만, 절약재정의 조선왕조적 재정시스템에서는 필지의 현상이었다.

이 물류비용을 국가재정에서 공식적으로 지불하고자 한 것이 '잡비'

'태가잡비(駄價雜費)' 명목이다. 이것은 본래 지방재정 운영상의 노역 동원에 의거하는 '잡역'으로 해결해 오던 비정규의 재정부분이었다. 이 재정부분은 노역 동원에 대신하여 부가적 재화 징수로 대처하는 과정에서 지방재정의 중추가 된 것이다. 19세기에 이 비용은 통치업무에 따른 분산적인 재정수입과 지출로 해결되기도 하고 재무기구에서 전문적 회계관리를 통해 일괄적으로 충당되기도 했다.

한편, 지방재정 운영상의 잡역에 대한 대응으로 동리 단위의 납세조직이 할당된 잡역 부담을 내부의 자율적인 조절을 통해 노역으로 제공하거나 재화로 비용을 충당하는 전통적 방법이 시행되어왔다. 동학농민운동이 한창일 시기에 면리를 단위로 하는 자율적 납세조직의 형성이 제안되었다. '면'은 국가가 재정징수의 근거가 되는 토지와 호구를 조사하는 최소 단위이며, 군현 내부에 할당된 지방재정 부담에 대응하는 행정단위이기도 했다. '면' 단위의 납세조직은 자율적으로 생성되기 어려운 것이 일반적이었으나 일찍부터 면 자체의 회계를 가지고 자치적 조직으로 발전시키고자 하는 사례도 발견된다.

제4장의 [보론]은 조선왕조의 '시장'과 재정의 관계에 대해 전제국가의 재정시스템으로서의 '국가재분배체제'에 근거하여 문제제기하고자 한다. 조선왕조는 전제국가의 재정수요를 집권적인 운영을 통해 확보하기 위해서 시장에 대한 통제와 '관(官)'의 주도를 필요로 했다. 그것은 현물경제와 노동력 동원에 기초한 조선왕조 재정시스템의 특징에 기인한다.

제5장에서는 대한제국기 재정정책의 내용과 대응방식으로서의 성패에 대해 서술한다. 이 시기 중앙집권적 재정정책이 갖는 재정사적 의의

를 조선왕조 재정시스템과 운영원리, 그 장기적인 변화 가운데 비판적으로 관찰한다. 특히 갑오년의 재정개혁이 '근대적'인가에 관심을 두기로 한다.

갑오개혁기 재정정책으로, 첫째로는 면세특권의 수조권적 토지분여지를 실결총수에 포함시켜 국고수입으로 징수하는 '갑오승총(甲午陞摠)'이 시행되었으며, 둘째로 각종 토지세를 '결세(結稅)'로 통일함과 동시에 주로 지방관청의 재정수입에 속했던 호구수입을 '호세(戶稅)'로 중앙에서 일괄 징수하게 되었으며, 셋째로 조세금납화를 시행하여 조세납부를 위한 부가적 비용 지출을 격감시켰으며, 넷째로 군경비를 획정하여 지방경비를 중앙에서 배정하는 작업이 진행되었다. 갑오개혁은 조선왕조 통치기간을 통해 장기적으로 진행되어 오던 재정 중앙집권화의 궁극적인 목적을 실현한 결과물로 평가할 수 있다.

그런데 광무개혁을 호구정책의 측면에서 관찰해보면, 지방재원에 대한 중앙집권화가 지방사회의 자율적인 납부활동을 무시하고 일방적인 재정권의 중앙이전으로 강행되는 측면을 읽을 수 있다. 이 시기의 재정은 중앙재정기관으로 집권화되어야 하나, 대한제국 황실의 사유물로 전락하는 결과를 초래했다. '부국강병(富國强兵)'을 명분으로 하였지만, 절약적 재정시스템을 견지해온 적은 재정규모의 재정으로 제국의 재정을 감당하기는 어려웠을 것이다.

대한제국기의 재정개혁을 조선왕조 재정시스템으로부터, 혹은 '근대' 인식과 관련하여 어떻게 평가할 것인가? 제5장의 [보론]으로는 조선왕조 재정시스템의 '전통과 근대', 그 단절과 연속의 시각에 대하여 동아시아적 '근대'의 관점에서 논한다. 우리가 '전통'이라 여기는 재정구조와 운영방법, 그리고 재정이념은 17세기 이후에 발생하거나 일반화되어 가는 것들이다. 이것들은 실로 전통이라기보다 새롭게 나타나는 '근대적'인 것이기도 하다. 조선왕조의 재정시스템이 갖는 특징이 한국적인 근대의 내용일 수도 있다.

제1장

정규의 재원과 비정규의 재원
; 조선왕조 재정시스템의 재구성

1. 지방재정에 대한 정약용(丁若鏞)의 지적

1) 재원의 상납에 대해

다산(茶山) 정약용(1762~1836)은 지방 수령의 징수업무와 관련하여 19세기 초에 편찬된『목민심서(牧民心書)』의 '봉공(奉公)' 6조, 다섯 번째의 '공납(貢納)' 편에서 다음과 같이 말하고 있다.[1]

> "전조(田租)와 전포(田布)는 국용(國用)을 위한 긴요한 재원이다. 먼저 요호(饒戶)에게 거두고 향리가 덜어내지 못하게 하면 납기일에 맞출 수 있다."[2]

여기서 말하는 전조와 전포는 단지 전세(田稅)를 벼와 면포로 내는 것을 의미하지 않는다. 전세는 국고(國庫) 수입을 위해 경작 토지에 부과하는 조세이지만 여기서 전조·전포는 공납과 군역(軍役) 등의 다른 부담이 토지세로 전환된 부분을 포함해서 이르는 말이다.[3] 전세는 지역단위

---

[1] 『牧民心書』는 정약용이 전라도 강진에 귀양을 끝내면서 1818년에 완성한 것으로 알려져 있다. 『牧民心書』에 나타나는 정약용의 재정개혁론에 대해서는 손병규, 2014, 「정약용의 재정개혁론 -지방재정에 대한 현실인식을 중심으로-」, 『한국실학연구』27, 한국실학학회. 일부를 재구성하였다.

[2] "田租田布, 國用之所急須也. 先執饒戶, 無爲吏攘, 斯可以及期矣". 『牧民心書』奉公-貢納.

[3] 토지세 상납에 대해 언급된 '공납'조의 '공납'은 지역 특산물을 납부하는 것이 아니라 재원 상납을 의미한다.

로 해당지역 특산물을 납부하는 공납, 양인 남성에게 부과하는 군역과
함께 조선시대 주요 세입의 하나일 뿐이었다. 전세는 결(結)이라는 토지
면적당 미곡 4~6두(斗)를 부담하는데, 공납과 공납수송을 위한 요역의
일부는 17세기 이후 대동법(大同法)으로 토지세화했을 때 토지면적당 일
반적으로 미곡 12두를 부담했다.

　정약용이 수령의 징수, 상납 업무에 대해 가장 먼저 토지세를 언급한
것은 중앙에 상납하는 재원의 대부분이 토지에서 징수하게 되었기 때문
이다.[4] 17세기부터 18세기 중엽에 이르기까지 대동법과 균역법(均役法)
을 통해 공납이 토지에 대동포(大同布)·대동전(大同錢)·대동미(大同米)
로 부과되었으며, 군역의 반이 '결전(結錢)'으로 토지에 부과되었던 것이
다. 그리고 전세는 물론, 토지세화한 대동 및 부세는 모두 중앙재무기관
인 호조나 호조 산하기관으로 신설된 선혜청(宣惠廳), 균역청(均役廳)으
로 납입되어 중앙의 각 기관들에게 분배되었다.

　'국용'이란 중앙정부 각 부서에서 공공업무를 수행하기 위해 사용하는
재원을 말하는데, 바로 이렇게 중앙재무기관을 통해 일원적으로 납입되
고 지급되는 재원을 주로 가리킨다. 소위 중앙정부가 집권적으로 운용하
는 '국고' 재원이라 할 수 있다. 17세기 이전에 공납이나 군역 재원의 수
납은 중앙의 각종 권력기관들이 지방으로부터 제각기 분산적으로 직접
수납해왔다. 그것을 토지세화하여 중앙재무기관이 일원적으로 수납함으
로써 국용의 비중을 높여 국가재정운영을 집권화해갔던 것이다.

　상납재원의 이러한 집권적 운영은 한편으로 그것에 대한 지방 군현의
운영권을 제고했다. 국용이 상대적으로 유동성이 적은 토지에 집중적으

---

4) 정약용은 『經世遺表』에서도 토지제도에 대해 가장 중요하게 다루고 있다. 단지
　여기서는 중앙정부의 입장에서 국가재정의 원론적 이상이 제시될 뿐이다.

로 부과되고 중앙재무기관에 일원적으로 납부되었다는 것은 그에 따라 지방관아가 관할구역 내에서 징수와 납부의 업무를 통일적으로 수행할 수 있음을 의미한다. 징수에서 수송 및 납부, 지급 및 소비에 이르는 상납재원의 '재정과정'[5] 가운데 납부까지의 업무를 지방관아가 담당한다. 여러 현물들이나 개별 군역자를 수요처별로 파악하여 납부하는 번거로움이 줄어든 셈이다. 징수와 납부 업무만이 아니라 토지세를 징수하기 위한 경작여부의 조사는 물론, 생산력 유지를 위한 경지 관리에까지 지방관청이 개입을 강화할 수 있었다.

상납과 관련한 지방관아의 운영권이 강화되면서 수령이 오히려 경계해야 할 자는 지역 주민들이었다. '요호(饒戸)'는 징수 대상의 중심에 있었으며, 향리는 재정운영 실무의 중심에 있었다. 그러나 여기서 '요호'라는 것은 단순히 부유한 몇몇의 호에 그치는 것을 의미하지는 않는다. 토지세는 일정정도의 토지면적당 납부 대표자인 '호수(戸首)'를 선정하여 납부토록 한다.[6] 토지와 납세호가 별도로 조사되지만 징수에 당해서는 납세자-원칙적으로 토지소유자- 중심으로 이것을 일치시켜야 한다. 요호란 결국 납세 가능한 토지소유자 일반을 가리킨다.[7]

---

5) 근대국가에서는 징수에서 소비에 이르는 일련의 재정과정이 중앙의 재무기관에 의해서 일원적으로 수행된다. 그러나 동아시아 전제국가의 재정과정은 원칙적으로 납부에 이르기까지 납세자의 부담인데 그것을 지방관아가 소위 '청부' 내지는 '위임'을 받아 시행하는 형태를 취한다.

6) 이영훈, 1980, 「朝鮮後期 八結作夫制에 대한 硏究」, 『韓國史硏究』29, 한국사연구회.

7) 19세기 전반에 지방재정 적자를 보전하기 위해 지방세의 일종인 '요호전'을 징수하는 경우가 있었다. 이때의 '요호'는 호적에 등재된 호를 가리켰다. (손병규, 2011, 「18세기 말의 지역별 '戸口總數', 그 통계적 함의」, 『사림』38, 수선사학회. 참조)

토지 징수에 대해 정약용이 우려하는 것은 납세자와 실무를 담당해온 향리들 사이에서 암암리에 벌어지는 국고수입의 잠식이다. 비록 이것이 지방재정을 운영하는 수요로서 지방경비의 마련을 위한 행위라 할지라도 상납의 손실을 허용할 수는 없었다. 이 문제는 뒤에서 다시 상술하겠지만, 여기서는 다만 정약용이 18세기 후반 이후의 국가재정 상황을 이해한 위에 상납재원에 대한 수령의 징수업무를 언급했다는 점을 확인하는 데에 그친다.

그런데 '국용'으로의 토지재원 상납에 이어 또 하나의 국용 수입원인 '군역' 재원이 거론되었다. 군역－정확하게는 군역으로 대표되는 '직역(職役)'－은 16세~60세의 양인 남성에게 부과되어 상번, 조련, 사역 등의 노동력을 제공하는 것을 원칙으로 한다. 그러나 조선후기에는 노역 봉사에 대신해서 군포(軍布), 군전(軍錢)을 납부하는 보인(保人)이 발생하여 그 액수가 증가하는 추세에 있었다.

> "군전과 군포는 서울 군영이 항상 독촉하는 것이다. 첩징(疊徵)인지를 살피고 척퇴(斥退)를 일삼지 못하도록 해야 원망이 없다."[8]

군역 재원은 소속기관에 대한 군역자의 노역봉사를 전제로 함으로써 토지세처럼 중앙재무기관을 경유하여 다시 소속된 기관으로 재분배될 필요는 없었다. 일찍이 군역은 중앙 및 지방의 국가기관, 군영이 개별 분산적으로 확보하여 노역 징병이나 재화 징수를 수행하고 있었다. 기관이나 선임 군역자가 새로운 군역자를 직접 선정－'직정(直定)'이라 한다－하는 방식으로 확보했다. 국가기관 사이에 군역자 확보활동이 경쟁

---

8) "軍錢軍布, 京營之所恒督也. 察其疊徵, 禁其斥退, 斯可以無怨矣". 『牧民心書』 奉公-貢納.

적으로 진행되었으며, 이 때문에 군현 지방관아는 상부기관의 군역자의 증액 요구에 시달리고 한사람이 두 개 이상의 군역을 지는 '일신양역(一身兩役)'의 사태가 벌어졌다.9)

이에 17세기 말부터 국가기관의 개별적인 직정을 금지하고 기관마다 실질적인 군역자수를 조사하고 정족수를 감축시켜 다시 설정하는 군역 '정액(定額)' 사업이 진행되었다. 일단은 중앙 각사(各司)와 군문(軍門)에 소속된 중앙군역자에 대해 역부담이 가능한 건실한 양인 1인을 정액에 맞추어 확보하도록 하고 그 이상의 군역 액수는 '사모속(私募屬)'으로 규정하여 삭제하는 조치를 진행시켰다.10) 이 사업은 18세기 중엽에 군현별로 군역 소속별 역종별 정족수를 설정하기에 이르렀다.

군역 정액사업은 토지세와 같이 중앙재무기관으로 재원이 수렴되는 것은 아니지만, 지방관아의 입장에서는 토지세와 같은 집권적 운영의 효과를 얻을 수 있었다. 군현마다 공공연한 고정적 액수로 확정됨으로써 상부기관이 더 이상 개별적인 군역자 확보를 요구할 수도 없었다. 관할구역 내에 거주하는 군역 대상자를 통일적으로 파악하여 소속처를 배치하는 등의 독자적인 군역운영권이 확보되었던 것이다. 또한 수요기관의 재원이 중앙정부에 의해서 정액수로 공공연히 파악되고 있기 때문에 중앙재무기관을 거치는 번거로움과 비용을 들일 필요 없이 군포 및 군전을 소속기관에 직접 납부해도 집권적 운영에 해가 되지 않는다고 할 수 있다.

이로서 18세기 후반 이후로는 한사람이 여러 군역에 징발되는 첩징(疊徵)이나 납부하는 군포의 질이 낮아서 되물리는 일은 줄어들었다. 그

---

9) 손병규, 1999, 「18세기 양역 정책과 지방의 군역 운영」, 『軍史』 39, 군사편찬연구소.
10) 김우철, 1991, 「均役法 施行 前後의 私募屬 研究」, 『충북사학』 4, 충북대사학회.

러나 현장의 군역 징발과 징수의 실무가 지방관아의 향리들에게 맡겨져 있기 때문에 지방 수령의 입장에서는 어떠한 자의적 군역운영이 일어날지 경계해야 했다.

다음으로 이러한 재정의 중앙집권적 운영체계의 진행에도 불구하고 개별 국가기관과 왕실이 직접 관여하는 재정부분이 여전히 존속했다. 토지세와 군포·군전 상납에 이어 지적된 사항은 모두 여기에 속한다.

> "공물과 토산물은 중앙기관들이 배정했던 것이다. 그 연고를 확실하게 하여 새로운 요구를 막는다면 폐해가 없을 것이다."[11]
> "상부 기관이 이치에 맞지 않게 강제로 지방 군현에 배정하면 수령은 이해득실을 두루 개진하여 수행하지 않아야 한다."[12]
> "내수사와 여러 궁방에 상납이 늦어지면 일이 생기니 소홀히 해서는 안 된다."[13]

지방 특산물을 납부하는 공납이 토지세화한 이후 현물이 개별 국가기관으로 상납되는 경우가 있었으나 극히 제한적이었다. 상부기관의 새로운 재원 설정과 요구는 더 이상 받아들여서는 안 되었다. 그러나 왕 개인의 수요와 왕실의 수요는 그것이 왕권의 매우 사적인 재정부분이라 하더라도 왕의 권위와 관련하여 소홀히 할 수는 없었다. 이 재정부분은 더구나 상납재원에 관련한 재정체계의 중앙집권적 정책이 가속화한 시기에, 왕의 결단이 필요한, 정치적으로 민감한 부분이었다. 정약용은 중

---

11) "貢物土物, 上司之所配定也. 烙修其故, 捍其新求, 斯可以無弊矣". 『牧民心書』奉公-貢納.
12) "上司, 以非理之事, 强配郡縣, 牧宣敷陳利害, 期不奉行". 『牧民心書』奉公-貢納.
13) "內司諸宮, 其上納愆期, 役且生事, 不可忽也". 『牧民心書』奉公-貢納.

앙정계의 그러한 논의와 고민을 경험한 자로서, 지방수령에게 일단 확정된 수준의 재정제도에 순응할 것을 권한 것으로 보인다.

2) 상납업무의 이원적 운영에 대해

정약용은 상납업무를 수행함에 있어 이중의 장부를 사용할 것을 권하고 있다는 사실이 주목된다. 우선 18세기 중엽 이후 토지 징수는 기존의 토지조사 액수를 견지하는 선에서 수행되고 있었다. 전국적인 토지조사는 1720년경의 '경자양전(庚子量田)' 이후 19세기말에 '광무양전(光武量田)'이 실시될 때까지 시행되지 않았다. 이에 대해 정약용은 새롭게 '개량(改量)'이 이루어지는 대신에 지방 군현에서는 '진전(陳田)'과 '은결(隱結)'을 조사하여 원래의 액수를 채워 넣는 데에 그쳤다.[14] '은결'이란 실제로 경작되고 있으나 장부상에 기록되지 않거나 황무지인 진전으로 되어있어 징세에서 누락된 것을 말한다. 정약용은 이 은결은 물론, 궁장토(宮庄土)와 둔토(屯土)가 해마다 증가하여 국고 상납 대상지인 수세실결(收稅實結)이 줄어드는 것을 걱정하고 있다.[15] 이에 따른 집권적 재원의 세입 손실이 문제시되기 때문이다.

토지 징수는 그해의 재해로 인한 재결(災結)을 전년도의 수세실결에서 제외해 받는 일부터 시작된다. 18세기 중엽에 고정적인 세수를 목적으로 하는 비총제가 시행된 이후로 각지에서 보고되는 재결은 전체 수세실결 액수를 크게 변동시키지 않는 선에서 가감되었다. 지역 사이에 재결량이 현실적 재해 상황에 맞추어 고르게 할당되도록 조절하기 때문

---

14) 『牧民心書』「戶典」, 田政.
15) 『牧民心書』「戶典」, 田政.

이다. 정약용은 재결을 보고하고 할당하는 표재(俵災)를 시행한 이후의
토지 징수에 대해 두 가지 장부를 사용할 것을 권했다.

　　"표재가 끝나면 작부(作夫)를 하는데 이래이거(移來移去)는 일절 금하
　고 징미(徵米) 장부는 편의에 따라 허용한다."16)

　'작부'란 수세실결 8결마다 하나의 호수(戶首)를 세워 징수액을 모아
서 납부하도록 하는 것을 말한다. 제각기 분산적으로 세액을 납부하는
데에 따르는 비용을 절감하기 위한 자발적 납부조직이면서 지방관아가
징수업무를 수행하는 데에 대면하는 조직이기도 하다. 그런데 이러한
토지세 납부조직을 구성할 때에 문제가 되는 것은 토지 소재와 납세자
의 거주가 멀리 분리되어 있는 경우이다. 이래이거를 금하라는 것은 토
지 징수는 이동하지 않는 토지에 근거하는데 이동하는 납세자를 따라
징세장부를 작성하기는 어렵다고 판단되었던 것이다. 또한 그러한 장부
상의 출입이 중간횡령의 온상이 되기 쉽다고 여겨졌다.
　따라서 작부하여 납부조직을 구성할 때에는 토지대장에 준하여 시행
하나 징수를 할 때에는 납세자 중심으로 별도의 장부를 만들어 시행한
다는 말이다. 지방관아가 총괄적으로 징수를 수행하는 상황에서 중앙정
부는 지역별 수세실결에 기초한 납부 총액이 확인되면 되었다. 현지에
서 면리별로 호수별로 어떻게 징수가 되는지는 지방관아의 일인 셈이
다. 토지에 대한 징수 장부인 '징미장부'는 소위 '깃기(衿記)'라 하여 납
세자별로 납부대상 토지를 모아놓은 장부를 사용한다. 이 장부는 지역
대대로 징수의 실무를 담당해온 향리들 자신만이 알아볼 수 있을듯한

---

16) "俵災旣了, 乃令作夫, 其移來移去者, 一切嚴禁, 其徵米之簿, 許令從便". 『牧
　民心書』「戶典」, 稅法上.

글씨로 기록되어 있다. 여기에 실무자들이 불법을 자행할 혐의가 존재
한다고 본 것이다.

이와 관련하여 정약용은 "간활한 향리들이 민결(民結)을 몰래 취하여
제역촌(除役村)에 옮겨 기재하는 것을 분명히 조사하여 엄금할 것"[17]을
제안한다. '민결'은 중앙재무기관으로 납부하는 조세지를 말하며 국고로
들어가야 하는 토지를 향리들로부터 사수해야 함을 지적한 것이다. 제
역촌이란 각종 국가기관과 왕실의 경비를 위해 설정된 토지가 있어서
이러한 국고 수입 토지징수가 면제된 곳을 말한다.[18] 향리는 특히 지방
재정의 자체경비를 제역촌을 빌미로 확보하고 있었다. 정약용은 지방재
정운영을 위해 이중장부의 활용을 인정하고 있었지만, 지방경비의 확보
에 대해서도 공식화된 수입 이외에는 사사로이 설정하거나 징수하지 못
하도록 하는 원칙을 적용할 것을 제안했다.

정약용은 작부가 끝난 이후의 징수방법에 대해서도 수령과 향리가 논
의하여 결정할 사항들-계판(計版)의 작성-을 일일이 지적하고 있다.[19]

---

17) "奸吏猾吏, 潛取民結, 移錄於除役之村者, 明査嚴禁".『牧民心書』「戶典」, 稅
    法上.
18) 정약용이 제시한 순서대로 거론하면(『牧民心書』「戶典」, 稅法上), 우선 지방관
    아가 있는 읍치지역, 여기에는 관아의 수요를 위해 설치한 관둔전(官屯田)이 있
    다. 계방촌(契房村), 향리가 지방재정 운영을 위해 설정하여 토지세를 징수한다.
    장인들이 모여서 철기, 옹기를 만드는 점촌(店村), 향교와 서원이 있는 학궁촌(學
    宮村), 여기에는 학위(學位)가 있다. 역원(驛院)이 있는 역촌(驛村)과 원촌(院
    村), 여기에는 역둔토(驛屯土)가 있다. 절 입구에 있는 사촌(寺村), 외창(外倉)이
    있는 창촌(倉村). 궁전촌(宮田村), 둔전촌(屯田村), 여기에는 궁방전(宮房田)과
    둔토가 있다. 감영(監營)에서 포보전(浦保錢)을 징수하는 포촌(浦村), 진보(鎭
    堡)에 소속된 도촌(島村), 관리들의 왕래에 동원되는 영촌(嶺村)이 있다. 그 외에
    병영(兵營)이나 수영(水營) 등의 지방군영이 소재하는 주변 촌락이 모두 제역촌
    이다.

그것은 중앙기관으로의 상납과 지방 소재 감영 및 군영으로의 납부에만 그치지 않는다. 운반비등, 그것을 납부하는 데에 들어가는 중간비용의 조달, 지방의 자체경비를 마련하기 위한 '읍징(邑徵)'에까지 미치고 있다. 그리고 이 조목들을 군현 내의 향촌에 반포하여 훗날 상고하는 자료로 삼기를 권했다.20) 이 재정부분은 징수 및 납부의 업무를 위임받은 지방관아가 알아서 수행해야 하는 부분이다. 말하자면 정약용은 지방재정 운영의 자율성을 인정한 위에 자의적 운영을 경계하면서 그 공식화를 촉구하고 있는 것이다. 이와 관련해서는 소위 '읍재정(邑財政)' 운영의 핵심으로 거론하는 '평부(平賦)'에서 상술하고 있다.

조선후기에 상납 재원의 근거가 토지에 집중되어가는 경향은 서술한 바이다. 그런데 그러한 가운데에서도 군역 징수가 존속했으며, 그것은 호적(戶籍) 작성을 통한 호구파악에 근거하고 있었다. 지방관아의 독자적인 군역운영이 가능해진 18세기 후반 이후로는 해당 지역의 호구총수(戶口總數)를 보고하는 이외에 호구 재원에 대한 운영도 지방관아에서 독자적으로 수행할 수 있었다.21)

호구파악은 주민과 지방관아의 협의 하에 자체적으로 진행하는 것이 관례였는데, 정해진 군역 징수를 완수하고 나면 호적에 근거한 호구 재원의 활용이 용이했다. 지방관아의 각종 통치 및 재무 기구의 인적 재원 수요가 군역에 비견한 '읍소속(邑所屬)'으로 파악되기도 하고, 각종 노동력 동원을 할당하거나, 재정적자를 보전하기 위해 면리 행정단위별로 부담을 분배할 때에도 호구파악에 근거했다.22) 이러한 호구 파악에 대

---

19) 『牧民心書』「戶典」, 稅法下
20) "計版旣成, 條列成冊, 頒于諸鄕, 俾資後考". 『牧民心書』「戶典」, 稅法下.
21) 손병규, 2011, 「18세기 말의 지역별 '戶口總數', 그 통계적 함의」, 『사림』38, 수선사학회.

해서도 정약용은 이원적 운영방안을 제시하고 있다.

"호적에는 두 가지 방법이 있으니 그 하나는 핵법(覈法)이요, 다른 하나는 관법(寬法)이다. 핵법이란 것은 1구(口) 1호(戶)도 장부에서 누락시키지 않아, 호적에 등재되지 않은 자는 피살되어도 검험(檢驗)치 않으며 겁탈을 당해도 송사할 수 없다. 호구의 실제 수를 밝히기에 힘써 엄한 법으로써 단속하는 것이다. 관법이란 구마다 반드시 다 기록하지는 않으며 호마다 반드시 다 찾아내지는 않는다. 동네에 자체의 사적인 장부를 두고 요역과 부세를 할당하고, 관에서는 그 대강을 파악하여 도총(都摠)으로 파악한다. 형평성을 갖추도록 하여 너그러운 법으로 이끌어가는 것이다."23)

현존하는 18세기 호적의 호구 등재 현실은 후자의 관법에 해당한다. 군현의 호적 장부는 중앙과 감영으로 보고되지만, 상부기관은 장부의 제일 뒷면에 제시된 '도이상(都已上)'의 총액을 참고할 뿐이다. 군현단위로 토지세를 비롯한 다른 재원의 징수 액수를 조정할 때 참고사항이 된다. 일호일구도 놓치지 않겠다는 법제상의 엄격함은 오히려 관법의 시행을 보장하는 관념적 장치로 기능한다.24)

면리마다 존재한다는 자체의 장부25)가 현존하지 않지만, 면리단위로

---

22) 손병규, 2001,「戶籍大帳 職役欄의 軍役 記載와 '都已上'의 統計」,『大東文化研究』39, 대동문화연구원.

23) "戶籍有二法, 一是覈法, 一是寬法. 寬法者, 一口無漏於口簿, 一戶無落於戶簿, 使無籍者, 被殺而無檢驗, 劫而無訟. 務得實數, 束以嚴法者也. 寬法者, 口不必盡錄, 戶不必盡括, 里中自有私曆, 以攤徭賦, 府中執其大綱, 以知都摠, 務從均平馭以柔道者也".『牧民心書』「戶典」, 戶籍.

24)『經國大典』을 비롯한 조선왕조의 법전에서 누호누구 규정은 경우에 따라 일일이 처벌내용을 제시하는 것으로 세밀하고 엄격하다.

25) 관법을 시행할 수 있도록 하는 현장의 근거로서 동리에서 사사로이 작성하는 '사력(私曆)'은 '침기(砧基)', 혹은 '가좌(家坐)'로 표현되고 있다.

총액수를 조정한 흔적을 찾을 수 있다.[26] 호적에 등재될 정해진 호구총수에 맞추어 매식년 출입하는 호구 상황을 보건대, 호적등재가 지역내 주민들의 합의에 의거함을 짐작할 수 있다.[27] 면리단위의 공동납도 상호 이해관계를 인지한 위에 이루어졌을 것이다. 국가나 지방관아가 어떠한 부담을 요구하더라도 거기에 대응할 수 있는 주민 내부의 합의와 관례가 치밀한 이해관계 속에서 경험적으로 축적되었을 가능성이 있다. 핵법은 국가 법률이 아니라 국가에 대응하는 현지 주민의 자치적 활동에서 현실화되었다고도 할 수 있다.

정약용은 스스로 나라의 법전을 논하는 데에는 핵법을 주장하여 원칙을 세우고자 했으나 이 목민서에서는 습속에 순응하여 관법을 주장한다고 말한다. 주민을 일일이 빠짐없이 파악하여 모든 인민을 왕민(王民)으로 장악하는 것이 전제국가의 궁극적인 목표이며 조선후기 집권화의 방향성에 부합할지 모른다. 그러나 조선왕조의 전제주의적 통치방식은 지방의 자율성을 인정, 내지는 묵인하는 위에 성립될 수 있다고 여겨진다. 정약용이 제안하는 호구파악의 이원적 운영방법은 현실로서 진행되고 있었으며, 이러한 조선왕조의 이원적 통치체제, 재정체계의 현실에 부합한다고 할 수 있다.

---

26) 권내현, 2001, 「朝鮮後期 戶籍의 作成過程에 대한 分析」, 『大東文化硏究』39, 대동문화연구원.

27) 정해은, 2002, 「丹城縣 戶籍大帳에 등재된 戶의 出入」, 『大東文化硏究』40, 대동문화연구원; 金建泰, 2003, 「戶口出入을 통해 본 18세기 戶籍大帳의 編制方式」, 『大東文化硏究』42, 대동문화연구원.

3) 읍재정 운영에 대해

정약용은 『목민심서』「호전」의 '평부(平賦)'편에서 상납재원을 제외한 지방관아 자체의 재정, 즉 '읍재정(邑財政)'의 운영방법에 대해 상세하게 제시하고 있다. 조선왕조 지방관아의 기능이 징수, 치안, 농업재생산에 있다고 할 수 있으며, 따라서 읍재정은 이러한 기능을 완수하기 위한 수요에 충당되었다. 그러한 지방재정 운영의 목적을 실현하기 위한 재원의 확보 방법으로 18세기 후반 이후에 나타난 읍재정 운영의 특징은 각종 잡역의 토지세화, 납세자 대표가 주관하는 '민고(民庫)'의 창출이라 할 수 있다. 정약용은 지방재정 운영상의 평부,[28] 즉 공평한 부역, 부역균(賦役均)을 수령의 칠사(七事) 가운데 긴요한 것으로 들면서 토지세화에 대해 먼저 거론하고 있다.

"우리 나라는 본래 전세(田稅)가 가벼웠는데 중세 이래 토지에서 부를 징수하여 드디어 관례가 되고 말았다. 대동(大同)도 토지에 부과하는 것이요, 균역(均役)도 토지에 부과하는 것이요, 삼수미(三手米)도 토지에 부과하는 것이요, 모량미(毛糧米)도 토지에 부과하는 것이요, 치계미(雉鷄米)도 토지에 부과하는 것이니, 이것들은 조정에서도 아는 바다. 경저미(京邸米)도 토지에 부과하게 되고, 영저미(營邸米)도 토지에 부과하게 되고, 삭선공가미(朔膳貢價米)도 토지에 부과하게 되고, 공이각가미(公移脚價米)도 토지에 부과하게 되고, 신관쇄마전(新官刷馬錢)도 토지에 부과하게 되고, 구관쇄마전(舊官刷馬錢)도 토지에 부과하게 되어 있다. 수령이 이미 맑지 않으니 아전도 따라서 움직여, 서원고급조(書員考給租)도 토지에 부과하고, 저졸근수조(邸卒勤受租)도 토지에 부과하고 있다."[29]

---

28) 여기서 賦는 공납, 요역과 같이 호구에 부과되어 노역을 징수하는 것으로, 처음부터 토지에 부과되었던 田稅에 상대화될 수 있다.

19세기 초에는 상납재원 가운데 전세만이 아니라 공납과 군역이 토지
세화한 것에 더 나아가 지방경비의 많은 것들이 점차 토지에 부과되는
현실이 지적된 것이다. 정약용이 이를 비판적으로 본 것은 지방재정 수
입의 토지징수는 토지를 가지거나 경작하는 농민들의 부담에 직결된다
고 여겼기 때문이다. "결렴(結斂)은 호렴(戶斂)만 같지 못하다. 결렴을 실
시하면 농민이 궁핍해지며, 호렴을 실시하면 공상인(工商人)이 괴로움을
입고 놀고먹는 자들이 괴로움을 입으니 이는 농민을 보호하는 방법인
것"30)이라고 한 것도 그러한 맥락에서 나온 말이다. 중앙재정과 달리 지
방의 징수는 현지의 유동적 징세대상을 상대적으로 용이하게 파악할 수
있으므로 반드시 토지세화가 합리적인 발전 방향이라 하기는 어려운 것
이다.31)

정약용은 '민고'가 백성의 부담을 가중시키는 것으로 인식한다. 민고
의 폐단은 감사(監司)의 권위에 원인이 있다고 한다.32) 말하자면 군현에
서 상납하는 그해의 재원 액수는 도내 각지의 재해정도를 조정하는 사
이에 가감될 수 있는데, 그 핵심에 감사가 있기 때문이다. 감사는 수령
의 인사고과에도 영향을 미친다. 따라서 군현의 수령들은 감사에게 뇌

---

29) 치계미는 관아의 수요, 경저미, 영저미는 서울과 감영에 파견된 향리에게 지급하
   는 재원, 삭선공가미는 특산물 進上價, 공이각가미는 공문 전령비, 신구관쇄마전
   은 수령 교체시의 비용, 서원고급조는 토지조사원에게 지급하는 수고비, 저졸근
   수조는 면이임 수고비를 말하며 모두 지방재정에서 해결했다.
30) 『牧民心書』「戶典」, 平賦
31) 토지를 단위로 하는 납부는 균세의 재정이념과 배치되는 측면이 있다. 한 소유자
   의 토지는 여러 필지가 광범위한 지역에 퍼져있어 납세자를 중심으로 과세대상
   재원의 규모를 알기 어렵다. 호를 단위로 과세하는 것과 달리, 토지세부과의 대상
   이 되는 과도한 부의 편중을 통제하기 어렵다는 것이다. 토지세로 일원화하는 재
   정의 중앙집권화에는 지향하는 바의 재정이념상의 모순이 내재해 있다.
32) 『牧民心書』「戶典」, 平賦

물을 줄 수밖에 없고 그 비용은 고스란히 재방재정에서 충당되고 결국 백성에게 할당된다는 것이다. 정약용에게 민고가 부정적으로 비친 이유는 운영 재원이 지방관들의 사적인 수요에 충당된다고 여겼기 때문이다. 지방재정 수요도 정당하고 공식적인 공비(公費)로 지급되어야 한다는 것이다. 도마다 고을마다 민고의 규례가 다 다르다는 점을 지적하며 그것이 징수와 지급에 절제가 없는 것으로 비쳐졌다.[33] 정약용은 이에 대해서도 '절목(節目)'을 분명히 하여 공식화함으로써 개선될 수 있다고 보았다.

민고는 본래 지방재정운영을 향리들에게만 맡기지 않고 민간이 주관하여 특히 새로운 항목의 수지출납에 개입하고자 만들어졌다. 운영의 자율성이 확보됨과 동시에 새로운 지출이 증가하는 지방재정의 변화과정에서 민간의 자발적인 개입은 자연스런 것이라 할 수 있다. 그런데 민고와 더불어 폐단으로 지목된 것은 지방관아 내의 각종 통치기구들이 각자의 수입원을 독자적으로 설정한 '계방(契房)'이다. 계방으로 설정된 지역이나 호구는 상납은 물론 민고의 부과에서도 벗어나 있다. 여기에는 향리들이 관여하고 개별분산적으로 비공식적으로 운영된다는 점에서 민고와는 확연히 다른 것으로 인식되었다.

지방경비의 증가는 지방관아의 통치 및 재정업무가 독자적으로 운영되고 전문화되어 기구 자체의 규모가 커짐을 물론, 새로운 기구가 증설되기도 한 때문이다. 그러나 지방관아는 지방경비 수지를 통일적으로 집권화하지 않고 각 기구들이 각자 자생적으로 재정을 운영하기를 원했다. 지방재정 규모를 거대화하지 않고 저렴하게 완수할 할 수 있기 때문이다. 각 기구들은 개별적으로 '읍소속'을 모집하거나 계방과 같은 수입

---

33) 『牧民心書』「戶典」, 平賦

원을 확보할 수밖에 없었다. 지방관아 산하의 각종 통치기구에 종사하는 인력과 인건비가 증대하는 악순환을 감내할 수밖에 없었다. 정약용은 이것들을 혁파해야 한다고 주장한다. 앞에서도 보았듯이 계방과 더불어 궁방전이나 둔전이 있는 곳, 역촌과 장인촌 등, 조세가 면제되어 국고를 축내는 모든 지역의 통제를 거듭 주장했다.

정약용은 지방재정 운영의 다양한 전개와 비공식적인 운영실태가 중앙의 집권적 재정체계를 위협할 것으로 염려했다. 그러한 관점에서 정약용의 지적들은 중앙상납과 상납비용을 포함한 지방재정의 운영에 대해 비판적일 수밖에 없다. 그러나 그 지적에는 당시의 재정시스템과 변화의 방향성이 현실로서 다가옴을 발견할 수 있을 것이다. 특히 정규의 재정부분과 비정규의 재정부분이 이원적으로 존재하고 지방의 읍재정을 위시한 비정규의 재정부분이 공식화하여 정규화함으로써 궁극적인 조선왕조 재정의 중앙집권화를 달성하고자 하는 정약용의 바람을 충분히 읽을 수 있을 것이다. 후술하듯이 그러한 그의 궁극적인 바람은 갑오개혁에서 곧바로 시도되었다.

2. 상납 재원과 '본관봉용(本官奉用)' 재원

1) 총액제 실시의 과정

조선왕조 재정시스템에는 중앙정부가 집권적으로 파악하는 정규의 재원과 함께 공식화되지 않은 비정규의 재원이 병존한다. 정약용은 전자의 방향성을 지향하고 후자를 '폐단'으로 비판하여 그것마저 지속적으로 정규화할 것을 주장한 셈이다. 18세기 말에 작성된『부역실총(賦役實摠)』은 중앙정부가 군현별로 파악한 정규의 재원을 기록하고 있는데, 당시까지 진행된 조선왕조 재정 집권화의 결과를 보여준다.[34] 재정 중앙집권화는 각종 부세의 토지세화를 통한 재원 수납의 일원화와 재원 액수의 정액화로 추진되었다.

18세기 중·후반 이후로 각종 국가재원에 대한 기관별, 혹은 지역별 통계가 '총수(摠數)' '총목(摠目)' 혹은 '실총(實摠)'이라는 이름의 책자로 집대성되어 연이어 간행되었다. '비총제(比摠制)'로 모아지는 집권적 재정정책이 조선후기에 본격화한 결과물들이다. 본래 '비총'이란 제도는 전세 수취 대상 면적을 지역간에 조정하는 방법에서 나온 말이다.[35]

---

34) 손병규, 2008,「조선후기 국가재원의 지역적 분배-賦役實總의 上下納 세물을 중심으로」,『역사와 현실』70, 한국역사연구회.

35) "호조 판서 김약로(金若魯)가 아뢰기를 '금년은 일찍 가물고 늦게 물이 졌으나 대단한 재해는 아직 없었으니, 연분(年分)의 사목(事目)을 본조(本曹)=호조(戶曹)에서 그 비총(比摠)을 참작해 정하여 도신(道臣)=감사(監司)로 하여금 상세히 조사하여 고르게 분배하게 하고, 경차관(敬差官)을 보낼 필요는 없습니다'하니

전세를 수취할 수 있는 실결(實結)은 호조가 필요할 때 경차관(敬差官)·도사(都事)를 보내어 조사=답험(踏驗)하도록 했다. 그리고 도별로 실결의 액수를 정할 때에는 감사(監司)로 하여금 여러 도의 농사형편을 참고하고 이와 상당한 해의 수세 총수와 비교해서 임금의 재가를 얻도록 했다.36) 영조 21년(1745)에는 시노비(寺奴婢)에 대해서도 비총의 법이 정해졌다.37) 이 이외에도 '비총'이라는 토지 징수정책이 모든 국가재정에 대한 정액화와 총액화의 대표적인 방법이 되었다.

조선왕조에서 '총액'은 표면적으로는 '원정총수(元定總數)'라 하여 왕조초기에 이미 정해놓은 국가경제의 규모를 기준으로 세목별 '원액(原額)'을 재확인하는 작업에 지나지 않는다.38) 그러나 그 내용은 고려왕조

임금이 윤허하였다."『英祖實錄』영조20년7월乙未.

36) "敬差官·都事踏驗年分之規, 本曹臨時稟定. 或命道臣磨勘, 則當年八月, 本曹參考諸道農形狀, 以相當年比摠啓下, 觀察使秋審後, 分等啓聞"『大典會通』戶典 收稅 增.

37) 『英祖實錄』62권, 영조21년 7월 4일 갑술.

38) 이것을 '원액주의'라 한다. 재정에 있어서 이러한 '원액주의'는 동아시아 전제국가의 특징으로 소비액수를 확정해 놓아 재정운영의 안정성을 확보하고자 하는 의도가 있었다. 원액이라 해서 예산액의 변동을 불허한다는 말은 아니다. 이와이 시게키는 중국왕조의 원액주의에 대해 다음과 같이 이해한다. "나는 명청시대에 '고정세제'가 있었다고 단순화해 버리는 것은 주저된다. 세액이 법적으로 고정되어 있었는지 아닌지라는 문제는 내가 생각하는 '원액주의'의 생성에 있어 반드시 결정적인 요인은 아니다. 경상적인 재정의 수지를 가능한 한 고정적인 범위 안에 머무르도록 하는 여러 요인이 작용하여 그 결과로서 정규의 재정에 의해 지탱되는 정부의 활동 범위가 고정적, 한정적인 것이 됨과 동시에 편의적 혹은 비합법의 유연한 재정조치가 그 외측에서 생긴다고 하는 구조상의 특질, 여기에 주목한 것이다(岩井茂樹, 『中國近世財政史の研究』, 京都大學學術出版會, 2004. 序章註 19). 宮澤知之의 중국 전제국가재정에 대한 연구(宮澤知之, 1999, 「中國專制國家財政の展開」, 樺山紘一 外編, 『岩波講座世界歷史9; 中華の分裂と再生 3-13世紀』, 岩波書店.)는 唐代의 兩稅法에 5년마다 개정하는 제도가 있었음에

로부터 조선왕조로 전환되는 과정에서 제시된 국가경제운영의 중앙집권
적 방향성이 '현실화'되는 과정으로 볼 수 있지 않을까 한다. 18세기 중엽
의 '총액' 설정은 조선왕조 국가경제 시스템을 형성하는 최종단계에 이
르고 있음을 보여준다. 그와 동시에 이 '총액'은 모든 국가재원의 지역간
분배를 목적으로 한다는 점에서 조선왕조 재정의 특성을 나타낸다.

조선왕조의 국가경제, 즉 재정의 운영은 '국용(國用)'의 절약으로부터,
그것을 위한 최소한의 징수 및 징발, 그 근거가 되는 토지 및 인력, 생산
물 자체, 총체적으로는 지역사회 '영역'에 대한 구체적인 관리, 재정적
역할의 지역분배 등등을 포함한다. 조선왕조의 재정은 모든 재원이 왕
권으로 상징되는 국가에 수렴되고 재조직되어 국가통치 업무를 수행하
기 위한 재원으로 재분배되는 소위 '국가재분배'의 중앙집권적인 전제
주의 재정이념에 기초하고 있기 때문이다.[39] 그러한 집권적 재정이념과
운영방법이 현실화되고 있다는 것과 지역분배가 갖는 조선왕조적 특성
은 구체적으로 무엇인가?

조선왕조 재정은 지향하는 바로서의 중앙집권성과 운영방법으로서의
분권적인 자율성이 상호 긴밀한 관계를 가지면서 병행되는 이원적 재정
시스템을 형성하고 있다. 중앙집권성은 전제국가의 재정이념과 목표에
서 그러함은 위에서 언급한 바와 같은데, 반면에 분권적이라는 것은 재

도 불구하고 '징수총액이 상당히 고정적'이었던 사실을 지적하였다. 그와 함께 당
대의 국가재정이 일관하여 '量入爲出'이었던 것을 지적하고 있다. 또한 당대 및
송대의 재정운용의 실태를 보면 그 시대의 국가재정에는 명청시대에 보이는 것과
같은 '원액주의=고정세제'는 존재하지 않았다고 논하고 당송시대의 재정은 '정액
주의' '租額主義'라 할 수 있다고 하였다.

39) 足立啓二, 1989, 「專制國家と財政·貨幣」, 中國史研究會編, 『中國專制國家
と社會統合:中國史像の再構成2』, 文理閣; 李憲昶, 1996, 「朝鮮時代 國家의
再分配機能과 國內商業政策」, 『省谷論叢』第27輯1卷, 省谷學術文化財團.

원의 수요와 납부라는 두 가지 측면에서 생각해 볼 수 있다. 하나는 소위 '각사자판(各司自辦)'이라 하여 각종 국가기관이 재정을 운영할 때에 발휘할 수 있는 자율성을 말한다. 다른 하나는 국역과 조세라는 인적·물적 재원이 소재하고 그 납부자들이 거주하는 지역사회에서 그 곳의 재정운영을 위하여 허락된 자율성이다.

여기서 말하는 '자율성'이란 중앙정부가 승인하는 범위에서의 '자율성'과 그것을 벗어난 '자의성'을 모두 포함한다. '자율'과 '자의'는 재정운영에 대한 주관적 평가일 뿐, 현장에서 분명하게 구분되는 것은 아니다. 나아가 이 '자율'은 또한 '통제' 가운데 존재하여 이 두 가지도 미분리된 상태에 있는 것이 사실이다. 그것은 조선왕조 재정의 특성이지 그 부패상이나 불합리성을 말하는 것은 아니다.

우선 각종 국가기관이 재정운영에서 갖는 자율성부터 언급한다면, 각종 국가기관의 분산적 재정활동은 중앙재무기관에 의한 일원적 재원 징수와 분배를 원칙으로 하는 재정 중앙집권화 방향에 정면으로 배치되는 것이다. 조선왕조의 재원 징수와 분배가 일원화하기 어려운 장애요소는 첫째로 조세의 근거가 중세의 경제적 근거인 토지로 집중되어 있지 않고, 둘째로 국가가 세물의 징수와 분배에 직접 개입하지 않아도 되는 구조에 있다. 조선왕조의 재정은 세물의 징수와 분배만으로 성립되지 않는다. 거둔 세물을 공공업무를 수행하는 기관이나 개인에게 분배하는 것만이 아니라, 재원의 근거가 되는 토지와 인구, 그 두 가지를 포함한 일정 영역 그 자체가 공공업무 수행을 위해 분배되기도 했다. 일종의 징수권, 수취권의 분여-소위 '수조권(受租權) 분여'-가 그것인데, 각종 국가기관이나 개인이 주어진 토지로부터 징수하여 스스로 소비하는 자율적 재원운영이 허락되어 있었던 것이다.

조선왕조 전반기를 통하여 '직역(職役)' 수행의 대가로 개인에게 주어
지던 수조권 분여지는 점차 소멸하였지만, 공공기관이나 궁방(宮房)에
토지나 수취권이 주어져서 토지세인 전세(田稅)가 면제되는 토지는 존
속했다.[40] 그러나 그 규모, 액수는 제한되고, 일부 토지는 지방관청이 징
수하여 해당기관에 지급함으로써 자율적 징수가 박탈당하기도 했다. 조
선왕조 후반기에 접어든 17세기 이후로는 토지만이 아니라 공납에 있어
서도 수령과 기관 사이의 분쟁과 담합을 통제하고, 궁극적으로는 공납
부담과 그 세물의 수송을 위한 요역의 일부를 토지규모에 준하여 일괄
적으로 부과하는 대동법이 단행되었다. 나아가 해당기관에 배속되어 공
공업무를 수행하거나 그것을 위해 물납을 하던 인적 재원도 기관별 역
종별 정액이 배당되기에 이르렀다.[41] 각종 국가기관의 개별적인 재원확
보활동이나 재정운영의 자율성은 재원의 근거에 대한 중앙정부의 총액
적 파악에 의해 제한받게 된 것이다.

다음으로 후자의 읍단위 재정운영의 자율성을 언급하자면, 이것은 오
히려 국가로부터 그 자율성이 보장받는 측면이다. 국역과 조세 상납은
'왕토(王土)'를 민에게 분배하여 생을 영위하도록 한다는 '몽은(蒙恩)'에
대해 '보은(報恩)'한다는 명분에서 이루어진다.[42] 따라서 필요한 국가재
원의 액수는 소비되는 그대로의 '원액'이며, 그 원액의 재원을 상납하기
까지의 비용은 납세자의 의무조항이다. 지방관청은 이 비용을 최소화하

---

40) 宮嶋博史, 『朝鮮土地調查事業史の硏究』, 東京大學東洋文化硏究所報告,
    1991, 第二章, 李朝時代における收租權的土地支配の展開過程.
41) 손병규, 『朝鮮王朝 財政시스템의 再發見』, 歷史批評社, 2008, 제4장 군역 운영
    의 전개─군정.
42) 오호성, 『조선시대 農本主義思想과 經濟改革論』, 경인문화사, 2009, 제3장 유
    가의 정치사상과 왕도주의.

기 위한 납부조직을 구성하고 상납업무를 총괄하는데, 이러한 비용을 다른 기관과 마찬가지로 스스로의 재정확보 활동으로 감당해야 한다. 중앙정부의 입장에서는 국역 및 조세의 원활한 징수를 위하여 그러한 활동을 보장, 지원해야 했다.

궁극적인 재정의 중앙집권화는 중앙재무기관이 재원의 관리와 징수 및 배분이라는 모든 재정과정에 개입하여 그 비용을 지불하는 데에 이르지만, 그만큼 징수액이 증가하고 국가재정의 규모가 비대해진다. 조선왕조는 재정의 비대화를 막기 위해 지방관청에 자율적 재정운영을 허락하고 징수권과 구휼의 기능까지 부여하였다. 중앙정부가 파악하는 '원액'의 재원과 더불어 지방관청의 부가적 징수와 운영으로 인한 지방의 자율적 재원이 병행하는 이원적 재정시스템을 유지하게 된다는 것이다.

'원액'의 재확인이라는 점에서 18세기 중엽의 총액제 시행이 갖는 특징은 어디에 있는가? 그것은 첫째로 국가의 공공업무를 수행하기 위한 수요재원의 '원액'만이 아니라 호구 및 토지, 운영물자와 같은 그 근거의 '원액'이 재조정되었다는 데에 있다. 그리고 둘째로 재원의 세목별, 혹은 그 근거가 되는 자원별 '원액'을 국가기관마다의 '총액'으로 파악하는 데에 그치지 않고 도와 읍단위의 지역별 '총액'으로 파악한다는 데에 있다.

조선왕조가 진행시켜온 재정의 중앙집권화는 각종 국가기관의 개별 분산적인 재정운영을 중앙정부가 일원적으로 파악하여 통제하고자 하는 시도로 시작되었다. 그리고 각종 국가기관의 분산적인 재정권을 일부분 인정하면서도 전반적으로 통제하는 데에는 궁극적으로 재원의 산출지로부터 지역별 '원액'을 고정시키는 것이 가장 효과적이었다. 그것은 '원액'으로 표현되는 정규의 재정부문과 그것을 넘어서서 자율성이

인정된 부가적 재정부문이 병행하는 조선왕조 재정시스템의 '이중구조'
적 특성에 기초하여 이루어진 정책이라 할 수 있다. 따라서 총액제는 조
선왕조 재정의 특성에서 볼 때, 그 중앙집권화 과정에서 최고 수준의 성
과이기도 했다.

2) 부역실총의 구조

1794년에 편찬된 『부역실총(賦役實摠)』은 전국 각 군현(=邑)의 상납
재원과 자체경비를 수요처별, 세목별로 기록하도록 한 재정자료다.[43] 여
러 군현을 총괄하는 '도(道)' 행정범위별로 그 수장인 관찰사가 군현단
위 지방관으로부터 보고받은 것을 모아서 다시 중앙정부인 조정(朝廷)
에 일괄 보고했다. 각 군현은 중앙의 각급 국가기관으로 상납하는 '경사
상납질(京司上納秩)', 관찰사가 있는 '감영(監營)'을 비롯하여 도내에 소
재하는 군영 및 진영(鎭營)으로 상납하는 '영진상납질(營鎭上納秩)', 그
리고 자체의 지방경비 부분인 '본관봉용질(本官捧用秩)'로 나누어 기관
별, 세목별 세물(稅物)의 품목과 분량을 일일이 보고했다.

이 책자는 조선왕조 재정의 집권화 과정에 있어 18세기 말의 수준을
나타내고 있다. 조선왕조 재정의 중앙집권화는 각종 부세의 토지세화,
중앙재무기관에 의한 재원의 일원적 출납, 재원 원액의 재확인과 '고정
화' 등으로 진행되었다. 이러한 집권화의 결과는 『부역실총』상에 지방
군현마다의 각종 세목으로, 고정된 세액으로 표명되기에 이르렀다. 그러

---

43) 손병규, 2008, 「조선후기 국가재원의 지역적 분배-賦役實總의 上下納 세물을 중
    심으로」, 『역사와 현실』70; 宋亮燮, 2008, 「『賦役實摠』에 나타난 財源把握 方
    式과 財政政策」, 『역사와 현실』70; 權奇重, 2008, 「『賦役實摠』에 記載된 地方
    財政의 位相」, 『역사와 현실』70, 한국역사연구회.

나 군역과 요역을 위시하여 토지를 근거로 하지 않는 세원이 여전히 존속했으며, 모든 재원의 수납이 중앙재무기관인 호조로 일원화되고 있지도 않았고, 군현 자체의 지방경비 부분에 대해서는 정액을 얻기가 어려울 뿐 아니라 중앙정부에서 그것의 전량을 파악하고 있지도 못했다. 또한 모든 세물이 화폐로 금납화하지도 않았다.

〈『賦役實摠』 충청도 忠州의 기재사례(항목선별)〉

[京司上納秩]

戶曹 田稅米 1168石6斗2升9合, 雜費米 162石12斗6升. ……
　　　三手糧米 889石8斗2升5合, 雜費米 50石8斗4升9合. ……
　　　奴貢錢 28兩, 雜費錢 4兩2錢. ……
　　　淑敬公主房免稅米 43石7斗4合, 雜費米 5石12斗. ……
宣惠廳 大同米 5247石14斗9升9合, 雜費米 1024石4斗7升2合. ……
均役廳 結錢 5662兩1錢6分, 雜費錢 113兩2錢4分
　　　　選武軍官錢 840兩, 船稅錢 39兩5錢 春秋分納. ……
訓鍊都監 砲手保木 8同33疋, 雜費錢 86兩6錢
　　　　　硫黃保木 1同9疋, 雜費錢 11兩8錢. ……
糧餉廳 屯稅米 70石10斗5升8合, 雜費米 7石1斗1升. ……
禁衛營 保米 390石, 雜費米 9石11斗2승5合. ……
京畿監營 驛復米 19石4斗9升4合.

[營邑捧用秩]

(監營) 雙樹山城別軍官除番米 21石. 別武士除番米 11石9斗. ……
兵營 待變軍官除番錢 12兩. 新選錢 696兩 春秋分納, 雜費錢 69兩6錢. ……
水營 水軍錢 492兩, 雜費錢 73兩8錢
忠州鎭 需米 49石13斗8升. 紙筆墨價米 2石12斗2升. ……

[本官(捧用秩)]

官需米 400石. 油淸價米 66石10斗. 公事紙價米 12石. 使客支供米 100石. ……
雜役詳定米 1447石4斗5升6合. 火粟田 869兩6錢6分. 21處 場市稅錢 583兩. ……
食鼎 10坐 春秋分納於店人. 柳器 每朔8部式 收捧於匠人. ……
式年成籍時 每戶錢6分式 合錢 1070兩3錢4分. ……
進上藥夫保錢 20兩, 鄕校保錢 240兩, 樓巖書院保錢 120兩. ……

『부역실총』의 내용을 살펴보면, 우선 최대의 세원으로 군현의 특산물을 중앙의 각급 권력기관과 왕실로 상납하는 '공납(貢納)'과 공물 수송을 위한 요역의 일부가 17세기를 통하여 토지세화했으며, 그것은 쌀이나 면포, 동전으로 호조 산하의 선혜청(宣惠廳)에 일괄 납부된 결과를 보여준다. 지방과 각종 중앙기관 사이에 복잡다단한 현물의 출납은 그 자체가 번잡스러울 뿐 아니라, 과다한 중간적 비용을 요하였다. 그렇기 때문에 토지라는 확실한 재원출처에 근거해서 중앙재무기관이 쌀이나 면포와 같은 소위 '현물화폐'로 일괄 수취하도록 한 것이다. 또한 각종 형태의 재원을 각 기관에 분배하되, 수요물품을 '공인(貢人)'이라는 관속 상인을 통해 공급하도록 하였다.[44] 공물징수에 대한 집권화에는 수도 한성(漢城)의 시장 유통이 필요한 한편, 시장에 대한 통제가 전제되었다.

17세기말 이후 각급 국가기관의 면세특권지인 '둔전(屯田)'에 대해 大同稅가 부과될 뿐 아니라 그러한 토지 자체에 대한 제한적 조치가 진행되었다.[45] 둔전으로부터의 수취가 지방 군현에 일임되는 '본관직납제(本官直納制)'가 17세기 말에서 18세기 초에 걸쳐 논의·시행되고 있었다. 왕실토지인 '궁방전(宮房田)'에 대해서도 그 확대가 제한되었는데, 일부의 토지에 대해서는 실제의 토지를 없애고 그만큼의 징수량을 군현의 토지운영 안에서 해결하도록 하였다.[46] 이러한 토지에 대한 징수와 분배는 호조를 통해 이루어졌다. 그러나 『부역실총』에 나타나지 않지만, 토지세가 호조를 통해 일원적으로 징수되지 않고 각급 기관이나 왕실이 직접 지배하는 면세 토지도 조선왕조 말기까지 지속적으로 존재했고, 그것에 대한 통제도 지속적으로 요구되었다.

1750년에는 군역 징발에 근거하는 면포의 징수가 반감되는 대신에 수입 감소분을 토지에 부과하였는데, 그 토지세는 역시 호조 산하의 균역

---

44) 須川英德, 「시전상인과 국가재정-가와이문고 소장의 綿紬廛 문서를 중심으로-」, 이헌창 편 『조선후기 재정과 시장: 경제체제론의 접근』, 서울대학교출판문화원, 2010.

45) 宋亮燮, 2001, 「朝鮮後期 軍·衙門 屯田의 經營形態 硏究」, 高麗大學校 博士學位論文.

46) 손병규, 2008, 「조선후기 국가재원의 지역적 분배-賦役實總의 上下納 세물을 중심으로」, 『역사와 현실』70, 한국역사연구회.

청(均役廳)으로 일괄 납부되었다. 이것은 17세기 말부터 18세기 중엽에 걸쳐 진행된 군역 역종별 정족수의 재확인과 고정화, 즉 '정액사업(定額事業)'의 과정에서 논의되고 그것과 함께 실시된 결과물이었다.[47]

　군역은 수도 한성의 호위를 위해 설치된 군문과 지방의 군사조직인 군영에 소속되어 번을 서기 위해 정병(正軍)으로 매년 순회적으로 징병되거나, 그것에 대신해서 보인(保人)으로 물납하는 제도다. 이것은 군사기관 이외의 기관의 인적 재원을 확보하는 데에도 활용되었다. 군역자는 소속기관에 직접적인 지배를 받고 있었다. 그런데 국가기관들의 개별·분산적인 군역자 확보활동이 경쟁적으로 일어났다. 이런 사태에 대하여 중앙정부는 『양역실총(良役實摠)』을 공포하여 소속기관마다 역종별 군액을 확정하고 다시 군현별 액수도 중앙정부가 파악하여 제한하기에 이르렀다.[48] 『부역실총』에는 물납하는 부분만을 군현마다 기관별 역종별 액수로 명시했다. 여기서 토지재원은 호조와 산하 기관으로 납입되는 부분이 큰데 반해, 군역재원은 각 기관으로 분산적으로 납부되는 경향이 있음을 기억해 둘 필요가 있다.

---

47) 손병규, 1999, 「18세기 양역 정책과 지방의 군역 운영」, 『軍史』39, 군사편찬연구소.
48) 손병규, 1999, 위의 논문.

[표 1] 주요 재무기관의 수입내역

① 戶曹

명목	액수	%	명목	액수	%	명목	액수	%	명목	액수	%
田稅	162,860	50.6	換貿	4,899	1.5	漕船減額	602	0.19	米	182	0.06
三手	55,034	17.1	詳定	4,531	1.4	各樣免稅	563	0.17	收米太	105	0.03
宮房免稅	37,262	11.6	火田稅	2,402	0.8	場稅	467	0.15	蘆稅	72	0.02
收稅米太	27,449	8.5	監役·倉役價	2,079	0.7	移割大同	377	0.12	屯田稅	66	0.02
大同	8,360	2.6	巫稅	1,203	0.4	位稅	270	0.08	魚鹽船	55	0.02
寺奴婢貢	5,417	1.7	內需司免稅	1,184	0.4	役價	209	0.07	宮奴婢貢 外	3,650	1.13
貢物價	5,120	1.6	奴婢貢	788	0.3	糙大米	198	0.06	합계	322,131	100.0

② 宣惠廳

명목	액수	%	명목	액수	%	명목	액수	%	명목	액수	%
大同	307,423	90.2	公作米	13,028	3.8	砲糧	1,306	0.4	移割大同 外	480	0.14
位稅	13,858	4.1	藥材價	4,116	1.2	皮物價	603	0.2	합계	340,817	100.0

③ 均役廳

명목	액수	%	명목	액수	%	명목	액수	%	명목	액수	%
結錢	58,092	58.8	收稅米太	2,360	2.4	免稅大同	199	0.2	地方給代	41	0.04
魚鹽船	13,709	13.9	別上納	1,702	1.7	奴婢貢	183	0.2	貢物價	33	0.03
選武軍官稅	7,286	7.4	田稅	1,486	1.5	監役·倉役價	133	0.1	蘆稅	25	0.03
大同	5,281	5.3	木	600	0.6	小米	109	0.1	義僧防番	10	0.01
各樣免稅	3,714	3.7	屯田稅	346	0.4	別收米	89	0.09	位稅 外	28	0.03
詳定	3,160	3.2	休番稅	298	0.3	巫稅	65.88	0.07	합계	98,821	100.0

④ 內需司

명목	액수	%	명목	액수	%	명목	액수	%	명목	액수	%
奴婢貢	2,617	57.2	火田稅	510	11.2	稅米	21	0.5	寺奴婢貢	0.5	0.01
免稅	733	16.1	內需司免稅	36	0.8	位稅	6	0.1	기타	16	0.4
屯田稅	605	13.2	宮房免稅	23	0.5	添米太	1	0.03	합계	4573	100.0

* 출전 : 송양섭, 「『부역실총』에 나타난 재원파악 방식과 재정정책」, 『역사와 현실』70, 한국역사연구회, 2008, [표 4] 재인용
① 戶曹의 '宮奴婢貢 外'는 宮奴婢貢 46石(0.01%), 鐵稅 37石(0.01%), 匠人稅 10石(0.001%), 기타 270石(0.08%) ② 宣惠廳의 '移割大同 外'는 移割大同 116石(0.03%), 休番稅113石(0.03%), 米 87石(0.03%), 기타 164石(0.05%) ③ 均役廳의 '位稅 外'는 位稅 7石(0.01%), 米 3石(0.001%) 기타 16石(0.02%) 등으로 구성되어 있다.

경기와 삼남으로부터 상납되는 재원을 대표적인 중앙재무기관들에 대해 살펴보면 역시 전세의 2~3배의 부담인 대동세를 담당하는 선혜청이 가장 많은 재원을 수입으로 삼고 있다. 그런데 전세를 담당하는 호조의 수입이 선혜청과 비등하다. 전세 이외에 호조를 거치는 재원이 증가했음을 의미한다. 왕의 수요인 내수사(內需司)의 수입은 중앙재원 가운데 극히 적은 부분에 지나지 않는다. 왕의 수요를 억제해온 결과로 보여진다.[49)]

『부역실총』의 의도를 짐작하게 하는 사실은 첫째로 중앙 및 지방의 국가기관에 대한 상납재원이 군현별 재원 액수로 공표되었다는 점이다. 군현별 정액은 양인 군역자에 대해서는 이미 시도되었던 것이지만, 재화에 한정해서 정해진 세목별 세물의 품목─본색(本色)이라 한다─과 분량을 확정하게 된 것은 18세기 말의 일이다. 이것은 각급 권력기관의 분산적인 재정행위를 제한하고 상납재원에 대한 군현의 독립된 운영을 보장하는 효과를 낳았다. 중앙재무기관인 호조와 산하 기구로 재원이 일원적으로 납부되지 않고 중앙과 지방의 기관별 세목으로 나뉘어 납부되는 것은 국고로 들어갔다가 다시 분배될 때의 수송상의 번거로움을 피한 것으로 이해할 수 있다.

또 하나는 상납재원마다 수송잡비를 책정하고 있다는 점이다. 『부역실총』에 기관별 세목마다 기재되는 세액은 지방군현에서 징수하는 액수가 아니라, 최종적으로 해당 기관에서 소비하는 액수이다. 이 세액이 재원의 '원액'이며, 수요기관에 이르기까지의 부대비용은 여기에 계상되지 않는다. 징수권을 위시한 재정권의 일부를 군현이 행사하는 대신에 수송잡비는 지방 군현에서 부가적 징수를 통해 확보되어야 했던 것이

---

49) 손병규, 『朝鮮王朝 財政시스템의 再發見』, 歷史批評社, 2008, 393~399쪽.

다. 이에 대해 중앙정부는 수송잡비의 일부를 '태가잡비(駄價雜費)' '선
가잡비(船價雜費)' 등의 이름으로 공식화하였다. 그것이 중앙 상납재원
에서 할애되든, 혹은 별도의 지방재원에서 지출되든 재정의 집권적 체
계를 위해서 감수해야 하는 비용으로 여기기 시작한 것 같다. 수송잡비
를 줄이기 위한 노력은 이미 세물의 품목을 조운(漕運)이나 육운(陸運)
등의 지역별 수송환경에 따라 달리 책정하는 것으로 나타내고 있었다.

[표 2] 『賦役實摠』의 기관 범주별 財源의 米 換算 比率

기관	분류	원액(a)	잡비(b)	b/a×100	a+b	합계(%)
중앙재무		669,615	103,641	15.5	773,257	773,257(43.4)
京司軍門	일반	37,995	3,217	8.5	41,213	179,045(10.0)
	군사	123,311	14,521	11.8	137,832	
왕실기관	내수사	4,414	158	3.6	4,573	10,241(0.6)
	왕실	5,369	298	5.6	5,667	
지방 營鎭	일반	503,734	4,026	0.8	507,760	782,294(43.9)
	군사	269,056	5,477	2.0	274,533	
기타	일본	38,500	0	0.0	38,500	38,500(2.1)
합계		1,651,998	131,340	8.0	1,783,339	1,783,339(100.0)

* 출전 : 송양섭, 「『부역실총』에 나타난 재원파악 방식과 재정정책」, 『역사와 현실』70, 한
국역사연구회, 2008, [표 3] 재인용

　　재원 원액에 대한 수송잡비의 비율을 살펴보면 중앙으로 상납되는 재
원에 대해 높은데 특히 중재무기관으로 상납되는 것이 그러하다. 그에
비해 왕실로 상납되는 재원의 납부비용은 상대적으로 낮다. 또한 토지
세보다 군역 현물납에서 더 높은 잡비비용이 책정되었다. 그러한 차이
에 대해서는 그 원인을 좀 더 분석할 필요가 있는데, 분명한 것은 그 비
율이 아무리 높아도 실제의 납부비용에는 미치지 못한다는 사실이다.
납부업무를 수행하기 위해 징수하는 액수는 원액으로 정해진 소비액수

와 거의 맞먹을 것으로 여겨지기 때문이다.『부역실총』에 기재된 수송
잡비는 본래 상납해야 하는 재원 가운데 일부를 할애해 준 것이며 그 나
머지는 예전대로 지방관아에서 처리하는 것이 아닐까 추측된다.

3) 읍재정의 내용과 운영 방법

『부역실총』에는 중앙에 상납되는 재원 이외에도 지방의 감영 및 각종
군영에 상납되는 '영진상납질'의 재원과 군현의 자체경비로 할애된 '본
관봉용질'이 기록된다. 그런데 '영진상납질'의 재원이 중앙으로 상납되
는 '경사상납질'의 재원에 버금갈 정도로 많은 반면, '본관봉용질' 부분
이 이들 상납 재원에 비해 눈에 띠게 적은 비율에 그친다는 사실을 발견
할 수 있다. 도내의 영진(營鎭)으로 상납되는 재원은 본래 중앙재무기관
으로 수렴되었다가 다시 재분배되는 것이 원칙이지만, 중앙정부의 인지
하에 군현에서 바로 납부됨으로써 수송비용을 최소화한 결과로 볼 수
있다.

'본관봉용질'에는 실제 모든 지방경비가 기록된 것은 아니다. 중앙정
부가 지방경비를 위해서 국가재원의 일부를 할애한 부분에 지나지 않는
다. 조세납부 부담이 납세자나 지방관아의 책임이라면 군현의 읍재정은
모두 지방사회에서 스스로 처리해야 한다. 그러나 그 일부에 대해 지방
관아의 격에 따라 중앙정부가 할애하는 재원 규모가 각기 다르지만 중
앙정부가 공식적인 재원으로 할애하였다. 즉『부역실총』의 '본관봉용
질'은 지방재정 운영을 위한 경비로 지출되는 것 가운데 중앙정부가 공
식적으로 파악하고 있는 부분으로, 정규의 재원으로 공포한 것이다. 그
에 반해『부역실총』에 등재되지 않은 지방경비는 원칙적으로 비정규의
재원이다. 부역실총은 그 일부가 전국적 문서에 공식화되어 정규의 재

정부분으로 전환되어 온 18세기 말의 결과를 보여준다.

『부역실총』과 같은 시기에 편찬된 『상산읍례(商山邑例)』는 경상도 상주목(尙州牧)의 재정운영에 관해 지방관청 산하의 각종 통치조직과 재정조직의 활동을 기록한 책이다.[50] 이 책자는 『부역실총』과 같이 상부에 보고하기 위해 마련되거나 정부의 명령에 의해 작성된 것이 아니라, 상주 지방관의 자발적인 필요에 의해서 편찬되었다. 상납재원에 대한 군현별 세물의 품목과 액수를 전국적으로 공포함으로써 지방 군현의 재정운영에 자립성을 보장하는 분위기가 이 책자의 편찬을 촉진했을 지도 모른다.

[표 3] 『부역실총』과 『상산읍례』에 기재된 지방재정 규모의 비교

稅目	品目	부역실총(A)	상산읍례(B)	차액1 (A-B)	단위	담당기구
需米	米	390	390		石	官廳色
使客支供米	米	120	120		石	別官廳色
使客饌價錢	錢	280		280	兩	
衙祿位米	米	18	18		石	官廳色
衙祿位太	太	5.3	5.3		石	軍器色
屯稅租	租	35	35		石	官廳色
火稅錢	錢	613.1	957.5	-344.4	兩	都書員色
巫稅錢	錢	6.5	10.5	-4	兩	禮房色
場稅錢	錢	612	270.7	342	兩	救民廳,立馬廳
船稅錢什一條	錢	3.9	3.9		兩	工房色
雉鷄價錢	錢	294.5		294.5	兩	
柴炭藁草價錢	錢	1054.6	626.6	428	兩	州司色

50) 權奇重, 2008, 「『賦役實摠』에 기재된 지방재정의 위상」, 『역사와 현실』70, 한국역사연구회.

魚果雜種價錢	錢	1057.3	2057.3	-1000	兩	吏役廳
工庫雜物價錢	錢	240		240	兩	
氷丁價錢	錢	45	45		兩	都書員色
傳關錢	錢	204	204		兩	承發色
年分紙價錢	錢	72.5		72.5	兩	
息肩租	租	450	?	?	兩	息肩廳
守堞軍官除番錢	錢	375		375	兩	
弓矢人錢	錢	98	77	21	兩	軍器色
紙匠保錢	錢	110		110	兩	
藥保錢	錢	108	152	-44	兩	醫局
蔘保錢	錢	350		350	兩	
進上保錢	錢	287	294	-7	兩	醫局
氷丁價錢	錢		150	-150	兩	戶長色
進上添保價錢	錢		666	-666	兩	戶房色
工房色排朔錢	錢		240	-240	兩	工房色
官廳色排朔錢	錢		294.5	-294.5	兩	官廳色
別官廳色排朔錢	錢		120	-120	兩	別官廳色
進上人蔘價錢	錢		100	-100	兩	都書員色
藥保錢	錢		419	-419	兩	都書員色
進上本價米	米		10.7	-10.7	石	醫局
米 合計		528	538.7	-10.7	石	
錢 合計		5811.4	6687.5	-876.1	兩	
租·太 合計		490.3	40+?	?	石	

* 출전 : 權奇重,「『賦役實摠』에 기재된 지방재정의 위상」,『역사와 현실』70, 한국역사연구회, 2008, [표 5]에서 재구성

『부역실총』의 경상도 상주목 부분에 기재된 기관별 세목별 세물의 액수와『상산읍례』의 그것을 비교해보면, 중앙 및 지방소재 국가기관에 대한 상납재원은『상산읍례』쪽의 전세가 약간 많이 기록된 것-1,300량이

더 많다-을 제외하고 다른 항목들은 대체로 비슷하다. 『상산읍례』의 전체 상납 토지재원을 보면 동전으로 환산한 56,000량 가운데 1,600량이 더 많은 것에 그친다. 두 자료의 비교에서 확연한 차이를 보이는 것은 『부역실총』의 '본관봉용질'에 지방경비로 할애된 재원들이다. 수미(需米), 사객지공미(使客支供米), 아록위미·태(衙祿位米·太), 둔세조(屯稅租)와 같이 일찍부터 지방경비로 공인된 재원들은 같은 액수로 고정되었다. 그러나 『상산읍례』에는 그 이외에 『부역실총』에 표면화되지 않은 재원이 산재함을 발견할 수 있다.

우선, 상납되는 정액의 토지재원에 대해 그 수송비용의 일부가 대동여미(大同餘米)와 같이 중앙재원으로부터 지방 군현에 할애되었음을 확인할 수 있다. 452석이 지방관청 산하의 재무조직인 '대동고(大同庫)'에서 '경상납(京上納)' 비용으로 지출되고 있는 것이다. 뿐만 아니라 균역청여전(均役廳餘錢)은 지방관청의 식료수요를 위해 육고(肉庫)에서 회계를 담당하고 있다. 군역부담이 반감된 대가로 토지에 부과되어 균역청으로 상납되어야 하는 결전(結錢)의 일부가 지방의 군사기관에 할애되고 있었는데, 지방관청에도 결전의 지방유치분을 지방경비로 할애하고 있었던 것이다. 그리고 화세전(火稅錢)의 지방유치분이 있다. 가경지(加耕地)를 당년의 재해지인 재결(災結)과 상쇄시키고 남은 토지에 대해 화세전·가전대전(火稅田·加田代錢)으로 징수했다. 호조에 일정량을 납부한 뒤의 징수액은 지방경비로 할애되었다.

'복호(復戶=卜戶)'는 국가적인 공적이 있다거나 공적인 업무를 수행하는 특수 공무자의 호에 대하여 호단위의 부역이 면제되는 것을 말한다. 그런데 부역이 지세화함으로써 잡세가 면제되는 '복호결(復戶結)'이 설치되었다.[51) 호역을 토지세로 대신하는 점은 '민결수봉(民結收捧)'의 잡역도 마찬가지로 '복호결'로 인식되고 있었다. 그러나 이것은 지세의 일부를 면제하는 '복호결'과 달리 토지세에 부과되는 지방세적인 징수이다. 18세기 말에 토지부가세로 징수하는 잡역은 가령 '시복전(柴卜錢)'이라는 세목으로 정리되어 있었다.

'민결수봉'은 지방관청수요를 위하여 호역으로 행해진 현물납부와 인력동원을 토지에 부과하는 것으로, 이미 서술했듯이 정약용이 지방재정의 문제점으로 지적한 바 있다. 18세기 말의 『부역실총』 단계에서는 감영 및 지방관청 본관의 연분 보고 용지의 납부, 물품 저장·운반용의 얼음 채집과 함께, 읍재정상의 수요물품으로 연료나 말의먹이인 시탄(柴炭)·고초가(藁草價), 지방관청 공적인 식사 제수인 꿩·닭·생선·과일 등의 어과잡종가(魚果雜種價)·치계가(雉鷄價), 업무용 물품을 마련하기 위한 공고잡물가(工庫雜物價), 그리고 공지사항의 전달 비용인 전관전(傳關錢) 등이 토지세에 부가되고 있었다.

지방재원으로 더욱 주목되는 재원은 군역을 위시한 신역재원의 존속이다. 『부역실총』에 이미 중앙기관에 소속되었던 무부(巫夫)와 궁시인(弓矢人)으로부터의 징수 재원과 지방군영 소속으로 상납되던 수첩군관제번전(守堞軍官除番錢) 375량이 지방경비인 '본관봉용질'로 분류되어 있다. 수첩군관은 『상산읍례』에 읍성액내군관(邑城額內軍官) 512명, 읍성액외군관(邑城額外軍官) 247명으로 기록되어 있는데, 실제로 파악되는 자들 가운데 매인 1량5전, 혹은 1량3전을 받는다고 하니 많으면 1000량 넘게 재원을 확보할 수도 있다.

군현은 지방행정기관이므로 군역자를 재원으로 확보할 수 없는 것이 원칙이었다. 상기의 군역 재원은 특별히 군현의 지방경비를 위해 할애

---

51) 그런 의미에서 정약용이 지적한 '계방'도 이러한 복호의 일종이라 할 수 있다.

된 것이지만, 군현에 소속된 자체의 군역자는 둘 수 없었던 것이다. 그런데 18세기 중엽에 중앙기관 및 지방군영에 소속된 군역이 정액사업으로 고정됨으로써 지방관청의 군역운영이 독자성을 갖게 되고 여분의 인력들을 지방재정을 위한 재원으로 확보하기 시작했다. 이렇게 군역에 준하여 군현에 소속시킨 인원들을 '읍소속(邑所屬)'이라 한다. 18세기 말에 상주에는 약보(藥保), 삼보(蔘保), 진상보(進上保), 지방보(紙匠保) 등을 설정하여 재원을 마련하고 있었다.[52]

경상도 단성호적(丹城戶籍)에서 '읍소속'으로 등재된 자들을 집계해보면 그들은 18세기 후반에 급증하여 19세기 전반까지 증가하다가 이후 감소하는 양상을 보인다.[53] 단성지역에도 18세기 말에 읍소속이 주요한 지방재원이었음을 짐작할 수 있다. 읍소속이 감소하는 시기에 호적 본문상의 군역자수 전체가 감소한다. 이것은 군역과 그것에 연원을 둔 개별인신적인 신역징수가 군현단위로 총액화하였기 때문이다. 군현에 부과된 인적재원은 인력이 동원되는 경우를 제외하고 토지대장인 양안(量案) 상의 토지나 호적상의 호에 일률적으로 부과될 수 있었다.

끝으로『상산읍례』에서 놓칠 수 없는 사실은 지방관청의 이러한 재정운영이 산하의 여러 통치·재무조직에서 분산적으로 수행된다는 점이다. 이미 지적한 바와 같이 지방경비를 위한 재원은 확실한 액수를 얻지 못한 경우가 많았다.『상산읍례』상에 지방경비로 액수를 기록하고 있는 것만을 합계하면 동전으로 환산하여 2만량을 넘지 못한다. 인력동원으로 수요를 해결하는 부분을 감안하더라도 세액으로 표면화되지 못하는

---

52) 손병규, 2000,「조선 후기 상주 지방의 역수취 체제와 그 운영」,『역사와 현실』 38, 한국역사연구회.
53) 손병규, 2001,「戶籍大帳 職役欄의 軍役 記載와 '都已上'의 統計」,『大東文化研究』39, 대동문화연구원.

재원이 숨어있음을 의미한다. 그것은 징수원이 불안정하기 때문이라기보다 소비량이 일정하지 않기 때문이다.

이러한 것을 '불항정식(不恒定式)'으로 분류한다. 상례로 재원이 지출되는 일이 아니라 갑작스럽게 많은 돈이 드는 일이 발생할 때에 대비하는 재원이다.54) 지방재원으로 비축된 적은 재원량으로 이러한 일에 대응하기 위해 산하의 여러 재무조직이 조금씩 나누어서 지출하여 부담을 분산시키는 방법을 취한다. 정약용이 여러 재무기구들이 제각기 스스로 재원을 마련하는 것에 대해 지적한 바 있는데, 그것은 바로 이러한 지방 경비 부담의 분산을 위해서 고안된 측면이 있다.

한편, 상납재원으로 규모가 큰 토지세는 토지를 조사하는 '도서원색(都書員色)'에서 징수와 상납 및 지출을 담당하고 곡물의 출납은 대동고(大同庫)에서 담당한다. 동전의 출납을 담당하는 '구민고(救民庫)'의 재원은 지방재정에 새롭게 발생하는 지출에 대응하기 위해 설정되었다. 이러한 새로운 지출항목에 대한 재원관리는 향리가 아니라 양반에게 맡기고자 했다. 역시 정약용이 지적한 '민고(民庫)'가 바로 이것이다. '주창색(州倉色)'은 환곡(還穀)의 출납과 감가상각비로 받는 10% 모곡(耗穀)의 운영을 담당한다. 재정업무가 분산되어 있기는 하나 재원에 따라 전문화하여 일원적으로 운영되는 경향도 병존했다. 이것은 마치 국가재정의 집권성과 분산성의 병존, 절약적 재정운영 방책이 지방재정운영에 도입된 것과 같다.

---

54) 손병규, 2000, 「조선 후기 상주 지방의 역수취 체제와 그 운영」, 『역사와 현실』 38, 한국역사연구회.

3. 지방재정 운영상의 '공(公)'과 '사(私)'

1) 조선왕조 재정시스템 상의 공과 사

전근대 중국의 전제국가 재정을 서구사회와 대비하여 다음과 같이 이해되고 있다.[55] 즉, 봉건사회의 재정은 독자적인 의사결정을 실시하는 다양·중층적인 중간 제단체가 존재하여 그것을 포함한 재지세력으로부터 왕권에 이르는 각종 지배가 제각기 어떠한 독립된 재정을 갖는다고하는 '다극·분산적인 재정'이다. 그러나 그것과 달리 전제국가의 재정행위는 매우 집중적이고 거대하다고 여겨지고 있다. 한정된 지역에 대한치밀한 지배로 계급적인 징수가 즉각적으로 벌어질 수 있는 서구 봉건사회의 징수율과 비교하면 동아시아 전제국가의 그것은 일반적으로 낮다고 할 수 있다. 특히 중국의 경우가 가장 낮은 것으로 평가되는데, 그러나 그렇게 소량이라도 전국으로부터 중앙으로 집중되었을 때에 그 전체규모는 상당히 크다는 말이다.

그런데 조선왕조의 경우에는 중앙으로 집중되는 재원에 대해 규모면에서 억제되었다.[56] 전근대 조선의 재정은 중국과 같이 주권이 집중된전제국가의 재정이며, 재정사적 전개과정도 유사했다. 그러나 왕토사상이라는 재정이념과 조선적인 재정원칙이 고수됨으로써 조선왕조 말기까

55) 足立啓二, 1990,「專制國家と財政·貨幣」, 中國史研究會編,『中國專制國家と社會統合:中國史像の再構成2』, 文理閣.

56) 손병규, 2003,「조선후기 재정구조와 지방재정운영-재정 중앙집권화와의 관계」,『조선시대사학보』25, 조선시대사학회.

지 사적 토지소유는 법제적 인정을 받을 수 없었고, 이미 언급한 바와 같이 병농일치의 원칙에 기초한 직역징수도 존속했다. 고려시대 이래로 중국왕조와의 외교관계를 책봉체제(冊封體制)로 설정함으로써 군사력 확대가 억제되었을 뿐만 아니라,[57] 국가 통치상의 중앙집권화나 중앙정부의 재정팽창이 '절용(節用)'의 논리에 따라 제약되고 있었다.[58] 조선의 재정은 정규의 징수액이 낮게 고정되는 대신에 징수과정에서 발생하는 부대비용이 납부자 스스로의 역부담으로 지출되어 지방에 소재하는 재원을 중앙으로 집중시키는 집권적 국가 물류가 제한되고 있었던 것이다.

이러한 재원의 재분배 방법은 지방관청에 징수업무를 위임하거나 각종 국가기관에 징수권을 분여하는 것을 포함한다. 전자는 징수의 현장에 설치되어 있는 지방관청의 기능으로 국역징수와 관련되는 업무를 위임한 것이며, 후자는 국가기관이나 공적 단체가 각각의 공공업무를 수행하기 위한 재원을 스스로 확보할 권리, 즉 재정권을 분배하는 것이었다. 또한 개인적인 공공업무 그 자체의 분배인 직역이 직역자의 역부담으로 수행되었다. 나아가 경비를 스스로 징수할 수 있도록 직역자에게 보인이나 면세지를 분배한 것도 이러한 재원분배 방법의 범주에 들어간다고 할 수 있을 것이다.

이 징수권의 분배는 첫째로 민인의 자발적인 왕세 납부를 원칙으로

---

57) 손병규, 2017, 「册封體制下에서의 '國役' - 朝鮮王朝 재정시스템의 특징과 관련하여 -」, 『사림』59, 수선사학회.

58) 재정운영에서 '節約' 논리란 비상시의 특별재정, 긴축재정이 아니라 재정지출에서 항상적인 절감을 주장하는 것을 말한다. 사료용어로는 '節用'이라 하는데, 왕민으로부터의 상납예물을 소중히 사용해야 한다는 이념에서 사용되었다. 이러한 이념에 기초한 財政을 '節約財政'이라고 부르기로 한다. '절약재정'이란 단순히 재원의 낭비나 중간수탈을 경계하여 공무상의 윤리를 강조하는 것은 아니다.

하는 왕토사상의 재정이념에 근거하여 납부를 위한 부담이 민인의 의무 사항으로 행해졌다는 것, 둘째로 현물수송이 대종을 이루는 재원물류의 현실에서 그 수송 부담을 최소화하는 방법으로 고안되었다는 것에 원인 이 있다. 재원의 납부부담은 납세자에게 있으므로 국가기관에 분배되는 재원의 정액에는 포함되지 않고, 단지 공권력이 개입하는 요역, 잡역 등 의 징수로만 성립한다.59) 또한 분배되는 재원이 납세자로부터 재원분배 를 실시하는 중앙의 재무기관까지 수송되었다가 다시 수요처에 이동될 필요는 없었다. 재원이 분배될 수요처에 재원이 직송되거나 수요처가 징수하도록 처음부터 징수권을 건네주면 되는 것이다.

공공기관이나 지방의 사회단체에게 재원에 대한 파악, 관리, 징수, 배 분 등, 일련의 '재정과정'에 대하여 독자적인 재정권이 주어지는 이러한 재원은 국가의 '공적(公的)'인 재원에 대해 '사적(私的)'인 재정부문으로 취급되었다. 중앙집권적 관료제하에서도 개별분산적인 재원 확보활동이 존재했던 것이다. 그러나 이것에 대해 중앙정부는 '공(公)'으로의 일원적 인 재원분배를 추구해가고 있었다.60)

---

59) 여기서 '잡역'은 그나마 공식화한 것을 말한다. 공식되기 이전에 정해진 세목이 없었기 때문에 '잡'이라는 용어를 붙였을 뿐이다.

60) 조선왕조의 국가징수는 전세, 신역, 공납, 요역을 부세제도로 하여 행해졌다. 그런 데 16세기쯤에 신역징수의 일부가 인력동원에 대신해서 면포를 내는 물납세로 변 하고, 17세기 이후 공납이나 요역의 일부가 전세와 같이 토지에 부과 하는 대동 법, 18세기 중엽에는 군역의 부담을 줄이는 대신에 그 부족분을 토지에 부과하는 균역법으로 지세화함에 따라 징수체제의 일원화가 진행되었다. 17~18세기에는 부세의 지세화, 재원의 정액화, 그리고 그 징수·분배를 일괄적으로 실시하는 중앙 의 재무기관 설립으로 재정의 중앙집권화가 진행되고 있었던 것이다. 손병규, 2003, 「조선후기 재정구조와 지방재정운영 -재정 중앙집권화와의 관계」, 『조선시 대사학보』25, 조선시대사학회; 須川英徳, 『李朝商業政策史研究-十八·十九世 紀における公權力と商業-』, 東京大學出版會, 1994, 第一章 亂廛に見る十八

조선초기 이래 국가기관의 분산적인 재정권은 점차 제한되어 갔으며, 부세의 지세화와 함께 행해진 재원분배의 정액적인 조치는 국가의 일원적인 재원파악과 수요처에 대한 통제를 의미한다. 이러한 정액화에 의한 정규적 재정부문에 대하여 각급 국가기관이 수요팽창에 따라 재원을 조달하는 규정외 징수의 현실이 불가피했다. 그러나 이것은 또한 '사적'이고 비정규의 것이기 때문에 통제의 대상이 되었다.

그런데 지방관청의 재정권 발휘와 규정외 징수에 대해서는 지방관청이 국가재원의 출처를 행정적으로 관할한다는 점에서 다른 국가기관의 그것과는 다른 관점이 필요하다. 조선왕조는 전제국가의 관료제로 형성되었으며, 지방정부는 그러한 중앙집권적인 관료제의 지방행정체계로서 편제되었다. 지방행정관청의 기능은 징수, 치안유지, 농업생산력의 안정 등이었다. 그러나 달랑 지방관 몇 명을 파견하는 중앙정부의 입장에서 지방통치를 통해 집권체제의 완수를 바라기에는 한계가 있었다. 조선왕조 지역사회에서는 '수령, 양반, 향리'라는 세 가지 권력이 존재한다.61) 중앙정부는 이들 삼자가 서로 견제하도록 함으로써 지방사회 내부의 세력을 분산시키고 중앙정부의 통제 하에 복속토록 하여 전체로서 집권적인 통치체제를 관철시키려 하였다.

바꾸어 말해 국가적 징수가 완수되고 중앙에 대한 반란이 억제될 수 있다면 지방관청 수령의 감독 하에 향촌 지배세력의 자치적인 활동에 지방통치를 위임하는 편이 중앙정부가 다루는 재정예산 측면에서 경제적이며, 효율성의 측면에서 '합리적'이었다.62) 조선왕조 중앙정부는 어

世紀商業界の矛盾.

61) 宮嶋博史, 『朝鮮土地調査事業史の硏究』, 東京大學東洋文化硏究所報告, 1990, 「植民地朝鮮」, 『シリーズ世界史への問い8; 歷史のなかの地域』, 岩波書店.

62) '합리성'을 소위 서구 근대적 합리성에서만 구하지 않는 관점이 요구된다.

느 정도의 '공적' 재정부분을 집권적으로 확보하는 한편, 지방관아의 '사적'인 재정운영을 묵인하는 방안을 채택한 것이다.

납세자가 수요처에 직접 납부하는 것을 원칙으로 삼아, 상납부담을 납세자 부담으로 하는 것이 반드시 효율적이라 하기는 어렵다. 그렇다고 중앙집권적 재정원칙에 따라 중앙재무기관이 직접 납세자로부터 징수하여 국고로 옮기고 다시 재분배하는 업무를 일원적으로 담당하기에는 중앙재무기관의 설치와 거액의 운영자금을 필요로 한다. 납세자나 중앙정부에 대신해서 지방관청이 행정관할구역의 재원파악과 징수의 업무를 대신 실시하는 것이 합리적이었으며, 그것이 지방관청의 최대의 기능이 되었다. 명청대 중국의 경우에 대비하자면 납부업무가 수령과 향리에게 "청부"되었던 셈이다.

2) 명·청과 조선의 비정규 재원—비교사적 관찰—

조선왕조 재정시스템은 동아시아 전제국가의 특징을 공유하면서도 역사 경험을 달리함으로써 지역마다 서로 또 다른 성격을 나타낸다. 조선왕조 재정시스템과 명·청대 그것에 대해 재정 집권화 과정과 운영구조에서 서로 비교하는 것은 조선왕조의 그 특성을 이해하는 데에 매우 유용한 관점을 제공한다.[63]

명말 16세기의 『부역전서(賦役全書)』는 일조편법(一條鞭法)의 보급과 더불어 지방의 회계책으로 작성되기 시작했다.[64] 『부역전서』에는 각 주

---

63) 이하, 손병규, 2011, 「조선후기 비총제 재정의 비교사적 검토 - 조선의 賦役實摠과 明淸의 賦役全書」, 『역사와 현실』81, 한국역사연구회.의 일부를 재인용했다.
64) 일조편법은 唐末 이후 토지세를 쌀과 보리로 여름과 가을 연 2회 납부하는 양세법 (兩稅法)에 대신해서 각종 세목과 역종별 부담을 은(銀)으로 단일화하여 토지나 人

현(州縣)마다 징수할 세목, 수량, 지출할 항목과 수량을 매우 상세하게 기재하였다. 주현으로부터 성(省)의 포정사사고(布政使司庫)로 보내어 중앙 및 타지로 상납하는 재원과 주현 내에서 지출하는 존류(存留)의 액수를 정해둔 것이다. 그리고 이 존류 부분은 지방 말단 관부에서 일하는 서리나 관속의 임금-공식은(工食銀)-, 종이나 초를 구입하기 위한 경비까지 일일이 정액을 정하여 '국가재정'의 일부로 포함되었다.65) 이것은 중앙정부가 관여치 않던 요역계통의 징수 등이 정규의 토지세와 함께 법정적인 성격의 국세(國稅)로 변화하여 국가재정 속에 들어가서 정규화, 경직화하는 것으로 이해되고 있다.66)

청대 『부역전서』에 기록된 모든 재원은 '유지(留支), 협향(協餉), 경향(京餉)'으로 구분된 해당지역으로부터의 지출 총량으로 재편되었다.67)

丁에 따라 획일적으로 할당한 제도다. 梁方仲, 1952, 「明代一條鞭法年表」, 『嶺南學報』 第12卷 第1期. 이것은 결국 청대에 들어와 地丁銀 제도로 발전하게 된다.

65) '존류은(存留銀)'이라는 명목으로 파악되었다.

66) 岩井茂樹, 1994, 「徭役と財政のあいだ-中國稅·役制度の歷史的理解にむけて-」, 『經濟經營論叢』第28卷第4号(3月), 第29卷1·2·3号(6·9·12月), 京都産業大學; 「一條鞭法後の徭役問題」, 『中國近世財政史の研究』, 京都大學學術出版會, 2004. 일조편법과 재정체제와의 관계는 '통일적·조직적 재정으로의 변화, 지방재정의 정규화=중앙화, 정액의 재확정으로부터 원액주의로의 변화'로 정리되고 있다.

67) 청대에 들어서는 1646년(順治 3) 3월에 각 성 레벨에서 『賦役全書』를 편성하여 중앙재무기관인 호부(戶部)로 보내도록 하였다. 이때에는 기존의 『賦役全書』에 준하여 기록하되 토지면적 및 세액 액수등의 가감만을 보고하는 것이 일반적이었다. 명말 만력(萬曆) 연간의 『賦役全書』에서 정액화된 토지면적 및 세액의 액수를 이후의 '원액(原額)'으로 유지하고자 한 것이다. 이어서 1651년(順治 8) 이후로는 점차 주소제도(奏銷制度)가 정비되었다. 이것은 지시한 대로, 정칙대로 실행되었는지를 호부가 사후에 감사하기 위한 것이다. 각지에서 작성된 『賦役全書』는 강희 23~24년(1684~85) 사이에 『간명부역전서(簡明賦役全書)』로 개정되어 이

주현의 지방경비 수요에 응하여 지출되는 '존류'와 상부의 성으로 상납되는 재원이 '유지'이며, 이웃의 다른 성에 재정보충이나 군사비를 위해 지원하는 부분이 '협향'이다. 그리고 천자가 사는 중앙의 황도(皇都)로 상납되는 부분이 '경향'이다. 청대 초기에 중앙정부는 지방에 소재하는 재원총액을 전반적으로 파악하고 그 처리 여부에 대한 결정권을 가지고 있었던 것으로 추측된다. 그러나 정액재정 가운데 여전히 지방경비가 가장 많은 비중을 차지하고 사전에 정해진 중앙상납은 낮게 책정되어 있었다. 그리고 지방의 수요를 채운 뒤에 남는 것이 있다면 그 재원을 '경향'으로 첨가하는 데에 그쳤다.

명말부터 청대에 걸쳐 작성되는『부역전서』는 16세기 일조편법에 이르기까지의 재정 집권화에 근거하여 편찬되었다. 이에 대해 상기한 바와 같이 조선왕조 18세기 말의『부역실총』은 재원의 근거인 토지와 군역에 대하여 17세기부터 진행되어오던 재정운영체제의 중앙집권화 과정의 결과를 나타낸다. 중앙에 대한 지방의 재정 보고서이며 회계책인 두 자료는 각종 부세의 토지세화, 납부 세물의 화폐화-최소한 미곡이나 면포와 같은 현물화폐화- 경향에 기초하여, 재원 원액(元額)의 재확인과 고정화라는 공통적인 재정정책 환경에서 도출되었다.

그런데 재원의 일원적 정액화 수준을 명·청과 조선의 회계책이 서로 달리 표현하는 측면이 있는 것으로 보인다. 명·청의 경우에는 중앙 호부와 타지역으로 납부되는 재원액수가 은량 총액으로 표현되어 있어, 각종 국가기관이 개별적인 재정을 확보할 수 있는 여지는 보이지 않는다. 명의『부역전서』는 지방재정 '유지'의 공식화에 우선적인 목적이 있으며 그로부터 중앙으로 상납할 '경향' 재원을 추차적으로 제시한다. 지방

후 10년마다 보정하도록 정해졌다.

의 시시콜콜한 지출항목까지 호부가 파악해서 결재할 수 있게 하고, 예
산외의 비공식 재정을 축소시켜서 중앙집권적인 국가재정으로 지방재
정을 흡수하는 효과도 갖게 되었다. 지방경비의 많은 부분이 정액화되
어-17~18세기초에 전체 정액의 30% 정도- 중앙정부의 통제하에 있는
'국가재정'으로 일원화된 형태를 나타낸다.

이에 반해 조선왕조의『부역실총』에는 재원의 원액 재설정이 중앙정
부의 일원적인 재정파악을 목적으로 하지만, 중앙기관이나 지방관청에
서 운영하는 모든 재정 항목에 대해 그러한 정액화가 완료된 것은 아니
다. 징수와 분배가 중앙재무기관을 통하여 이루어지도록 중앙집권화된
재원만이 아니라 그곳을 거치지 않고 각 국가기관에 직접 납입되는 재
원에 대해 정액을 재확인하는 경우가 발견된다. 뿐만 아니라 중앙재정
가운데『부역실총』에 기재되지 않고 각각의 국가기관이 개별·분산적으
로 징수하는 비정규의 재정부분도 존속했다.68) 국가기관 및 왕실의 증
대하는 재정수요에 대해 정규의 고정화된 재원으로는 감당할 수는 없는
부분이 있었으며 그것을 각 기관 및 왕실이 자체적으로 충당할 수밖에
없었다.69)

특히 지방관청의 경비부분 가운데에는 회계책상의 정액으로 떠오르
지 않은 정액외 징수와 수요가 있었다.『부역실총』에는 재원의 정액화
가 그나마 중앙상납에 대해 집중적으로 이루어지고 상대적으로 지방경

---

68)『부역실총』에 기록되지 않은 독자적인 재정수입이 확보되고 있었다. 손병규『조
　　선왕조 재정시스템의 재발견』, 역사비평사, 2008, 95~99쪽 참조.
69) 박희진, 「19세기 司饔院 公院의 운영과 그 몰락」, 이헌창 편,『조선후기 재정과
　　시장: 경제체제론의 접근』, 서울대학교 출판문화원, 2010; 須川英德,「第1篇 開港
　　前における國內商業政策の推移」,『李朝商業政策史硏究-十八~十九世紀に
　　おける公權力と商業』, 東京大出版會, 1994.

비에 대해서는 국가재원 가운데 할애된 것과 자체적으로 확보한 재원의
일부에 한정되어 있다. 지방재정의 정액화 대상은 극히 제한되어 있어
지방재정을 정규의 국가재정으로 파악하지 못하고, 그 파악이나 운영이
군현에 방임되어 있다.

　명·청과 조선의 지방 회계책에서 찾을 수 있는 또 한 가지 공통점은
자료명에 '부역(賦役)'이라는 용어를 사용하는 점이다. 그것은 토지세화
및 금납화의 경향과는 상반되는 오래된 징수방법으로 노동력 동원이 이
들 자료와 관련되어 있다는 것을 시사한다.[70] 잡역은 실재로 지방재정
운영상 조세수입으로 지출할 수 없는 거의 모든 노역과 재원 부담을 망
라하고 있었다.[71] 명말의 일조편법으로 이러한 역부담을 포함하는 지방
적인 요역 부담을 은납화하는 조치가 취해졌다. 이러한 요역이『부역전
서』에 정액을 얻어 중앙에 보고되었던 것이다.

　토지세를 비롯한 부세의 '부(賦)'와 요역의 '역(役)'을 통합하는 의미로
서 '부역'이라고 한다면, 그것은 조선의『부역실총』에도 부합된다. 조선
왕조 재정상의 '부'는 공납과 그것을 상납하기 위한 요역의 일부를 토지
세화한 '대동'을 가리킨다.『부역실총』에 전세를 비롯한 각종 부세들이

---

70) 14세기에 里甲制가 확립되면서 요역은 마을단위의 호구에 할당하여 윤번제로 수
　　행하는 里甲役과 그 이외에 유력호를 부정기적으로 지명하여 응역시키는 雜役
　　으로 존재했다.
71) 가령 驛站 관계의 역은 水驛水夫, 즉 驛船의 수부를 세량 5석~10석으로 정해
　　진 호 가운데 응역시키는 등의 기준이 있었다. 도한 중앙과 지방의 관부에서 여러
　　종류의 사역에 종사하는 祗侯·皂隸(잡용이다)·禁子(감옥 간수), 弓兵(범인 체
　　포, 순찰) 등은 세량 2~3석인 호 가운데에서 고르게 되어 있었는데 洪武18년
　　(1385)부터 각 호의 경제력에 따라서 상·중·하의 戶等(戶則이라고도 함)을 적용
　　하여 등급에 따라 각종 역에 징발되는 호를 골랐다(岩井茂樹,「均徭法からみた
　　明代徭役問題」,『中國近世財政史の研究』, 京都大學學術出版會, 2004).

기록되기는 하나 '부'에는 이미 공납 요역에 유래하는 부세가 포함되어 있는 셈이다. 더구나 군역의 납포화 부분이 '역'으로 기록되어 있다. 여기에도 토지와 호구에 기초한 세역(稅役) 부담의 통합의도가 내재되어 있다. 『부역실총』은 요역을 포함하는 공납의 토지세화와 군역의 정액사업을 계승하는 의미로도 이해할 수 있다.

그러나 조선왕조의 재정체제에는 노동력 동원의 징수형태가 군역이라는 정규의 재원으로 정액에 근거하여 징수될 뿐 아니라, 지방관청에서는 그것에 준한 형태로 인력이 동원되어 지방통치업무의 수행에 투여되고 있었다는 점, 재원 징수 가운데 직역(職役)=군역 부과가 국역체계로 존속하고 있었다는 점이 명·청대 재정체제와의 차이점이다.[72] 18세기 중엽의 균역법으로 군역의 일부가 토지세화하여 개별 군역자의 부담이 반감되었으나, 군역징수 형태는 이후 왕조말기까지 국가재정의 일환으로 존속했다. 이것은 직역의 대종을 이루는 군역이 소멸하고 유력호에 잡역의 형태로 부과되는 데에 그치는 중국과는 판연히 다른 모습이다.

군역징수는 군역부과 대상의 유동성 때문에 토지에 대한 징수와 같이 하나의 기관에서 일괄적으로 시행하기는 어려웠던 듯하다. 변방의 경계나 중앙수도의 수비를 위한 군사비가 협향, 경향의 대부분을 차지하고 납부형태가 은으로 일원화된 명·청대의 재정과 달리, 조선왕조의 군역

---

72) 조선왕조는 전문군인 양성의 필요성으로 말미암아 병농이 분리된 당말 이후의 중국과 달리, 병농일치의 제도를 견지했다. 직역자 개인에 대한 私田 징수권-수조권(受租權)-의 분여가 조선전기를 통해 소멸했지만, 직역이 공공업무수행의 의무조항으로 전환되었다. 이로써 본다면 군사비용을 최소화하고자 하는 재정적 의도가 군역징수를 지속시킨 하나의 이유라고 할 수 있다. 또 다른 시각에서 그것은 조선왕조가 전문군대를 보유할 수 없는 국제관계-책봉체제(冊封體制)- 속에 존재하기를 원했기 때문이 아닐까 한다(손병규, 2003, 「조선후기 재정구조와 지방재정운영 -재정 중앙집권화와의 관계-」, 『조선시대사학보』25. 참조).

부담은 결국 각자의 소속기관으로 분산 납입되었다. 각종 상급 국가기관이 지방 군현의 군역재원을 분권적으로 장악하는 상황에 대신해서 군현 자체의 자율적인 군역재원 관리가 가능해졌다는 점이 군역 중앙집권화 정책의 수확이라 할 수 있다.[73]

군현의 자율적 군역운영의 결과, 소속 역부담자가 공식화하고 증가하였다. 이러한 추세는 주로 부가적 요역·잡역 징수에 기초한 비정규의 재정부분이 정규재정 세물의 원액 고정화에 대해 반대급부로 증가하는 현상과 매우 닮아 있다. 단지 세물 상납을 위한 비용을 포함하여 조선왕조 군현의 잡역 징수는 지방재정의 자율적 운영에 위임=방임된 상태에 있음에 반해, 중국의 비정규적 재정부분의 근간을 이루는 요역계통 징수는 일찍부터 공식상 국가재정 속으로 들어가 있었다.

군역에 근거하는 재원 납부가 각종 국가기관으로 분산 납입되는 것은 조선왕조의 현물재정적인 특징과도 관련이 있다. 화폐로 통일되지 못한 여러 형태의 세물 상납은 재원원액에 더한 상당한 추가적 부담을 필요로 하므로 호조등의 중앙재무기관을 경과하지 않는 재원 분배 방식을 유지시켰다. 조선재정이 명대, 특히 청대의 재정과 현격한 차이를 발생시킨 것은 조세의 금납화 수준, 그리고 그것을 초래한 시장의 발달 수준에 있다.

명말 이후의 『부역전서』는 조미(漕米)와 지방경비 일부를 제외하고 거의 모든 세물이 은납화하였으며, 그것은 시장발달에 근거하여 이루어

---

73) 명대 이갑제에 근거하여 요역계통의 부담을 지역주민 모두가 분담하는 방법과 마찬가지로 조선왕조에서도 지역공동체 내에서 일정 군역 액수를 책임지는 '이정법(里定法)', 군역을 공동납 형태로 부담하고자 하는 '이징법(里徵法)', 동포제(洞布制) 등이 제안되었다. 송양섭, 1995, 「19세기 良役收取法의 변화-洞布制의 성립과 관련하여-」, 『韓國史研究』89, 한국사연구회.

졌다. 중국은 15세기 중엽, 상품 유통과 화폐경제의 발전에 따라 농업생
산물이 다양화하고, 조세의 은납화가 진행되어 징세 항목과 종류가 증
가하게 되었다.[74] 중앙과 지방 사이의 활발한 물류에 따라 조세를 은으
로 납부하고 수송비용은 시장에 맡길 수 있었던 것이다. 재정이 시장의
물류에 전적으로 의지하여 운영될 수 있었던 셈이다.

그런데 조선후기 재정은 명대초기와 같이 현물경제에 기초하고 있었
다. 대동법에 의해 미(米)·포(布)·전(錢)이 서울시장에 대거 유입되었으
나 많은 부분이 납부된 세물 형태 그대로 소비되고 나머지 세물의 유통
은 관의 허가를 받은 특권상인의 주도하에 진행되었다.[75] 점차 세물 가
운데 동전납의 비중이 커져가는 경향을 부정할 수 없지만 중앙재정에
대해서는 기본적으로 이미 정해진 세물의 본래 형태인 '본색(本色)'으로
조세가 납부되기를 고집했다. 시장이 미발달했으며 오히려 국가가 재정
적 목적으로 상품화폐경제를 억제하고 시장을 통제해간 측면이 있다.[76]
재정 지출의 안정성을 꾀한 결과였다.

무엇보다도 재원총량의 규모를 생각할 때, 명·청의 경우, 지방에서 징
수되는 재원 가운데 중앙으로 상납되는 세액의 비중은 그리 크지 않지

---

74) 足立啓二, 1990, 「專制國家と財政·貨幣」, 中國史硏究會編, 『中國專制國家
と社會統合:中國史像の再構成2』, 文理閣.

75) 박기주, 「貢人에 대한 경제제도적 이해」; 須川英德, 「시전상인과 국가재정-가와
이문고 소장의 綿紬廛 문서를 중심으로-」(이상, 이헌창 역음『조선후기 재정과 시
장: 경제체제론의 접근』, 서울대학교출판문화원, 2010)

76) 시장을 거치지 않고 지배계층 사이에 주고받는 선물형태의 물류는 일찍부터 활발
했으며, 수령의 부임과 관련하여 지방재정 지출과 분리될 수 없는 형태로 진행되
기도 했다(이성임, 2005, 「16세기 양반사회의 선물경제」, 『한국사연구』130, 한국
사연구회; 2004, 「조선 중기 양반관료의 '稱念'에 대하여」, 『朝鮮時代史學報』
29, 조선시대사학회.

만, 전국에서 중앙으로 집합된 재원의 총량은 천자와 그 가족, 중앙정부의 권위를 지킬 수 있는 막대한 양이 될 것이다. 여기에 더해 중앙과 변방의 방위를 위한 군사비용의 지출을 감당할 수 있는 규모였다고 할 수 있다. 그에 반해 조선왕조에서는 지방재원 가운데 중앙으로 상납되는 재원의 비중이 상대적으로 크지만,[77] 중앙에 모인 재원의 총량은 명·청의 그것에 비길 바가 아니었다. 더구나 '절약재정'의 이념으로 재정규모의 증대는 억제되고 있었다.[78]

3) 읍재정의 위상—공과 사의 경계에서

중앙정부가 국가권력이 미치는 영역의 모든 재원을 파악하고 일률적으로 징수하여 국고로 수납하고, 공공업무를 수행하는 기관과 관리·군인들에게 재분배하는 일원적이고 집권적인 재정운영이 전제주의적 재정의 이상이었다.[79] 이러한 재정이념의 실현을 목표로 하여 재정의 중앙집권화 수준을 명·청대와 단순 비교한다면 조선왕조의 그것은 매우 낮은 단계에 머물렀다고 하지 않을 수 없다. 그러나 정규의 재정부분으로 대변되는 재정의 중앙집권화 방향과 함께 비정규의 정액외 재정부분이 이원적으로 병행되고 있는 것이 오히려 전근대 전제주의적 재정의 특징[80]이라고 한다면, 반드시 모든 재원이 중앙집권적으로 파악되는 것

---

77) 손병규, 2008, 「조선후기 국가재원의 지역적 분배-『부역실총』의 上下納 세물을 중심으로-」, 『역사와 현실』제70호, 한국역사연구회.

78) 손병규, 2007, 「조선시대 국가경제의 운영원리-국가재분배의 관점에서-」, 『朝鮮時代史學報』42, 조선시대사학회.

79) 足立啓二, 1990, 「專制國家と財政·貨幣」, 中國史研究會編, 『中國專制國家と社會統合:中國史像の再構成2』, 中國史研究會編, 文理閣.

80) 岩井茂樹, 1994年3月, 「徭役と財政のあいだ-中國稅·役制度の歴史的理解に

만을 '발전적'인 것으로 높게 평가되어야 하는 것은 아니다.

집권적인 행정체계를 상징하는 군현제의 발달에도 불구하고 지방재정의 독자성이 유지되거나 오히려 보장되는 측면이 있었다고 하는 점은 전제적인 통치구조와 군현제에 대한 새로운 인식을 요구한다.[81] 명·청의 경우는 지방관이 스스로 재정운영조직을 결성해야 하는 데에 비해 조선왕조에는 양반과 향리라는 지방의 지배적 계층이 재정운영에 개입함으로써 재정의 자율적 성향을 견지한다는 차이를 발견할 수 있다. 명·청대 사회는 신분제가 일찍이 해체되어 지방사회에 대한 중앙정부의 집권적 통치가 상당히 진전하였으나 조선왕조는 유동성을 특징으로 하면서도 신분제가 작동하고 있었다. 조선사회는 관치(官治)에 상반된 그들만의 지방자치를 주장하기는 어려웠지만 명·청에 비해 전반적인 지역사회 운영의 자립도가 상대적으로 높았다고 할 수 있다.

18세기까지 진행된 재정의 중앙집권화는 단지 지방에 소재하는 재원의 중앙이전을 의미하는 것이 아니다. 각급 국가기관에 의한 개별 분산

むけて-」,『經濟經營論叢』第28卷第4号.

81) 조선왕조 재정이나 명·청대의 재정에는 이러한 비정규의 재정부분이 존속하고 지방경비를 통제하기 어려운 현실이 공통적으로 존재했다. 그것은 중앙의 징수기관이 별도로 설정되어 있지 않고, 재원의 징수, 수송납부와 같은 재정과정, 세물과 재원근거에 대한 관리까지, 대부분의 재정업무가 지방관청에 위임되어 있었다는 데에 원인이 있었다. 상납되는 재원의 징수대상이나 세물 품목이 화폐로 일원화해갔다고는 하나 당시로서는 중앙에서 세무원을 파견하여 세원을 조사하고 세물을 일일이 징수, 수송하여 국고에 납입하고 다시 수요처마다 분배하기에는 국가재정의 지출 부담이 컸던 것이다. 지방관청의 자율적 징수·납부 업무를 수행하기 위한 부가적·추가적 징수를 허용하는 것이 오히려 합리적이었다. 신분제와 관련한 명·청과 조선의 상대적 차이에도 불구하고 전근대 전제국가의 군현제는 지방관부의 자율적인-어떤 경우에는 자의적으로 변질되기 쉽지만- 통치에 기초하여 중앙집권이 유지될 수 있는, 그 양자가 결합된 통치구조가 제기될 수도 있다.

적인 재정권은 재원에 대한 독자적인 지배를 근거로 하지만, 중앙정부
는 재원에 대한 이러한 분산적 지배를 중앙재무기관과 지방관청으로 직
결되는 계통으로 일원화하려고 했다.

조선왕조의 재정은 우선 재원의 수요처에 따라, 중앙에 소재하는 경
사군문의 재정과 왕실재정, 감영, 통영, 병영, 수영, 진영, 포진 등의 지
방에 소재하는 국가기관-'영진(營鎭)'으로 통칭된다-의 재정, 군현 지방
관아의 읍재정으로 나누어 볼 수 있다. 흔히 지방재정은 상납업무를 수
행하기 위한 재원과 자체 경비를 마련하기 위한 재원을 포함하여 '읍재
정'을 가리킨다. 영진의 재정도 지방에 존재하면서 읍재정과 같이 해당
지역내 독자의 운영을 행하거나 군현의 재정업무를 조정하는 역할을 하
기도 하므로 지방재정의 범위에 넣어서 생각할 수도 있다.[82] 그러나 징
수 및 납부를 주된 업무로 하지 않으며 주로 군현으로부터 국가재원을
받아서 공공업무를 수행하는 국가기관의 하나로 분류되는 애매한 성격
을 갖는다.

한편, 지방 군현으로부터 호조 등의 중앙재무기관에 일괄 상납되어
각종 국가기관에 재분배되는 재원은 재원의 징수와 재분배가 중앙집권
적 재정원칙을 실현한 정규의 재원이다. 이것은 전제국가 재정으로서의
조선왕조 재정이 궁극적으로 지향하는 중앙집권적 재정부문이다. 그런
데 지방관청에서 중앙재무기관까지 상납되었다가 다시 각종 국가기관
이나 궁방의 수요를 위하여 이송되기까지 부수적인 비용이 첨가될 수
있다. 따라서 중앙재무기관이 집권적으로 파악하고 있는 재원이라 하더

---

82) 포진(浦鎭), 역원(驛院), 목장(牧場) 등은 독자적 통치영역을 인정받고 있으며, 기
타의 기관도 지방에 소재하여 읍 단위의 재정과 깊이 관련되어 있으므로 자체의
징수원을 가지기도 한다.

라도 중앙재무기관에 상납될 필요 없이 최종 수요처인 각종 국가기관으로 직접 상납하는 재원이 존재한다. 특히 지방에 소재하는 국가기관이나 지방관청에 재배분되는 재원 가운데 그러한 재원이 많다. 그러나 이것도 어디까지나 중앙재무기관이 회계상으로 파악하고 분배하는 중앙집권적 재원이다.

다음으로 중앙재무기관을 거치지 않고 각 재정이 스스로 확보하는 재원은 18세기 후반 이후에 대부분 지방관청에 의해서 징수되지만, 이 가운데에는 간혹 각종 국가기관 및 궁방에 의해서 직접 징수되고 소비되는 재원도 존재한다. 이것도 개별 기관들이 독자적으로 운영하는 비정규의 재정부문이다. 중국 명·청의 재정에는 중앙과 지방 군영이나 다른 성으로 이전되는 재원이 모두 중앙재무기관인 호부가 일괄적으로 파악하여 필요에 따라 이전을 명할 수 있는 재원으로 집권화되었다. 이와 함께 호부가 파악하지만 일부가 요역과 관련하여 비정규의 '추가적·부가적' 재정부문으로 운영되는 부분이 존재하여 '이원적'인 재정시스템을 이룬다고 인식되고 있다.[83]

조선왕조에서 중앙의 국가기관과 왕실, 그리고 지방에 소재하는 개별 국가기관의 재정도 왕조 전시기를 거쳐 존속되었다. 18세기까지는 중앙과 지방에 소재하는 각종 국가기관과 궁방이 중앙재무기관의 회계를 거치지 않고 지방관청의 개입도 없이 직접 파악하며 독자적으로 징수하고 소비하는 재원이 많았다. 개별 기관에게 징수권이 주워져 있는 수조권 분여지, 면세·면부지, 사모속 등이 그것이다. 그러나 이후 재원 징수의 근거가 중앙정부에 의해 장부로 파악되기 시작하고, 지방관청이 징수하

---

83) 岩井茂樹, 『中國近世財政史の硏究』, 京都大學學術出版會, 2004, 第一章 正額外財政と地方經費の貧困.

여 지급하며, 재원의 액수가 공공연하게 정해지는 등, 재정의 중앙집권
화 과정을 통하여 통제가 가해져 간다. 이 재원들은 중앙재무기관을 거
치지 않으나 각급 국가기관 및 궁방 자체의 재원으로서 단지 지방관청
에 의해 징수되어 각급 국가기관으로 직접 전달되는 재원이다.

  '분정(分定)'된 물품이나 '진상(進上)' 등도 여기에 속한다고 할 수 있
다. 중앙재무기관의 회계상에 기록되지 않으나 징수권이 이미 지방관청
으로 이전되어 중앙집권적 재원으로 전환되기 직전의 재원이다. 각종
국가기관과 궁방의 개별 분산적인 재원으로 국가가 파악하지 못하던 재
원들은 18세기 중엽을 전후로 일단 소멸되었다고 할 수 있다.

  지방관청의 읍재정 가운데에 지방관청 스스로가 자체의 경비 조달을
독자적으로 실시하는 부분으로 중앙정부에 보고되지 않던 재원들[84]도
19세기를 통하여 점차 공식화해 갔다.『부역실총』본관봉용질에 국가재
원으로부터 할애되어 공식적으로 인정된 재원으로 액내(額內)의 재원이
있지만, 그 이외에 액외(額外)가 존재하여 액외의 재원은 상부에 보고되
지 않았다. 조선왕조가 지방재정의 자율성에 근거하는 비정규의 재원을
존속시킨 것은 군현 지방관아가 국가의 '징수업무'를 위임받았다는 데
에 가장 중요한 이유가 있다.

  그렇다면 재원의 징수와 분배로부터 개관해본 재원의 귀속 관계에서
지방재정은 어떠한 위상에 있는 것인가? 상기한 바대로 정규의 국가재
정으로부터 할애 된 재원과 지방관아의 자율적 재정 부문를 '읍재정'으
로 언급해 왔다. 그러나 그것만으로는 유동적인 재정시스템 가운데 지

---

84) 세물 운반을 위한 잡역 징수나 지방사회의 양반들에 의해 운영되는 소위 '향중역
   (鄕中役)' 징수가 이러한 것이었다. 손병규, 2000,「조선후기 상주지방의 역수취
   체제와 그 운영」역사와 현실』38, 한국역사연구회. 참조.

방재정이 차지하는 위상과 그 기능을 파악하기는 곤란하다는 관점도 제
시될 수 있다. 재정 중앙집권화의 결과로써 국가가 담당해야 하지만, 조
선왕조 말기까지 계속해서 지방관청에 위임되어 있었던 '징수업무'는
국가재원의 관리, 파악, 징수, 납부-재배분 대행을 포함하여-에 이르는
일련의 모든 재무과정에 개입하는 것을 말한다. 따라서 지방재정은 '징
수업무'의 기능을 완수하기 위한 비용과 관련하여 중앙재무기관의 국고
나 기타 각종 국가기관 및 궁방에 납부하는 재원과 불가분의 관계에 있
다. 지방재정이 읍재정만으로 한정되지 않으며, 다른 재정부문과 확연히
구별되지 않는 것이 조선왕조 재정의 특징 가운데 하나일 수도 있다는
말이다.

　14세기말의 조선왕조 건국을 전후로 중국에서 수입된 중앙집권적 전
제국가의 재정이념을 실현하고자 하는 경제정책에 박차를 가했으며 이
후 왕조 전시기를 거쳐 점차로 강화되었다. 이것은 중앙정부가 왕권하
에 집중되었던 재화를 공공업무 수행을 위해 재분배한다는 재정이념에
기초하여 왕실과 개별 국가기관이나 관료가 '사적'으로 지배하는 재원
및 그 근거를 제한하고자 하는 것이었다. 그러나 절약적 재정을 조선왕
조 재정의 목표로 함으로써 중앙집권적 국가경제규모는 그 증가가 억제
되고 그것과 함께 도덕적 경제가 강조되는 국지적인 자율적 재정부분이
병존하는 체제를 유지했다. 이러한 독특한 재정시스템은 한국근세사회
에서 공공분배의 실현을 위한 사회집단적인 역할과 그 성격에 영향을
주었다.

[보론 1] '중간수탈론' 재고

십여년 이전까지 조선시대 지방재정사 연구 성과 가운데 가장 두드러진 관점은 '중간수탈'을 위시한 부세징수의 부패상을 들 수 있을 것이다. 18세기 후반에서 19세기 초반 이래 지방재정에 위기가 초래되는데, 이것은 이서층을 비롯하여 지방재정운영의 실무에 종사하는 중간수탈층-향임층(鄕任層)과 일부 지방 수령들-의 포흠(逋欠)에 직접적 관련이 있는 것으로 이해되고 있다.[85] 포흠이 곧바로 중간수탈이라는 등식이 성립하지는 않지만, 지방재정의 결손을 보충하기 위한 도결(都結)의 실시, '이포민징(吏逋民徵)' 등으로 민에 대한 부세의 과중한 부담으로 발전될 경우에 '중간수탈론'이 거론되었다.

각종 조세를 토지에 부과하는 '도결'은 토지세 납부를 대표하는 호수가 농간을 부리거나 징수를 담당한 향리과 수령이 시가를 조작하여 착취하는 수단이 된다고 여겨졌다. 도결 징수 가격의 책정 등을 비롯하여 부세운영을 둘러싸고 분쟁이 일어나기 쉬웠으며, 급기야 농민항쟁을 유발하는 원인이 되기도 했다는 것이다.[86] 징수과정에서 발생하는 이와 같은 중간수익의 획득은 사회경제적 발달에 대한 봉건적 수취체제의 모순에서 출현한 것으로 이해되었다. 중간수탈론은 봉건제 해체의 증거로 제시된 셈이다.

중간수탈론은 지방재정운영을 둘러싼 당시 지식인들의 비판적 인식에도 힘입은 바 크다. 정약용은 토지징수의 폐단을 지적하면서 민고와 계방에 대해 비판한다.[87] 그런데 정약용의 비판은 후대의 연구자들과 다소 다른 각도에서 제기된 듯하다. 각종 지방경비가 토지에 부과됨으로써 납세 농민의 부담이 증가

---

85) 장동표, 『조선후기 지방재정연구』, 국학자료원, 1999. 이서포흠의 전개와 지방재정. 지방재정 위기의 내용으로 재정수입의 감소와 지출의 증대, 중간 수탈층의 포흠으로 인한 재정결손, 잡역세 운영의 급격한 팽창으로 인한 재정운영의 혼란 등을 들고 있다.

86) 고석규, 1992, 「총론; 18·19세기 농민항쟁의 추이」, 한국역사연구회, 『1894년 농민전쟁연구(2): 18·19세기의 농민항쟁』, 역사비평사.

87) 『牧民心書』「戶典」, 平賦

한다는 지적을 하고 있으나 이것은 읍재정 수입의 토지편중을 우려한 것으로 이해된다. "결렴(結斂)은 호렴(戶斂)만 같지 못하다"고 말하듯이 읍재정이 역부과를 중심으로 하는 다양한 수입을 특징으로 한다는 점을 상기시키고 있다.

민고에 대해서도 그것이 읍재정을 위한 새로운 재원의 부과로 이어짐을 지적하면서도 그 원인이 감사의 권위에 있다는 문제제기를 하고 있다. 수령의 정치활동상의 필요에 의해 감사에게 뇌물을 주어야 하고 그 재원이 민고에서 나온다는 것이다. 통치·재정운영과 관련한 지방관의 도덕성을 문제시하는 것이라 할 수 있다. 계방에 대해서는 단순히 향리들의 중간수탈을 지적하는 것이 아니라 지방관아의 산하 통치·재무 기구들이 스스로의 수요를 마련하는 방법에서 발생할 수 있는 자의성을 지적한다. 여기서 지방관의 도덕성에 의존하고 재정실무자들의 자의적 운영을 경계할 수밖에 없는 것이 당시의 어떠한 재정운영시스템에서 연유하는가에 더 주목할 필요를 느낀다.

중간수탈의 관점은 징수의 측면만이 강조된 경향이 있다. 지방관아의 징수업무는 원칙적으로 납세자와 중앙정부로부터 위임받은 일이라 할 수 있다. 지방재정운영이 징수만이 아니라 재원의 납입과 지출에 이르는 전재정과정에 개입하고 있음 물론, 재원의 근거가 되는 토지와 인민의 관리를 통해 농업재생산까지 확보해야 하고 그것을 위해 효과적인 재정운영 방안을 고안해야 한다는 점을 보아야 한다. '부역균(賦役均)'을 완수할 수령과 실무자 향리의 역할을 어느 정도 자율에 맡기는 한편, 자의적인 운영을 경계하며 그들의 도덕성에 호소하는 조선왕조 재정시스템의 특성에 관심을 둘 필요가 있다.

한국 재정사는 법제적인 규정을 넘어서 전개되는 경우가 많다. 지방재정은 지방적인 특질의 다양성 때문에 당지역에 고유의 제도, 혹은 관례로서만 존재하는 경우도 있다. 지방재정의 수지(收支)에는 부세제도에 의한 세수입 이외에도 통치조직 스스로의 영리활동, 재지 주민으로부터의 기부 등이 존재한다. 규정된 상납과 지방통치의 공무를 위한 지출 이외에도 상부관청과의 상하관계에 기초하여 수시로 염출되는 것이 있으며, 지방관이 국왕이나 왕실에 대해 개인적으로 예물을 상납하는 부분이 있었다. 또한 지방통치기구의 구성원 스스로 재원을 사적으로 사용하는 일도 흔했다. 그 외에도 제도로서 정해지지 않은 재원의 물류가 상당히 존재했다. 조선후기까지 이러한 수입과 지출들이 총체적인 경향으로써 제도화되어 갔지만, 조선왕조 말기까지 완전히 실현되지는 않았다.

부세의 지세화를 시작으로 하는 재정체계의 중앙집권화는 부세징수에 있어 지방관청의 자의적인 징수를 제한하고, 지방에 소재하는 재원이 중앙재정으로 집중하는 재원의 중앙화를 가져오기도 한다. 그러나 그것이 바로 지방관청의 재정권이 소실되거나 재원의 중앙이전으로 인해 지방재정이 위축되는 것을 의미하지는 않는다. 오히려 중앙재정에 들어가는 국가재원의 양적인 고정 내지 정체 경향과 재원징수의 공식화, 표면화에 따라 지방재원이 비대화하는 현상이 출현하였다. 뿐만 아니라, 이것은 재정체계의 중앙집권화에 수반하는 지방재정의 체계화, 제도화를 초래하였다.

지방관청의 주된 사무 기능은 징수, 치안 유지, 농업재생산 유지 등이지만, 재정과 관계되는 가장 큰 업무는 재원의 파악과 관리, 세물의 수송을 포함한 징수 업무이다. 국가적 업무인 이러한 업무가 중앙재무기관에 대신하여 지방관청에 위임되었다. 그 외에도 국제외교나 무역, 군사적 업무가 개별 지방행정관청에 이전되기도 했다. 이러한 업무를 수행하기 위하여 국가재원이 지방관청에 할애되었다. 그러나 국가적 업무를 수행하기 위한 재원과 현실적으로 그 사무를 수행하는 지방관청 산하 각종 통치·재무 조직의 자체 경비를 충당하기 위한 재원이 분명하게 구분되는 것은 아니었다. 지방관청의 국가적 업무를 수행하기 위한 비용의 일부는 국가재원을 할애해 받는 이외에 '요역', '잡역세' 등, 공식적인 세목을 가지기도 하지만,[88] 납세자에 대한 비정규적인 징수에 의해서도 충당되었다. 이것은 개별 분산적인 재정권의 존재와 함께 지방재정의 중앙재정에 대한 독자성을 나타내는 부분이라고 할 수 있을 것이다.

지방행정관청이 재원의 징수와 납부업무를 실시하기 위해서는 납세자로부터 수요 기관에 이르는 개별 분산적인 징수체제를 단일화할 필요가 있었다. 행정구역내에서 징수되는 재원의 총액을 각 기관별 분배액수로 확인하고 해마다의 납부액을 일정정도 범위에서 고정하는 '비총제'가 그것이다. 이것을 통해 각 기관의 자의적인 재원징수를 방지하는 반면, 재원조달의 안정화를 꾀하는 효과가 기대되었다. 그러나 동시에 지방관청의 재정운영업무는 몇 가지 과제를 안게

88) 김덕진, 『조선후기 지방재정과 잡역세』, 국학자료원, 1999.

된다. 납세 과정에서 발생하는 중간적인 비용의 충당과 납세조직간의 납세액 조정이 그것이다.

중간적인 비용은 조세의 운반 및 서무상의 수수료이며, 농민의 부가적인 부담이 되고 있었다. 이 개별 납세자의 부담을 경감하기 위해서 농민은 스스로 납세조직을 구성하고 재원 수요 기관은 그것을 납세의 말단 기구로 삼았다. 또한 중앙정부는 군현마다의 납부방법을 제시하여 납부부담을 균등하게 조정하려 하였다. 여기서 지방관청은 종래의 납세 조직이나 방법을 계승하면서, 수요기관의 개별적인 징수업무를 지방관청의 재무로 삼았다.

그러나 재원파악과 징수업무의 증가에 수반하여 지방관청산하의 재무기구가 창설되고 재무실무자의 증가를 가져왔으며,[89] 그 유지비용의 증가가 요구되었다. 지방관청의 재무기구와 그 실무자인 '서원' '색리' 등은 납세자로부터 수요처에 이르는 재정과정을 대행하면서 부가적인 징수를 행하고 지방재정운영상의 비축물자로 영리활동을 하여 스스로의 자금융통을 실시했다. 이 과정에서 사적인 중간횡령의 우려도 증대하였다.

토지재원의 파악과 징세실결의 결정에는 재지의 담당자에 의한 부가적 징수가 존재하고 있었다. 이 개별적인 재원획득이 지방관청 단위로 공정화되고 각 통치조직의 업무와 관련한 비용뿐만 아니라, 실무자 구성원의 수당으로 지급되는 회계로 바뀌어 갔다. 토지조사를 행하는 서원에 의해서 감추어진 '은결(隱結)'은 중앙재정수입이 감소하는 최대의 원인이었으므로, 중앙정부로부터 그에 대한 조사와 수색이 시도되었다. 따라서 일부 '은결'은 수세실결로 전환되었다. 그러나 지방 통치조직의 수요나 실무자 가족의 생계를 지탱해온 재정이었기 때문에 이것을 전부 몰수하지는 못하고 그것에 대신해서 다른 재원으로 충당하도록 지방관청에 일임하였다.[90]

---

89) 張東杓, 1985, 「18·19세기 이액 증가의 현상에 관한 연구」, 『釜大史學』9, 부산대학교사학회.

90) 이러한 사실은 1794년에 국가재원으로 공식화된 재원을 기록한 『賦役實摠』과 같은 시기에 그 보고를 위하여 작성되었지만 공식화된 국가재원 이외에 지방-상주-에서 운영하는 기타 재원을 함께 기록한 『商山邑例』를 서로 비교해 보면 분명하

지방관청은 이러한 일종의 재정권 분배로 말미암아 공정화된 국가재원과 함께, 그 이외의 재원 출처를 스스로 확보해 가지 않으면 안 되었다. 그것은 국가재정의 중앙집권화와 마찬가지로 지방 내부의 재원 총량을 지방재정으로 집권화하는 방향으로 행해졌다. 지방재정은 지방관청과 주민 사이에 재무를 공유하고 납세민 스스로가 납세조직을 형성함으로써 성립되었다. 유동적인 인적 재원에 대해서도 납세자의 공동체적인 이해관계에 근거하는 납부 방법이 공동납 등으로 개발되고[91] 재원의 근거가 확실한 토지에 대하여 부가하는 지세화가 진행되었다. 19세기 전반에는 지방에 따라 모든 과세를 전결에 일괄 부과하는 '도결(都結)'의 징수방법이 제기되기도 했다.[92]

이러한 재무는 지방관청 산하의 각종 통치조직의 업무로 분배되어 지방관청으로 통일되는 과정이 진행되었다. 그것은 중앙정부에 의한 재원의 중앙집권화 방향에 순응하여 지방재정의 수요 증대에 대응하는 재원확보 방법이었다. 지방재원의 공식화와 가능한 한의 정액화는 지방관청 스스로의 재정 일원화로 행해졌으며, 궁극적인 목표는 지방재정을 총괄하는 재무조직을 형성하고 각종 통치조직으로 재원을 분배하는 것이었다.

조선왕조의 재정은 수요에 응하여 세목이 창출되고 그 후에도 해당세목에 의한 징수가 계속되는 경향이 있다. 그러나 이것을 가지고 바로 징수체제의 비합리성이나 수탈의 강화를 주장할 수는 없다. 세목의 창출은 수요의 증가가 그대로 재정규모의 증대로 직결되는 경우도 있지만, 비정규의 징수가 정규화하는 경우도 많고, 필요에 따라 타세목의 재원으로부터 이전되는 등, 유연성이 발휘되는 경우도 있다. 단지 매년의 변화에 적용되지 못하는 성격 때문에 이것이 19세기 국가재정의 고착성으로 나타난다고 할 수 있다.

다(손병규, 2007, 「조선시대 국가경제의 운영원리-국가재분배의 관점에서-」『조선시대사학보』42, 조선시대사학회).

91) 송양섭, 1995, 「均役法 施行 以後 軍役制 變動의 推移와 洞布制의 運營」, 『軍史』31, 군사편찬연구소.

92) 安秉旭, 「19세기 부세의 도결화와 봉건적 수취제도의 해체」, 『國史舘論叢』7, 國史編纂委員會, 1989.

그런데 18세기 말 이후 국가재정의 중앙집권화 경향은 재원 총량의 고정화, 재정운영의 고착화로 나타나는 반면에 지방재정은 비정규의 추가적·부차적 재정부문을 확대시켜가고 있었다. 18세기 후반 이후에 보이는 지방재정의 정비과정은 조선왕조 재정의 법제화·공식화를 확대하면서 지방 재정규모의 팽창을 초래하였다. 그러나 동시에 조선 재정의 절약적 재정원리를 지방재정운영에 활용함으로써 재정위기를 극복하려 한 측면도 주목할 필요가 있다. 19세기는 긴축적인 국가재정을 유지하면서 더구나 정규의 재정부문이 정액으로 고정되어 징수·배분의 운영을 더욱 고착화시켰다. 따라서 지방마다 다양한 운영방법을 고안해가는 지방재정에 대해 국가의 일률적인 대응이 곤란해져 갔다. 당시의 '삼정문란(三政紊亂)'이라는 인식도 중앙정부가 다양한 지방재정을 일원적으로 장악하지 못하는 것에 대한 우려에서 나온 말이라고 할 수 있다.

조선왕조의 재정은 국고수입을 확대, 안정화하는 방향으로 재정의 중앙집권화를 진행하면서도 공공기관에 대한 재정권 자체의 배분을 통하여 재정업무 수행에 따른 경비지출을 절감하였다. 중앙집권적 재정과 개별분산적 재정의 이러한 이중적 시스템은 조선왕조 재정의 이념적 특징인 절약적 재정을 유지하기 위한 방법이었다. 특히 재정의 중앙집권화는 지방재정의 독자적 운영에 기초하여 진행될 수 있었다.

국가재정의 중앙집권화는 각종 국가기관의 개별 분산적인 재정권을 재정업무를 수행하는 재무기관에 이전하는 과정이기도 하다. 지방관청은 국가 재정업무의 일부를 중앙의 재무기관으로부터 위임받아, 주로 징수업무를 그 기능으로 하였다. 지방재정에서 비정규의 추가적·부가적 재정부문은 정액의 국가재원을 징수하기 위한 비용을 충당하는 것으로 묵인되었던 것이다. 지방재정은 각종 국가기관의 재정을 통괄하는 중앙재정에 대비되면서 국가재정 속에 포함되어 있다. 그러나 추가적·부가적 재정부문의 존재로 말미암아 또다시 국가재정과도 대비된다.

재정운영체계상의 전개를 검토하는 것은 지방재정의 위상과 함께 조선후기의 중앙집권적 재정의 방법, 국가통치체계의 성격을 생각하는 계기가 될 것이다. 중앙집권과 지방분권이 서로 대립하는 것이 아니라 상호 의지하는 통치구조가 재정시스템 측면에서 나타난다고 생각하기 때문이다. 조선왕조의 통치체제가 해체하는 원인으로 여겨지던 부세운영의 폐해, 즉 '삼정문란'이라고 하는 인식도 지방재정운영의 전개과정을 전제로 재고될 필요가 있다.

18세기 후반 이후의 조선왕조 재정시스템이 갖는 이원적 성격이 '중간수탈'에 의한 부패구조로 오해될 소지도 없지 않다. 명·청의 재정운영에서 이러한 문제를 엿보는 것도 '중간수탈'을 재인식하는 데에 도움이 될 것이다. 18세기 동안에 청의 재정은 어느 정도 안정성을 유지하고 있어 운영상의 문제점이 표면화되지는 않았다. '추가적·부가적' 징수가 비정규의 재정부분을 이루며 정규의 재정부분과 병행된다는 점 자체가 문제시될 수 있지만, 그러한 비정규의 재정 일부를 이루는 소소한 문제들이 지속적으로 제기되고 있었다.

건륭(乾隆) 35년(1770)에 절강성(浙江省) 성도인 항주(杭州)에서 지현(知縣)의 막우(幕友)를 지낸 왕휘조(汪輝祖; 1730~1807)는 만년에 완성한 자서전『병탑몽흔록(病榻夢痕錄)』에서 비정규의 재정부분과 관련한 그의 경험을 기술하고 있다.93) 좀 장황하지만 여기에 인용해 둔다.

"일찍이 내가 강소(江蘇)의 독량도(督糧道)94) 호공(胡公)의 막하에 있었을 때 [1755~59]에는 기강이 엄격했다. 조미를 징수하는 현은 전전긍긍하며 법을 준수하여 됫박에서 손가락 한마디나 반 마디만 더 올라오게 거두어도 견책을 받았다. 당시에 조운선이 회안(淮安)을 통과할 때에 조운총독 양근각(楊勤愙)은 공정하게 검사하여 미곡이 조금이라도 불충분하게 건조되었거나 불순물이 섞여 있다거나 하면 조운에 종사하는 인부와 감독의 책임을 물었기 때문에 이들은 미곡의 질에 대해 까다로웠다. 그러나 주·현(州·縣)에 대해 정해진 경비와는 별도의 수당을 요구하지는 않았다. 조운 업무를 감독하는 관원에게 잡비라는 명목의 동정을 건네는 일도 전혀 없었다. 그래서 조미를 징수하는 쪽에서는 더 거둘 구실이 없었다.

---

93) 知縣은 현의 관장이며, 幕友는 지방관이 개인적으로 고용하는 정책비서로 상소 문장이나 법률지식에 밝아 사법 및 재정관련 일을 맡았다.『病榻夢痕錄』상권, 37~39쪽. 만년에 병상에 있었던 汪輝祖가 이 자전을 간행한 것은 1798년(嘉慶 元年) 여름의 일이었다(『몽흔록여(夢痕錄餘)』1쪽). 岩井茂樹,『中國近世財政 史の硏究』, 京都大學學術出版會, 2004. pp.6~7.에서 재인용.

94) 양곡운송 책임 관리를 말한다.

절강에서 막우가 되었을 때[1761년]에도 이러한 풍습은 변하지 않았다. 갑신·
을유(1764·1765년) 이후에 조운 병졸이 중간 비용이 필요하다고 속여서 주·현으
로부터 '미색전(米色錢)'을 거두게 되었는데 매년 그 액수가 많아졌다. 주·현도
이 명목으로 이익을 취하고 자의적으로 부가징수를 하게 되었다. 순박한 놈은 납
세자에게 그것을 전가시키지 못하고 크게 적자를 내어 조미 운송을 두려워하게
되고, 교활한 놈은 바람을 잡아서 조미 운송으로 한탕할 것을 기대했다.
　　관이 스스로 벽을 무너뜨리자 백성도 경계를 뛰어넘게 되었다. 상관은 문제를
근절시키기 어렵다고 생각하여 겉으로는 부가징수를 금지시켰으나, 뒤에서는 이
것을 비호했다. 백성으로서 법을 휘둘러 조운비용을 횡령하는 자에 대해서도 그
죄를 규명할 수 없게 되었다. 그 때문에 관은 방자하고 백성은 교활한 것이 상식
이 되어버렸다."[95]

18세기 후반의 청대에도 '부비(浮費)'로 대표되는 부가적 과징, 그것을 둘러싼
공범구조, 부담의 불평등, 그 배후에 있는 재정구조의 문제, 등등이 일상적으로
진행되고 있었지만 이러한 현실에 대해 문제를 제기한 관료지식인은 거의 없었
다고 한다. 납세를 청부받아 중간비용을 획득하는 경우가 발생하나 소민들 사
이에 납세수송 부담을 경감시키고자 하는 이러한 합리적인 행동이 나타나는 것
은 당연한 일로 여겨진다. 관부에 밀착한 청부기구를 통하여 납세하는 것이 일
반화된 지역도 적지 않았다고 한다.[96]
　　명·청의 경우에는 개인적인 도덕의 결여나 욕망의 과잉이라는 문제를 극복
하지 못하는 상황에서 경쟁 속에서 발전해온 납세자가 여러 가지 구제수단을
제각기 선택할 수밖에 없었다. 그것은 이원적 재정부분을 병행하는 재정시스템
에서 합리적인 선택이었을지도 모른다. 그런데 조선왕조의 재정시스템은 그와
같은 이원적 구조를 유지하기 위해 끊임없이 재정운영을 둘러싼 청렴을 강조하
고 균세(均稅)를 위해 소비측면에서 절약을 외쳤다.

---

95) 『病榻夢痕錄』상권, 38~39쪽.
96) 건륭 57년(1792)에 파면되어 호남성(湖南省)에서 귀향한 왕휘조(汪輝祖)는 소산현
　　(蕭山縣)에서 다음과 같은 납입제도가 정착해 있는 것을 보았다. 『病榻夢痕錄』하
　　권, 57쪽.

제2장

지방재정의 운영주체; 수령과 향리, 그리고 양반

1. '읍재정(邑財政)'의 운영; 재정과정의 관점

'읍재정'이란 지방의 부군현(府郡縣) 단위 지방관아의 재정, 즉 지방관 아에서 관할 행정구역의 통치 및 재정을 행하는 데에 필요한 '지방경비' 를 말한다. 그런데 조선왕조 지방재정의 특성상, 여기에는 징수와 상납 등을 위한 중간비용이 포함된다. 조선왕조 재정은 재원이 수요기관에서 소비될 때까지 징수, 상납, 분배에 이르는 거의 모든 재정과정이 사실상 지방관아의 업무로 위임된다는 특징을 갖기 때문이다. 징수와 상납에 따 르는 중간비용은 정규의 상납물품을 징수할 때에 부가적으로 부과한 재 원으로 감당하는 것이 일반적이다. 이 이외에 지방의 통치 및 재정 업무 를 수행하기 위한 재원과 그 운영을 통틀어 '읍재정'이라 하는 것이다.

이러한 읍재정은 지방관아의 수령이 그 운영을 최종적으로 책임지지 만, 실무를 맡은 향리가 일방적으로 징수하는 것으로만 마련되는 것은 아니다. 읍재정 운영에 대한 납세자 주민들의 참여와 협조가 없으면 불 가능하다. 주민이 자발적으로 납세조직을 형성하여 읍재정의 운영 재원 을 납부하는 사례는 18~19세기에 흔하게 발견할 수 있다.[1] 이것은 19 세기 민란 과정에서의 향촌사회 사족들을 비롯한 민의 다양한 대응방법 에 기반을 제공했다.[2] 향회를 중심으로 19세기에까지 이르는 공론정치 의 전개에 주요한 논의 요인이 되었다.[3] 여기서는 우선 동계 레벨의 납

---

1) 이규대, 2000, 「19세기의 洞契와 洞役」, 김호일편, 『한국 근현대이행기 사회연구』, 신서원; 이용기, 2008, 「19세기 후반 班村 洞契의 기능과 성격 변화 – 전남 장흥군 어서리 동계를 중심으로」, 『史學研究』 91, 한국사학회.

2) 井上和枝, 1990, 「丹城民亂期における在地士族の動向」, 『朝鮮後期の慶尙 道丹城縣における社會動態の研究 (1)』, 學習院大學 東洋文化研究所; 1985, 「李朝後記慶尙道丹城縣の社會變動」, 『學習院史學』 23, 學習院大學史學會.

세조직 실례를 살펴보자.

전라도 운봉현(雲峰縣; 남원) 준망동(準望洞)에 거주하던 18세기 인물 유희천(柳希天)은 여러 종류의 지방경비, '관납전(官納錢)'을 충당하기 위한 동계(洞契)를 조직하고 있었다.[4] 그는 18세기 후반에 납세를 목적으로 하는 여러 종류의 동계를 결성했는데, 그것은 그의 부친이 이미 1732년에 시행한 동계의 경험에 기인하는 바가 크다. 그의 부친은 신구(新舊) 지방관의 교체에 따른 영송(迎送)을 위해, 말을 동원하는 대신에 납부하던 '입마전(立馬錢)'을 해당 동리에서 충당한 적이 있다.

그해 운봉현의 수령으로 부임하는 이희하(李喜夏)는 교체되는 신구 관원과 그들의 짐을 옮기는 부역 부담을 덜어주기 위해서 자신이 타던 준마를 팔아 각 동리에 나누어 주었다. 그 돈을 밑천으로 '취식(取殖)'하여 이자를 가지고 지방관아의 경비 수요에 충당하도록 한 것이었다.[5] 이때 지방관아가 활용하는 '취식'이란 40%정도의, 근대이후의 감각으로는 '고리(高利)'에 해당하지만, 당시에는 금융이라기보다는 세부담을 분담하기

---

3) 배항섭, 2013, 「19세기 후반 민중운동과 공론」, 『한국사연구』161, 한국사연구회; 2014, 「19세기 향촌사회질서의 변화와 새로운 공론의 대두―아래로부터 형성되는 새로운 질서―」, 『조선시대사학보』71, 조선시대사학회; 송양섭, 2016, 「19세기 부세운영과 '향중공론'의 대두」, 『역사비평』116, 역사문제연구소; 김인걸, 『조선후기 공론정치의 새로운 전개; 18, 19세기 향회, 민회를 중심으로』, 서울대학교출판문화원, 2017, 「19세기 향회, 민회와 공론정치의 새로운 전개」.

4) 柳希天, 『默齋集』, 가회고문서연구소 역. 유희천(1725~1789)의 문집, 서문은 1952년 文錫麟이 작성함. 이 자료는 손병규, 2016, 「18~19세기 지방재정운영에 있어 자율적 납세조직의 활동」, 『韓國史學報』65, 高麗史學會.에 소개한 바 있다.

5) "粤在丁巳年(1737)間 邑宰李候喜夏(운봉현감; 1735.11~1738.2) 分憂玆土之日 悶其邑弊難堪 賣其所乘駿馬 分俵各洞 以爲其本 無窘於迎新之需 而各洞 分錢取利之日 人皆厭避 每當月初矣". 柳希天, 『默齋集』第2卷, 「嚴準次洞事實記」.

위한 하나의 방법이었다. 말하자면 본전을 분배하고 그것을 빌미로 이자를 거두어 세부담을 분담하는 것이다. 본래 이러한 지방경비 부담은 지방관이 특정 호에 호역(戶役)으로 '분정(分定)'하거나 토지 부가세로 부과하는 것이 일반적이다. 이것은 조선왕조 최대의 조세부담-전세(田稅)의 3배-인 '공납(貢納)'과 그 수송 요역을 부과하는 방법에서 유래한다고 할 수 있다. 19세기에 환곡을 비롯한 비축재원의 분급이 세부담의 할당과 분담을 위해 빈번하게 활용되기에 이르는 방법이기도 하다.

관아가 취식의 본전을 면리 행정구역을 단위로 분급한 것은 '균세(均稅)'의 이념 하에 세부담을 할당하는 빌미를 제공한 것에 지나지 않는다.6) 지방관이 기부금을 제공한다는 '관용(寬容)'의 명분을 가지고, 소위 '공동납'이라고 하는,7) 지역주민의 자율적인 납부를 유도한 것이라 할 수 있다. 지방경비를 마련하기 위한 이러한 관아의 취식 활동은 임시의 일시적인 수요재원을 일정기간동안 분할 상환하는 방식으로 확보하는 방법이기도 하다. 불시에 과도한 세부담이 부과되는 사태를 피하고자 한 것이다. 이러한 재원확보 방법은 중앙상납재원이 지역별 총액으로 확정되어 지방재정의 독자적 운영이 확보되는 18세기 후반 이후에 활발해진다.

그러나 아무리 정당하고 균등한 분담이라 하더라도 이러한 세부담이 일방적으로 할당되는 것을 좋아할 주민은 없다. 유희천은 이에 대해 "사

---

6) 17세기를 통해 공납 부담과 수송 徭役의 일부를 토지에-원칙적으로 토지소유자에게- 부과하는 大同法을 시행한 것은 생산면적당 개별 소유지에 대한 조세부과로서 균세의 이념에 부합하는지는 재고를 요한다. 호구를 단위로 조세를 부과하여 소유규모를 억제함으로써 실현되는 均稅의 이념과는 배치되기 때문이다.

7) 송양섭, 1995, 「均役法 施行 以後 軍役制 變動의 推移와 洞布制의 運營」, 『軍史』 31, 군사편찬연구소.

람들－관속(官屬)들이다－이 돈을 울타리 위에 걸어놓고 갔다가 그믐이
되면 눈을 부릅뜨고 이자를 독촉하므로, 온 경내가 소란스럽고 백성은
그 생업을 잃었다. 혹은 이로 인하여 급히 숨기도 하고, 혹은 이로 인하
여 집안이 망할 만큼 혹심했다. 당시의 속담에 '입마전(立馬錢)은 큰 길
에 버려도 주어가는 사람이 없다'고 하였는데, 사람들이 이 돈을 얼마나
두려워하였는지를 이 속담에서 알 수 있다"8)고 비판하고 있다. 그래서
그의 부친은 몇 년간 환곡을 주관하여 전곡(錢穀) 재원을 모아 확보한
공동토지의 소출로부터 좀 더 장기적으로 관납에 응대하는 방법을 취했
던 것이다.

유희천은 토지재원을 기금으로 하는 부친의 경험을 이어받아 여러 다
른 종류의 관납에 대처했다. 감영과 지방관아에 대한 납부를 우선적으로
지출하여 그 마을에 '가징(加徵)'이 더해지는 것을 막고자 한 것이다. 운
봉현은 서울로부터 전라도를 거쳐 경상도로 넘어가는 길목에 있어 신구
관원이 자주 오갈 뿐만 아니라 관료의 관구(棺柩)가 빈번하게 지나갔던
듯하다. 관을 매고 옮기는 요역은 경과하는 지역의 주민이 부담했다. 유
희천은 농번기에도 이 마을 저 마을에서 수시로 상여군을 차출하는 '민
역(民役)'을 막고자 했다. 즉, 부친이 행한 방법대로, 재물을 모아 취식한
이자를 가지고 토지를 마련하여 일꾼을 사는 비용으로 납부케 했다.9)

이러한 관납 대응이 지역내 동리에 분담되는 것은 교량수리를 위한 노
역 차출 사례에서 찾아볼 수 있다. 유희천은 첨지(僉知) 박환일(朴環一)이

---

8) 人輩掛錢於籬上而去 月晦則瞋目督利 故合境騷撓 民失其業 或因此而有遽
   躱者 或因此而有敗家者 甚矣 當時之諺曰 立馬錢 雖棄大道上 人無拾去者
   云 人民之畏怯此錢 從此言可知也. 위의 자료, 『默齋集』 제2권, 「嚴準次洞事
   實記」.
9) 위의 자료, 『默齋集』 제2권, 「準望洞官柩軍丁防役事實記」

교량수리에 동원되는 노역에 대해 친지들로부터 돈을 모아 9두락(斗落)
의 논을 사서 기금을 삼아 '방역(防役)'한 사실을 소개하고 있다.[10] 그리
고 이 이후에 지속 사업을 유희천이 맡았다. 운봉현 서쪽의 수성교(水成
橋)는 인접한 권포동(權布洞)과 준망동(準望洞)이 수리를 분담해왔다. 그
런데 1780년의 홍수로 다리가 떠내려갔을 때에 권포동 주민들이 감당하
기 어려움을 관에 호소하자 준망동에 부담을 더 하는 조정이 이루어졌
다. 준망동에서는 흘러들어와 우거하는 양반과 노역에 참가하지 않는 호
가 모두 노역에 동원되기에 이르렀으며, 이에 대한 대책이 필요했다. 이
에 유희천은 이듬해부터 10두락의 전토를 구매하여 그 소출로부터 노역
에 감당하도록 했다. 염두에 두어야 할 것은 이러한 관납 부담의 가중은
권포동 주민의 부담이 과대하고 그에 비해 준망동이 부담을 분담할 수
있다는 조정을 준망동 주민이 수용해야 가능하다는 사실이다.

　각종 관납의 부담은 유희천이 주도하는 동계의 영향력이 미치는 몇몇
동리 내부에서 여러 가지 방법으로 그 분담이 조정되고 있었다.[11] 가령
관에서 내려오는 각종 호역(戶役)에 대해서는 다섯 마을을 묶어 '대동
(大洞)'을 이룬 준망동이 맡았다. 그런데 교량 수리와 관구 운반의 역은
그 가운데 두 마을을 묶어서 합동(合洞)했던 마을에서 분담했다. 한편
신영(新迎), 쇄마(刷馬), 구관태가(舊官駄價) 등, 신구 지방관의 교체에 따
른 노역 차출은 엄준동(嚴準洞) 두 마을이 반씩 분담했다. 이곳에서는
논 6두락을 사서 방역할 뿐 아니라, 그 토지와 관납을 관리하는 유사(有
司)를 두어 계 운영을 체계화했다. 관납의 종류에 따라 분담 방법과 재
정 회계를 별도로 하여 내부에서 이해관계가 서로 상충되는 여지를 줄

---

10) 위의 자료, 『默齋集』 제2권, 「橋梁防役事實記」
11) 위의 자료, 『默齋集』 제2권, 「橋梁防役事實記」

이고자 배려한 것으로 보인다.

유희천이 주도하는 동계의 전답은 모두 30두락에 이르렀다. 위에서 봤듯이 신영, 쇄마, 구관태가 등, 신구 지방관의 교체, 관구의 운반, 교량 수리에 따른 민역 부과에 대신하는 방역에 더해 관에서 파견된 검독(檢督)과 이임(里任)의 급료, 공유하는 촌답(村畓)의 전세를 지급하는 데에 동계 전답의 소출이 사용되었다. 그리고 일부의 재원은 선산의 나무를 함부로 베지 못하도록 감시하고 관리하는 '금양(禁養)'의 비용을 마련하는 데에 지출되었다. 동계가 관납에 대응하기 위하여 결성되는 데에 그치지 않고 족적인 결합과 상호부조를 목적으로 하는 '족계(族契)'의 성향을 혼재하고 있었던 것으로 여겨진다.

관납과 관련한 이러한 공유 전답 가운데에는 상납 조세가 부과되지 않고 지방관아 산하의 토지관리 기구인 서원청(書員廳) 등으로 소출이 직접 납입되는 경우가 많았다. 지방관아와 주민 사이에 지방경비를 마련하기 위한 비공식적인 '담합'이 존재했다고 할 수 있다. 중앙정부는 18세기 후반 이후 이러한 토지도 '은결(隱結)'로 규정하고 색출을 강요했지만, 일정 규모에 그치고 19세기에는 더 이상 증가하지 않았다.

한편, 동계에서 운영하면서 동계답의 소출에서 부담하지 않는 관납도 존재했다. 고립전(雇立錢), 통혜전(通惠錢), 우포전(牛脯錢), 양노전(養老錢), 배패전(陪牌錢) 등,12) 지방경비 수요가 그것이다. 본전을 민가에 뿌려두고 이자를 해마다 거두어 납부했다. "관역(官役)이 전보다 배로 늘어 민호(民戶)가 책임지고 응하는 것이 실로 어렵게 되었다"13)고 했듯

---

12) 雇立錢은 노역동원에 대신하여 역가를 거두어 사람을 사서 부리기 위한 돈, 通惠錢은 상납을 위한 중간비용인 듯하다. 牛脯錢은 관아에서 쓰는 고기값, 養老錢은 양노 의례를 위한 재원인 듯하고, 陪牌錢은 문서등을 전달하는 관속에게 지불하는 임금이다.

이, 이것들은 지방경비 지출의 증가에 따른 관납이다. 특히 18세기 후반
에는 지방관아의 재정 및 군역 운영권이 제고됨에 따라 지방업무가 세
분화하고 산하 기구가 증설되었으며 재정수요도 늘어났다. 조세 징수시
에 향리들의 비공식적인 추가 징수를 억제하기 위해 향촌 유력자의 감
시 하에 지방재정 보전을 감당하는 '민고(民庫)', '구민청(救民廳)' 등이
신설되었다.[14] 이러한 기구들의 회계항목이 향촌의 면리에 할당되어갔
던 것으로 보인다. 유희천은 어짜피 감당해야 할 관납이라면 동계 운영
을 통해 처리하고자 했는데, 상기의 항목들은 미처 토지소출로부터의
안정적인 납부에 이르지는 못했지만, 후일의 도모를 기대하고 있다.

  여기서 한 가지 더 주목되는 것은 유희천이 주도하는 동계가 관납에
대해 자발적으로 대처하는 데에 그치지 않고 그로부터 연유하는 공동기
금을 증식하여 공동체의 상호부조에 사용하는 등, 자치성을 강화하는
방향으로 운영되고 있었다는 점이다. 계원들의 초상, 혼인에 부조하고
절기마다 음식물을 나누어 경제적인 상호부조를 도모했으며,[15] 그것과
더불어 봄가을로 강회(講會)를 열어 주자(朱子)가 다시 손을 본 남전여
씨향약(藍田呂氏鄕約)의 뜻을 설파하여 충신과 효자가 나기를 기대했던
것이다.[16] 이러한 동계 단위 향약은 유희천이 시행하기 전부터 지속되

---

13) "官役尤倍前日 民戶責應 實難堪當 責役之道 以洞分排".『默齋集』第2卷,「準
   望洞官枢軍丁防役事實記」.
14) 張東杓, 1990,「朝鮮後期 民庫 운영의 성격과 運營權」,『碧史李佑成敎授定
   年退職紀念論叢; 民族史의 展開와 그 文化』(상) 벽사이우성교수정년퇴직기념
   논총간행위원회.
15) "余於二十間 蹎涉顚末 以富其庫 土益廣財益剩 春秋講會 烹羊匃羔 歲時
   伏臘 分肉均饌 稧貝喪窆 二縉施賻 以助歸厚之意 子弟婚嫁 轎屛遮日 以扶
   宴樂之禮 則非但官納之堪當 其於養生送死之道 亦不無小補也". 위의 자료,
   『默齋集』第2卷,「嚴準次洞事實記」.

어 왔던 듯하다. 이전부터 상부상조의 공동체적 조직화가 진행되었기 때문에 유희천은 그러한 관행에 기초하여 지방재정 운영에 대해 적극적으로 응할 수 있었던 것으로 보인다.

유희천이 지역공동체 구성원의 상호부조를 지속적으로 이끌어내는 것은 향촌사회에서 주자학을 실천하는 유교지식인으로서의 사명과 같은 것이었다. 주자는 지방에 거주하면서 특히 백록동서원(白鹿洞書院)을 재흥시켜 젊은이들의 교육에 힘을 쏟았다. 그는 관료가 되기 위한 과거시험이 문장의 기교에 치우치는 세태를 비판하며 유교적 정치이념의 이해와 실현을 위한 경학 공부를 강조했으며, 이황이 이러한 교육사상을 조선사회에 실현하고자 했다.[17] 유희천은 동계에서 향약의 정신을 이을 뿐 아니라 유교적 교육을 실시함으로써 이러한 유교적 정치이념을 18세기 후반의 향촌사회에 확산시키는 역할을 수행했다.

유희천은 1779년에 두세 명의 동지와 뜻을 모아 수십 민(緡)의 엽전을 출자하여 서실(書室)을 짓고, 15두락의 토지를 마련하여 '양사(養士)'의 수요에 충당케 했다.[18] 서원은 아니지만 동리 단위의 서당을 설치하여 과환의 획득만이 아니라 '장진후학(奬進後學)'의 도리를 실천하고자 함이었다. 더구나 남은 돈으로 『소학(小學)』과 『통감(通鑑)』 등의 책을 사

---

16) "粤昔 洞之父老 悶其民人之難聚 上下並力 收財取剩 以當其役 且設朱夫子 呂藍田鄕約舊規 春秋講信 賞善罰惡 於是乎 人倫明矣 名分正矣 …… 政所 謂十室之邑 必有忠信之士者 良以此也 安知不幾十年 生忠臣出孝子於這間 者耶". 『默齋集』第2卷, 「準望洞官柩軍丁防役事實記」.

17) 금장태, 2001, 「<白鹿洞規圖>와 退溪의 書院 교육론」, 『退溪學』11, 안동대학교 퇴계학연구소; 장품단·김홍수, 2012, 「주희 서원교육 사상에 대한 이황의 계승과 발전 -'白鹿洞書院揭示'를 중심으로-」, 『안동학연구』11, 한국국학진흥원.

18) "又在己亥春間 余與二三同志 出其財數十緡銅 卜築書室於道里之均馬山之 陽 出其土十五斗落 以供養士之需". 『默齋集』第2卷, 「嚴準次洞事實記」.

서 보관하고, 사서삼경(四書三經)의 경서(經書)를 사들여 후생을 교육할
방도를 '권면(勸勉)'하는 일로 이어지고 있다.[19]

일찍이 조선왕조 전반기를 통하여 『소학』은 정치이념의 실천서로 활
용되어, 신유학의 혁신성을 실현하는 사상적 기반을 제공했다.[20] 군현단
위 향약의 결성을 통해 유교지식인들이 향촌사회에서 충효(忠孝)의 정
치이념을 실현하도록 권유한 것도 이『소학』을 학습한 중앙의 정치 무
리들이었다. 조선후기에 『소학』은 교육서로 대량으로 인쇄되었으며, 소
학을 학습하는 모임인 소위 '소학계(小學契)'는 19세기 후반에도 지속적
으로 나타난다.[21]

유희천이 결성한 동계는 분담과 혜택의 대상에 상하민 전계층의 주민
이 포괄되며, 유교적 재정이념의 소양을 가진 양반이 주도를 하여 향촌
사회에서 실천하고, 그러한 경험을 공유한다는 점에 새삼 주목할 필요
가 있다. 유희천은 동계의 결성에 머무르지 않고 63세가 되는 1787년에
당시 수령 한광적(韓光迪)과 함께 운봉현에 향약을 설치했다. 이 향약은
"무너져가는 풍속을 바로잡고 후학을 장려하며, 자주 백일장을 설치하
고 강회를 열었는데, 향교와 서원의 전각(殿閣)과 객관(客館)에 장막을
치고 상벌을 향약대로 하며 봐주지 않으니, 풍속의 교화에 도움이 되었
다"[22]고 스스로 평가하고 있다. 향약에 근거를 두는 '향안조직(鄉案組
織)'의 형성은 16세기부터 왜란, 호란 양란으로부터의 회복과 병행하여

---

19) "亦得剩財 買藏小學通鑑等書 又出物貨 貿得七書經傳 以勸後生教育之方
亦一盛事也 豈不美哉". 『默齋集』第2卷, 「嚴準次洞事實記」.

20) 윤인숙, 2011, 「조선전기 사림의 사회정치적 구상과 小學운동」, 성균관대학교 박
사학위논문.

21) 『求禮郡 사회조직 문서; 1871~1935』, 한국농촌경제연구원, 1991.

22) "丁未 與本倅韓光迪公 設鄉約 以正頹俗 獎進後學 數數設白場開講 帷於校
院殿閣客館 賞罰依約不饒 有補於風教. 柳希天", 『默齋集』第3卷, 「年譜」.

성행했다. 18세기 후반 이후의 향안조직은 지방통치 및 지방재정 운영
상의 변화와 깊은 관련을 가지고 결성되었다.[23]

---

23) 18세기 후반 이후 양반의 사회경제적 쇠락과 더불어 향리와 新鄕의 '吏鄕' 세력
　　이 鄕權을 장악하고, 향안조직이 수령의 통치업무를 보조하는 수단으로 전락했
　　다는 인식에는 재고를 요한다. 양반지향적 성향은 양반의 권위와 역할을 중시하
　　는 방향을 견지시킨다.

2. 지방군현의 재정업무와 범위

지방의 주도적인 세력들이 지방재정 운영에 관여하는 현상은 18세기 중엽을 전후하여 변화하였는데, 이후의 성향은 19세기에도 기본적으로 지속되었다. 18세기 중엽에 중앙정부는 징수 및 분배 재원의 '총액(總額)'을 설정하여 중앙재정에 대한 집권적 운영체계를 확립했다. 중앙재정의 안정적인 확보를 목적으로 하는 재정 집권화의 대상은 왕실과 각종 국가기관의 개별적인 재원 확보활동이었다. 군현단위 지방관청도 국가기관의 하나로서 개별적인 재정운영이 통제되어야 했으나, 위임받은 중앙재정의 징수와 상납 업무를 완수하기 위해 운영권이 보장될 필요도 있었다. 18세기 후반과 19세기는 지방재정 운영의 '자율성' 보장과 '자의성' 경계 사이의 긴장관계가 견지되는 시기라고 할 수 있다.

대동법(大同法)은 다양한 공납물품의 수납이 지방과 중앙기관 사이에 개별적으로 번잡스럽게 이루어지는 것에 대해 토지에 일괄 부과되어 몇 가지의 단일 품목으로 하나의 중앙재무기관을 통해 일원적으로 수행되도록 한 것이다. 군역에 대한 소속별 역종별 정액(定額) 사업은 개별 기관의 인적 재원 확보활동을 통제한 것이고 균역법(均役法)은 그러한 과정에서 군역부담을 반감하는 대신에 그만큼을 토지에 일괄 부과하여 또 하나의 중앙재무기관을 통해 징수, 배분하는 것이다. 중앙재정 수입이 토지 징수로 집중되면서 수세 '실결(實結)'도 안정적인 총액으로 확보하고자 했다.[24]

이러한 재정정책은 재원의 근거로서 토지 및 군역의 군현별 총액을

---

24) 손병규, 2011, 「조선후기 比摠制的 재정체계의 형성과 그 정치성(총론)」, 『역사와 현실』81, 한국역사연구회.

확정하여 좀처럼 변경을 허락하지 않는 결과를 낳았다, 지방 군현은 중앙의 각사군문(各司軍門)과 지방의 감영(監營) 및 군영으로부터의 개별적인 징수 증액을 거부하고 상납할 재원을 총액에 따라 마련되기만 하면 되었던 것이다. 지방에 소재하는 토지 및 군역 재원에 대한 독자적인 운영권을 확보할 뿐 아니라 상납재원 총액 이외의 재원을 지방군현 자체의 재정수요로 확보할 수 있게 되었다.

지방재정의 '자율성' 보장은 징수에서 수송납부와 분배에 이르는 재정과정상의 업무를 중앙정부로부터 위임받은 지방재정의 역할에 기인하는 것이기도 하다. 정규재정의 총액은 수요처의 소비를 위해 분배되는 액수이다. 징수하여 수요처까지 수송하는 부대비용은 지방재정이 마련해야 한다. 이러한 '원액주의(原額主義)'의 재정은 납세자가 수요처까지 재원을 가져다바치는 것을 원칙으로 한다. 말하자면 개별 납부 비용을 절감하기 위해 지방관아가 조직적으로 공동수납을 대행한 것이다. 정규의 재정부분으로 수요 원액을 징수할 때에 비정규의 부가적 징수를 더함으로써 그 비용을 충당했다. 지방관아의 지방경비는 의례 납세자가 부담해야 할 몫이었던 셈이다.

그런데 중앙집권적인 재정정책의 결과로써 중앙재무기관에 의한 일원적인 조세징수를 완료하지는 못했다. 왕실이나 각종 국가기관에 징수할 수 있는 권리 자체, 소위 '수조권(受租權)' 분여가 일정 정도 유지되는 등, 독자적인 재정운영이 지속되는 하나의 이유는 중앙집권화로 인한 징수와 납부 비용이 절감된다는 점에 있다. 더구나 시장을 국가가 주관하는 현물경제의 재분배체제에서 재정을 중앙집권화하기에는 재정규모가 너무 비대하고 비효율적이라 여겨졌다. 조선왕조의 재정이 '왕토사상'에 입각하여 모든 재원이 왕권하에 일원적으로 집중되고 재분배되

는 중앙집권적 운영체제를 이념으로 하여 집권화의 방향을 추진하면서
도, 국가재정규모의 억제하기 위해 개별 분산적인 재정운영이 병존했던
것이다. 그 가운데 지방재정은 오히려 소규모로 억제되는 국가재정의
중앙집권적인 재분배체제를 완수하기 위해도 보장되어야 했다.

지방재정에는 상납재원의 징수와 수송을 위한 인건비, 서류처리비등
의 중간비용만이 아니라 생산력 유지를 위한 재원 근거의 관리, 상납 및
분배 재원의 보관을 위한 수요도 포함된다. 또한 지방관청 산하에 행재
정 업무를 수행하기 위한 통치 및 재무기구를 설치함에 따라 건물 관리
비와 향리 및 관속에 대한 인건비가 지불되어야 했다. 여기에 신구관료
의 교체, 왕래 등에 民役이 동원되거나 그에 대신하는 역가가 지불되었
다. 앞에서 본 바와 같이 노역동원을 연원으로 하는 징수재원이 특정 호
구나 지역공동납의 형태로 할당되기도 했다. 이렇게 소비량이 일정하지
않은 재원들을 '불항정식(不恒定式)'으로 분류하는데, 상례(常例)로 재원
이 지출되는 일이 아니라 갑작스럽게 많은 돈이 드는 일이 발생할 때에
대비하는 재원이다. 지방재원으로 비축된 재원이 적기 때문에 이러한
일에 대응하기 위해 산하의 여러 재무조직이 조금씩 나누어서 지출하여
부담을 분산시키는 방법이 취해졌다.

지방경비의 충당은 우선, 상납되는 정액의 토지재원에 대해 그 수송
비용의 일부가 대동여미(大同餘米)와 같이 중앙재원으로부터 할애되는
것이 있었다. 균역청여전(均役廳餘錢)은 지방관청의 식료수요를 위해 육
고(肉庫)에 주어졌다. 균역부담이 반감된 대가로 토지에 부과되어 균역
청으로 상납되어야 하는 결전(結錢)의 일부가 지방 저치(儲置) 분으로
지방경비에 할애되고 있었던 것이다. 그리고 화세전(火稅錢)의 지방 저
치가 있다.

토지세로서 이외에도 '민결수봉(民結收捧)'은 지방관청수요를 위하여 호역으로 행해진 현물납부와 인력동원을 토지에 부과하는 것이다. 감영 및 지방관청 본관의 연분(年分) 보고 용지의 납부, 물품 저장·운반용의 얼음 채집, 지방관아의 수요물품으로 연료나 말의먹이인 시탄(柴炭), 시탄고초가(柴炭藁草價), 지방관청 공적인 식사 제수인 꿩·닭·생선·과일 등의 어과잡종가(魚果雜種價)·치계가(雉鷄價), 업무용 물품 고공잡물가(工庫雜物價), 그리고 공지사항의 전달 비용 전관전(傳關錢) 등이 이 토지부가세로 지출되었다. 요역을 포함한 지방잡세의 토지세화는 말단 납세조직인 호수(戶首)로부터 지방관에 이르기까지 지방재정에 관련되는 전계층의 동의를 얻어서 군현의 독자적 재정운영으로 실시되고 있었다.

중앙재정이 토지에 집중되고 정규의 군병이 정액(定額)되면서 지방재정은 호역(戶役)을 위시하여 기타의 인구로부터 노동력을 직접 동원하는 부분이 큰 비중을 차지하게 되었다. 지방관청의 군역운영이 독자성을 갖게 되고 여분의 인력들을 군역에 준하여 군현에 소속시킨 인원들을 '읍소속(邑所屬)'이라 한다. 경상도 단성호적대장(丹城戶籍大帳)에서 통계분석을 해보면, 이 '읍소속'으로 등재된 자들은 18세기 후반에 급증하여 19세기 전반까지 증가한다. 이 읍소속에는 사노(私奴)가 많았는데, 소유자들이 자신의 군역을 노명(奴名)으로 부담하거나 무언가의 반대급부로 제공한 자들이다.

특히 19세기에는 비상시의 군량과 구휼곡 등의 비축곡물을 보관하기 위해 고안된 '환곡(還穀)'의 운영이 문제시되었다. 환곡은 비상시에 대비해서 반을 창고에 보관하고 나머지 반은 민간에 나누어주었다가 추수후에 신곡으로 거두어 구곡을 바꾸는 운영, 즉 '개색(改色)'을 한다. 그때에 관리운영비와 감모분을 충당하기 위해 출자 원곡(元穀)의 10%를 모곡

(耗穀)으로 환수하는데, 문제는 환곡이 구휼을 위한 소모성·소비성 재원이라는 성격에 의해 분급 후에 다시 회수되기가 어려웠다는 것이다. 미납이 발생하면 10%의 모곡분을 원곡에 더해서 다음해의 부담으로 누적시키고, 곡식을 받지 않고도 매해 부세와 같이 모곡만을 징수하는 사태가 진행되기도 했다. 그러나 조선왕조 재정이 공공업무 수행비용 충당 이외에 민에 대한 구휼을 목적으로 하는 만큼, 환곡운영을 포기할 수는 없었다.

조선왕조 재정의 중앙집권화 과정에서 병행되어온 지방재정은 상부기관에 대한 상납 재원과 자체 경비를 포함하여 지방 관청 산하의 여러 통치 및 재정 기구들에 의해 분산적으로 운영되고 있었다. 각각의 역할을 수행하기 위한 비용은 징수 담당 세목의 추가 징수를 비롯하여 주로 자체적인 재원 확보 활동을 통해 마련되었다. 항상적인 지출은 각 재무기구들이 각자의 사무 분담에 따라 정기적으로 시행했다. 그러나 항상적이지 않은 비상시의 지출은 여러 기구들이 나누어서 지출하는 경우가 많았다. 자체 경비를 중심으로 하는 재원들은 19세기를 통하여 점차 공식화되었지만, 끝내 표면화되지 않은 부분도 많았다. 이렇게 분산적이고 비공식적인 재원은 자의적·불법적으로 운영될 소지를 배제할 수 없다. 그러나 그러한 운영 방식은 지방 재정의 규모를 낮은 수준으로 유지하기 위한 방책이었다.

지방관아 산하 각 재정기구의 분산적 재정운영은 특히 지방경비의 근간인 역수취에서 두드러진다.[25] 이것은 경상도 상주의 사례를 통해서 살펴보기로 한다. 지방재정 운영은 지방통치·재정조직에서 분산적으로

25) 손병규, 2000, 「조선 후기 상주 지방의 역수취 체제와 그 운영」, 『역사와 현실』38, 한국역사연구회.

이루어졌으며, 더욱 세분화되었다. 이는 인적 재원의 징수라는 역수취의
성격에 기인하는 것이기도 하다.26) 국가수취의 측면에서 전세, 대동, 결
전 등의 지세가 도서원색27)에 의해서 일괄적으로 관리, 수취되는 경향
에 대해, 중앙 및 지방영진 소속자에 대한 군역징수는 여전히 각조직의
상부기관과의 업무관계에 따라 여러 조직에서 분산적으로 행해지고 있
었다.28) 이러한 경향과 함께 지방통치·재정의 업무를 수행하기 위한 지
방의 역수취도 각조직의 고유업무와 관련하여 분산적으로 이루어진 것
이다.

18세기 말의『상산읍례(商山邑例)』29) 기록으로부터 볼 수 있는 역수취
체제의 운영은 첫째, 역수취 및 재원지출의 운영권이 지방통치의 업무와
기능에 따라서 지방관청산하의 각종 통치·재무조직에 배분되어 있었음
을 알 수 있다. 둘째, 각통치조직의 재원조달이 재무조직으로부터의 이전
과 자체적인 재원 확보에 의해서 행해졌는데, 상호 재원 이전을 계기로
지방재정의 전체적인 구조를 형성하고 있다는 특징을 가지고 있다.

---

26) 유동적인 인적재원의 파악이 고정적인 토지재원의 파악보다 어려우며, 역종에 따
    라 개별 조직이 분산적으로 파악하는 것이 유효할 수도 있다. 국가의 인구·토지
    에 대한 지배방식의 이원성에 대해서는 이영훈의 논문(李榮薰, 1993,「朝鮮前
    期·明代の戶籍についての比較史的檢討」, 中村哲編,『東アジア專制國家と
    社會·經濟-比較史の視點から-』, 靑木書店.)이 참고된다.
27) 書員廳이라고도 한다. 上納 業務를 분리해서 上納色을 설치하는 경우도 있다.
28) 병방색이 병조소속의 기보병, 영진소속의 각종 군역수취를 담당하나, 훈련도감소
    속의 포보는 포보색이, 금위영의 금군, 금위보는 금위색이, 어영청의 어영군, 어영
    군보는 어영색이 선무군관은 선무청이, 주진소속과 통영소속 군역자는 주진색이,
    병영소속의 속오군은 속오색이 군역수취를 담당했다. 그리고 이조서리보는 호방
    색이, 장악원악공보와 호조무녀보는 예방색이 담당하였다.(『商山邑例』, 18세기
    말,『한국지방사사료총서』9, 사례편, 여강출판사 1987년 영인.)
29)『商山邑例』, 18세기 말,『한국지방사사료총서』9, 사례편, 여강출판사 1987년 영인.

특히 재지의 유력양반이 주관하는 향교, 서원은 지방관청으로부터 업무수행을 위한 재원을 조달해 받을 뿐 아니라, 전토와 노비 등의 자체재원을 확보하여 독자의 회계를 유지하고 있었다.[30] 지방관청의 재무조직에 대해서는 형성시기가 오래지 않은 구민청(救民廳), 식견청(息肩廳)을 향임(鄕任), 도감(都監)이 주관하며, 대동고, 관청고, 외창, 군기고 등의 창고와 양안·호적의 관리에 향임, 도감이 직접 관여하고 있다.[31] 그러나 재지양반의 출관조직으로 존재했던 향청(鄕廳) 구성원의 업무는 향리의 '향역(鄕役)' 수행과 같이 지방통치·재정 업무의 수행자로 존재했다.[32]

역부담자의 확보는 각종 지방통치조직에 의해 개별적으로 행해지고 있으나, 대체로 관노비(官奴婢) 및 각고의 고자(庫子), 둔전답 경작자에 대한 차정은 호장색(戶長色)이, 향리와 기타 관속의 차정은 이방색(吏房色)이, 장교의 차정은 군관청(軍官廳)이 담당하였다.[33] 17세기에 향중역(鄕中役)의 징수권이 향청에 있었던 것과는 달리,[34] 이시기에는 향리들

---

30) 19세기 사례책으로 전라도 광양현의 『光陽縣各所事例冊』(1850년)에는 향교, 서원, 향청등의 재정상황이 독립된 항목으로 기재되어 있다. 당시 사례 간행이 활발하던 1885년경의 『大邱府事例』에도 향청이 별개의 항목으로 기재되나, 동시기의 타사례에 이러한 기재는 일반적이지 않았다.

31) 『秋城三政考錄』「鄕將吏任遞易秩」. 都監은 향청이 추천하나, 향임과 서로 교체되는 동등한 관계이다.

32) 향임층은 관정에 직접적으로 관여하고 있으나, 재지양반으로부터 천시되는 존재였다. 풍양조씨는 어느 한 일족이 향임에 추천받았다는 것에 대해 가풍을 더럽혔다고 하여 목사에게 철회를 요구하고 있다(「稟目」丙戌三月日, 『嶺南古文書集成1』, 嶺南大學校出版部, 1992). 더구나 19세기말의 사례에는 좌수, 별감이 '관속'의 하나로 분류되고 있었다(『尙州附事例』1892년).

33) 그러나, 빙고수리는 향소와 호장이 같이 적간했으며, 각면제언의 감관에 대해서는 해당면의 풍헌이 추천했다.

의 전문화된 사무에 준하여 역수취가 배분되었다고 할 수 있다. 더구나 이방색은 향청 구성원인 좌수(座首), 별감(別監)과 향청이 추천하는 감관 (監官), 풍헌(風憲)의 차정에 관여하고 있다.35)

역수취체제는 향리와 향임층의 단순한 업무수행자가 주관하며, 기존의 유력양반가 자손은 서원의 운영을 담당할 뿐, 지방통치·재정 업무로부터 제외되었다.36) 지방관청이 자체의 조직적인 업무수행을 전문화·세분화하고 업무를 처리할 수 있는 전문인력을 확보하여, 지방통치·재정 업무수행의 역할을 방기하는 재지양반층에 대신해서 전문적인 지식을 가진 실무자가 지방재정업무를 주관토록 한 것이다. 역부담자의 선정권, 징수권, 즉 역수취체제의 운영권은, 각조직에 배분되어 있었는데, 역수취체제의 분산적 운영과 관련하여 지방재정의 운영은 두 가지 다른 방식을 나타내고 있다. 그것은 첫째로, 대량의 재원이 소요되는 일시적인 업무에 대해 각 조직이 업무를 분담하여 재원조달을 수행한다는 것이다. 둘째로, 재무조직을 형성하여 각 조직이 필요로 하는 재원을 일괄적

---

34) 손병규, 2000, 「조선 후기 상주 지방의 역수취 체제와 그 운영」, 『역사와 현실』38, 한국역사연구회.

35) "一, 座首差出時, 受薦於鄕先生, 備三望呈官差定事. 一, 別監差出時, 座首 自斷望報差定事. 一, 各處都監及監官各面風憲, 鄕廳望報差定事". 『商山邑 例』吏房色.

36) 상주향안은 18세기말 이후 약간 개방적인 입록을 실시한 「新案」을 작성하고 그 것으로 철안되었다(「商山鄕彦錄」, 『嶺南鄕約資料集成』, 嶺南大學校出版部, 1986). 그런데, 1835년에 조덕(趙悳)을 위시한 13명의 유력한 재지양반가의 인물 들이 향약의 새로운 규례로서 「新增約條」 및 「時弊增補」를 제기하고 향안조직 의 재기를 시도하였다(「鄕約節目」乙酉十一月, 『慶北鄕校資料集成3』, 嶺南 大學校出版部, 1992). 여기서는 읍치의 지방관청의 업무에 대해서는 邑權의 영 역으로 분리하면서도, 향리·장교에 의한 중간수탈을 지적하고 그에 대해 향약소 가 감시와 개입을 하도록 주장하고 있다.

으로 조달하는 경향이 진행되고 있다는 것이다.

한가지의 지출 명목에 여러 조직이 분산적으로 지출을 행하는 것은 일시적인 대행사가 치루어질 때의 지출규모가 개별 지방통치조직의 재정능력에 비해 크기 때문이다. 예를 들면 중앙정부에서 파견되는 관원·암행어사·대빈의 접대비용과 같은 비정기적인 지출에는 여러 조직이 재원을 조달했다. 그것은 각조직의 고유한 업무, 역할과 함께, 역수취의 업무가 각 조직에 분산적으로 이루어지고 있다는 사실과 관련이 있다. 말은 입마청(立馬廳)이 제공하고, 마세전(馬貰錢)는 속오군(束伍軍)을 동원하는 대신에 속오색이 일괄 지출하며, 식료비나 소용잡기는 별관색(別館色)이 지급하고, 꿩은 병방색(兵房色)이 포수로부터 납부받아 제공하였다. 종자에 대한 공궤(供饋)는 호장색이 공궤고자를 시켜서 마련하며, 승발색(承發色)은 동원되는 하인의 식비를 지급하는 재원지출의 배분을 행하는 식이었다. 또한, 공도회·백일장·감시(監試), 각종 제사의 제기(祭器) 마련은 예방색(禮房色)이 주관했는데, 이때에 드는 여러 다른 부담이 속오색, 집사청(執事廳), 관청색(官廳色)에 분담되고 있었음이 주목된다.

지방통치조직의 독자적인 징수와 지출이라는 분산적 재정운영은 개별 조직이 확보하고 있는 현물, 화폐 재원의 빈약성, 재원조달을 전담하는 전문 재무조직의 부재를 의미한다. 각 조직이 업무의 전문화, 세분화에 따라 분화되고 조직 고유의 업무를 수행하기 위한 새로운 기금이 마련되어 지방재정의 전체적인 규모가 방대해졌으나, 개별 조직이 확보하고 있는 재원은 소액 분산적이라 할 수 있다.

새로운 지출이 생길 때마다 개별 조직이 자기 자본을 새롭게 마련하여 대처하는 한편, 새로운 재무조직이 마련되어야 했다. 부세의 지세화 경향에 따라 도서원색(都書員色)이 국가재원을 일괄적으로 징수, 상납하는 것과 같이, 지방수요에 대해 재원을 일괄적으로 조달하는 조직이 형성되었다. 토지재원의 배분을 도서원색, 대동색(大同色)이, 환곡모곡수입의 배분을 주창색(州倉色)이 행하며, 새롭게 창출되는 재원의 배분을 구민청(救民廳)이 행하는 것이 그 대표적인 예라 할 수 있다.[37] 구민청은 지방경비의 '공용무출처(公用無出處)의 부족'[38]을 보충하기 위해 새로운 재원을 확보하여 성립된 재무조직이다. 이 업무를 수행하기 위해 구민보(救民保)·지장보가(紙匠保價), 장시세·모묵세(帽墨稅)의 징수, 취식(取殖)에 의한 이전(利錢)을 자체의 수입재원으로 확보해둘 뿐 아니라, 복호전(復戶錢)을 도서원색에서, 진상보가(進上保價)를 호방색에서 분급받았다.[39] 또한 후술하듯이 지방재원 회계상의 필요에 따라 구민청은 동전으로 출납하는 조직으로 전문화되었다.[40]

이상과 같이 지방관아의 산하 재무기구들은 개별 조직이 독자적으로 파악하는 재정운영의 분산성을 가지면서도 재무조직의 재원조달로 지방재정 운영이 일원화되는 경향도 동시에 진행되었다. 17세기 초에 비상시의 지출이나 출자의 근거를 확보하고 있지 않은 새로운 명목의 지출은 조직의 자율적인 재원확보를 통한 재원 절약적 방법으로 조달되었다. 수시로 발생하는 재원수요에 따라 조직이 개별분산화하고, 역수취체제 운영이 수요처에 배분되는 것은 지방경비를 절약하고 지방재정규모

---

37) 소위 '民庫'를 이른다.
38) 정규의 수취로 확정되지 않았거나, 비상시의 수요에 대응하는 재원이다. 그 운영권은 좌수가 가지며, 감관과 고자가 설치되어 있었다(앞의 사료, 『商山邑例』).
39) 위의 사료, 『商山邑例』 救民廳.
40) 미곡의 출납은 대동색이 주관했다. 미곡과 전을 서로 바꾸어 지출할 경우에는 대동색과 구민청 사이에 재원의 이전이 있었다(위의 사료, 『商山邑例』 大同色, 救民廳). 재무상의 전문화와 분담에도 불구하고 재원이 화폐로 통일되어 있지 않은 특성으로 인해 생기는 번잡함을 볼 수 있다.

의 증대를 억제하기 위한 방책이기도 했다. 역수취로 수행하던 업무가 현물, 화폐 지출로 수행되고 재무조직이 형성되면서 개별 통치조직의 독자적인 재정운영을 일원화하는 한편, 조직기금의 소액성과 재정운영의 분산성, 그리고 지방재정의 부가적 재정부문이 병행되었던 것이다.

끝으로 주목해야할 재무기구는 19세기 재정의 변화와 더불어 큰 역할을 하게 되는 소위 '민고(民庫)'이다. 상주에서는 '구민고'로 나타나는 이 민고는 지방 재정 운영 방식의 불합리성을 대변하거나 그것을 개선하기 위한 방책으로 이해되고 있다.[41] 지방 재정의 위기적 상황을 대변하는 기구로서 민고의 지출 항목들은 예전에 노역 동원으로 해결하거나 각 통치 및 재무 기구들의 자체 활동으로 수행하던 것을 정식으로 새롭게 공식화한 것들이었다. 향리를 중심으로 하는 기존 사무 담당자들의 자의적이고 불법적인 운영을 문제시하여 민간에 운영을 맡겼다. 민고는 지방 재정 운영에 대해 주민 내부에서 상호견제하고 합의에 따라 합리적인 운영 방식을 창출해간 결과물이라 할 수 있다.

---

41) 장동표, 「조선 후기 민고 운영의 성격과 운영권」, 『민족사의 전개와 그 문화』(상), 벽사이우성교수정년기념논총, 1990; 김덕진, 1992, 「조선 후기 지방 관청의 민고 설립과 운영」, 『역사학보』133, 역사학회.

3. 재정운영을 둘러싼 타협과 갈등

1830년대에 경상도 단성현의 재정은 환곡의 미회수로 말미암은 적자 운영이 문제시되었고, 주민과의 합의하에 이것을 메우기 위한 부가적인 지방세를 '요호전(饒戶錢)'이라는 이름으로 거두고 있었다.[42] 이 요호전은 호당 일정 액수로 책정되었는데, 징수대상이 되는 면리별 호수는 당시 호적대장에 등재된 호수와 거의 일치했다. 호적대장에 등재된 호들만이 요호전을 낸다는 것이 아니라 면리별로 그 정도의 할당을 한다는 말이다. 중앙에 보고되는 호적대장의 면리별 호수가 지방세의 면리 간할당에 활용되고 있었던 것이다. 이러한 지방재정 적자의 보전은 납세자 주민의 동의 위에 실현될 수 있었다. 또한 주민들의 지역 간 조정도 상호 협의의 오랜 경험에서 가능하다. 당시 단성현의 수령이던 이휘부(李彙溥)는 단성현 전체의 각 면리에 할당하는 손쉬운 방법으로 오랫동안 호적작성 과정에서 조정이 합의된 면리별 호구총수에 기초하여 요호전을 부과했던 것이다. 그렇게 할당된 부담은 동리 내의 실제 주민들 사이에서 다시 분담될 것이다.

앞 장에서 살펴본 바와 같이 정약용은 수령의 호적파악에 대해 핵법(覈法)과 관법(寬法)을 제시했다. 동네에 자체의 사적인 장부를 두고 요역과 부세를 할당하고 관에서는 그 대강을 파악하여 도총(都摠)으로 파악함으로써 형평성을 갖추도록 한 것이다.[43] 이휘부의 호적파악은 후자의 관법을 사용한 것이라 할 수 있는데, 거기에는 지역주민들 사이의 자

---

42) 李彙溥, 「句漏文案」『慶尙道丹城縣社會資料集(2)』, 대동문화연구원, 2003년 영인.
43) 『牧民心書』「戶典」, 戶籍.

율적인 호역 부담 조정이 전제된다.

사욕에 의한 것이든 재정운영상의 실패로 인한 것이든 재정 적자가 발생하면 그것은 곧바로 중앙재정수입의 불안정을 초래했으며, 지역의 납세자 주민의 부담으로 되돌아왔다. 적자재정의 원인은 본래 주민이 부세나 환곡을 미납한 데에서 출발하는데, 지방재무를 담당하는 향리의 운영상 미스를 포함하여 지방관의 정책 실패에도 원인이 있었다. 그러므로 수령, 향리, 납세자 주민 사이에 지방재정 운영상의 합의가 원활하게 이루어지지 않으면 문제가 발생했다.

진주민란의 계기가 된 단성민란의 주무자 김인섭(金麟燮)은 '단성전정언김인섭단자(丹城前正言金麟燮單子)'를 제시하여 민란의 정당성을 주장했다.44) 여기에서 그는 단성현 재정정책의 최고 골칫거리인 '환다민소(還多民少)'의 환곡 문제와 그 실무를 담당하던 향리의 적자운영에 대해 신랄하게 비판하고 있다. 재정운영을 둘러싸고 향리의 '이포(吏逋)'를 주민의 '민포(民逋)'로 돌리는 작태가 용서되지 않았던 것이다. 환곡자체의 속성으로부터 유래하는 운영상의 불합리와 더불어 재정운영을 둘러싼 수령-향리-주민 간의 불협화음이 경상도 전역으로, 그것을 넘어서 민란이 촉발된 최대의 이유였다.

경상도지역의 민란에 대한 보고서는 환곡과 관련한 재정문제에 '작전(作錢)'의 폐단이 지적되었다. '경상도 환곡의 폐단은 시가를 따른다든지 지역간 곡물을 사고팔거나 운영수단에 화폐비중을 더해가는 일'45)이라 지적하고 화폐로 전환할 때에 관에서 가격을 정하여 대처하고 이무(移貿)

---

44) 金麟燮, 「丹城前正言金麟燮單子」, 『壬戌錄』.
45) "一路還弊, 曰時價也, 曰移貿也, 曰加作也". 金麟燮, 위의 사료, 「丹城前正言金麟燮單子」, 『壬戌錄』.

나 가작(加作)은 허용하지 말도록 조치를 취하고 있다. 국가재분배를 보완하기 위해서 설치된 시장에서 계절적, 지역적 시가의 차이를 재정적자 보완의 수단으로 삼는 '지역이기주의'적인 재정운영이 비판되었던 것이다.

황주민란의 경우는 주민들로부터 환곡만이 아니라 이 지역 재정운영상의 특징과 관련한 구체적인 개선요구 조항이 제시되기도 했다. 주민의 향회 논의에 기초하여 제시된 '민막이십오조(民瘼二十五條)'에는 궁방토 및 각양위토와 지방경비의 징수 및 운영에 대한 시정요구가 대부분을 이룬다.[46]

김인섭은 1862년에 향회가 열리고 향원들이 운집한 가운데 향사당(鄕射堂)에서 소장을 작성하는 것으로부터 단성민란을 시작했다.[47] 그러나 당시 단성에는 하나의 향회만이 존재한 것은 아닌듯하다. 민란의 와중에 지방관은 단성의 여러 층차의 향회조직과 협상을 시도하고 있음이 보고되어 있다.[48] 어떠한 향회이든 주민과의 합의나 회유에 의하지 않고는 지방재정이 독자적으로 운영될 수 없었음은 분명하다.

18세기 후반부터 지방관아의 수령으로 부임하는 자들을 위한 지방 통치 지침서, 즉 목민서(牧民書)가 대대적으로 유행했다.[49] 이 목민서에서

---

46) 임술민란기에 상주에서도 주민들이 소위 '三政矯抹'를 명분으로 읍내에 들어와 '吏家'등의 민가 백여채를 방화하고 '吏廳'의 각종 장부를 불태우는 사태가 있었다. 이후 1888년에 편찬된 『商州事例』(『한국지방사사료총서』9, 사례편, 여강출판사 1987년 영인)에는 당시의 尙州 牧使 閔種烈이 상주의 재정운영과 관련한 폐해상황과 그것에 대한 해결책을 제시했다.

47) "一鄕大會淸心亭夕暫出見". 金麟燮, 『端磎日記』 1862년 1월4일; "鄕員赴會者雲集". 1월23일.

48) 井上和枝, 1990, 「丹城民亂期における在地士族の動向」, 『朝鮮後期の慶尙道丹城縣における社會動態の研究 (1)』, 學習院大學 東洋文化研究所.

49) 김선경, 2010, 「조선 후기 목민학의 계보와 『목민심서』」, 『조선시대사학보』52, 조선시대사학회.

는 수령이 부임했다가 떠날 때까지의 행동 지침 가운데 재정 운영과 관
련된 사항이 가장 비중 있게 다루어졌다. 19세기에도 『목민심서(牧民心
書)』를 위시한 민간의 목민서 편찬이 지속되었을 뿐 아니라, 중앙 재무
기관인 호조가 『사정고(四政巧)』라는 지방 재정 운영 지침서를 제시하
기에 이르렀다.50) '사정'이란 전정, 군정, 환정의 삼정에 진황시의 황정
(荒政)을 더한 것이다. 중앙정부는 지방관아에 일종의 재정권을 부여하
는 한편, 수령과 현지 실무자의 자율적=자의적 운영을 주요한 감사 대상
으로 여겼다. 묵인과 감사 사이에서 경계를 게을리 하지 않았지만, 결국
재정 운영의 성패는 현지 운영자의 도덕성에 의지할 수밖에 없었다.

지방재정 운영의 자율성은 민간의 자치적 재원 파악과 납부 관례에
의존한 것이기도 했다. 납부 조직이 형성되어 부세 운영에 대응하고, 지
방관아의 향리에게 납부 실무를 하청하며, 지방 주도 세력 간의 담합으
로 운영 비용을 마련하는 일들도 지방의 자치적 운영 방식 중 일부였다.
19세기에는 동리 단위의 총액적 군역 부담인 동포제(洞布制), 각종 인력
동원에 대한 특정 동리의 호역 조직화, 지방 재정 적자를 메우기 위한
군현 전반의 면리별 호구수에 기초한 주민세적 분담 등 공동납적인 부
담이 일상화되었다.51) 그것은 향촌사회 내의 자치적 권력 집단이 존재
해야 가능한 일이었다. 19세기 후반 농민 항쟁을 수습하는 단계에서 등
장하는 여러 종류의 '향회(鄕會)'가 그 존재를 반증한다.52)

---

50) 戶曹, 『四政巧』, 19세기 전반(한국국립중앙도서관소장. 『朝鮮民政資料叢書』,
   驪江出版社, 1987년 영인).
51) 송양섭, 1995, 「均役法 施行 以後 軍役制 變動의 推移와 洞布制의 運營」, 『軍
   史』31, 군사편찬연구소.
52) 井上和枝, 1990, 「丹城民亂期における在地士族の動向」, 『朝鮮後期の慶尙
   道丹城縣における社會動態の硏究 (1)』, 學習院大學 東洋文化硏究所.

이런 관점에서 보면, 지방 재정의 운영에 참가하는 자는 수령과 실무자 향리에 한정되지 않는다. 향리도 현지의 주민이지만 그 외의 주민들이 재정 운영에 주도적으로 참가함으로써 지방 재정 운영의 자치성을 확보했다고 할 수 있다. 수령과 향리를 공무원으로 하는 군현제의 집권적 행정 체계는 주민들 사이의 합의에 기초하는 자치적 재정 운영 구조 위에 성립했다. 따라서 중앙정부에 대해 상대화되는 독자성을 가질 수 있었다. 현지에 오래 머물지 않는 수령으로서는 주민들이 만들어온 운영 방식을 급하게 변혁할 수 없었다. 오히려 대부분의 수령은 군현을 단위로 하는 독자적 재정 운영의 타당성에 근거하여 국가에 끊임없이 지역의 부세 부담 탕감을 요구했다. 이렇게 중앙 집권적으로 획일화되지 않고 자율적으로 운영되는 지방 재정이 전국적으로 제각기 다양하게 진행되면서, 그 상황이 '문란'이나 '위기'로 비쳤을지 모른다.

'삼정(三政)'은 토지세 징수 및 상납의 운영에 대한 '전정(田政)', 군역 운영에 대한 '군정(軍政)', 환곡의 출납과 모곡 운영에 대한 '환정(還政)'을 가리킨다. 이 용어는 18세기부터 나타났지만 주로 19세기 지방재정운영의 핵심적 문제를 일컬어 사용되었다. 주요 재원에 대한 지방재정 운영상의 문제점을 중앙정부와 당시의 지식인들은 '삼정문란(三政紊亂)'이라고 인식했다. 그것은 총액으로 경직된 중앙재정 수입과는 반대로 지방재정은 주요 재원의 운영에 대해 융통성을 발휘할 수 있었기 때문이 아닌가 한다. 중앙 상납 재원이 미납될 때에는 지방재정의 독자적 운영으로 비축되는 지방재원이나 지역주민과의 합의에 의한 추가적 징수로 보전되었다. 그러나 지역마다 독자적이고 다양한 운영방법이 고안되어 지역 간의 조정이 어려웠고 내적으로도 재정운영 안건마다 지역주민 내부의 합의가 요구되어 논란이 분분함으로써, 지방재정 개혁이 불가피하다고 여겨진 것이다.

지방관은 임지의 지방재정 문제를 해결하기 위해서 최대한의 정치력을 발휘하지만, 대부분 임지의 조세 미납에 대해 거듭되는 탕감요청을 공적으로 여기는 한편, 과환(科宦)을 획득하고 지속시키는 개인의 영달에도 민감하게 반응하고 있었다. 요호전을 징수하여 단성의 재정적자를 해결하던 상기의 이휘부(李彙溥)는 1854년에 영천(榮州) 군수로 있으면서 "수령을 그만두었어야 했는데 그만두지 못하다가 가혹한 일을 만났다"며 향리와 주민의 다툼에 개입되었던 일을 친족인 이만기(李晩耆)와의 서간문에서 밝히고 있다.53) 그러나 그는 다른 서신에서 자신과 친족들의 관직과 과거와 관련하여 걱정하고 수시로 청탁하는 것을 일삼았다.

중앙정부 및 상부기관은 자체 재정규모가 확대되어 불법적으로 '무명잡세(無名雜稅)'를 거두는 상황에서 그나마 고정된 조세수입을 줄일 수 없었다. 따라서 고정된 세액을 규정대로의 '본색(本色)'으로 상납하도록 지방관청에 요구해왔다. 동전으로만 받는다면 수요 물품을 구매하기 위해 물가의 변동에 일일이 대응하기가 쉽지 않았기 때문이다. 재정의 중앙집권화는 징수업무의 수행을 위해 국고에서 모든 징수비용을 지출하여 지방재정 운영상의 '중간적 수취'를 배제함으로써 궁극적인 완성을 볼 수 있는 것이다. 그러나 모든 재원이 왕권으로 상징되는 국가로 수렴되고 재분배되는 오래된 재정이념을 궁극적으로 실현하기 위해서는 막대한 국고 비용이 필요했다. '자의적'으로 운영되는 지방재정의 다양성을 중앙재정으로 획일화할 것인가, 아니면 지금까지와 같이 지방재정의 자율성에 의거하는 재정체계를 유지할 것인가 고민이 아닐 수 없었다.

---

53) 가회고문서연구소 해제, 국립민속박물관 이동영기증 고문서. 주로 퇴계 이황의 후손, 李晩耆(1825~1888)의 서간문이다. 유물번호 71822, 1854년 5월16일.

[보론 2] '삼정문란론' 재고

'삼정(三政)'은 토지세 징수 및 상납의 운영에 대한 '전정(田政)', 군역 운영에 대한 '군정(軍政)', 환곡을 종자 및 식량으로 분급하고 회수·관리하는 '환정(還政)'을 가리킨다. 이 용어는 18세기 후반 이후 지방 재정 운영의 핵심적 문제를 일컬어 사용되었다.[54] 당시 위정자를 비롯한 유교 지식인부터 최근의 한국사 연구자들까지 삼정을 둘러싼 지방 재정 운영상의 '폐단'을 지적해왔으며, 그것이 19세기 농민 항쟁을 발생시킨 주된 원인이라고 인식했다. '삼정문란(三政紊亂)' 인식은 조선왕조가 붕괴하기에 이르는 사회경제적 원인을 농민층 분해와 계급 투쟁의 관점에서만이 아니라 부세 제도 운영상의 문제에서 찾은 결과이다.[55]

'삼정문란'은 곧바로 19세기 지방 재정의 위기적 상황과 직결되는 것으로 여겨졌다. 삼정 운영을 통한 지방 재원의 중앙 이전에 대신해서 지방 경비를 위한 대체 재원이 확보되어야 했다. 그러나 삼정운영의 폐단으로 말미암아 중앙과 지방 그 어느 쪽도 충족시키지 못하고 지방 재정은 파탄에 이르게 되었다는 것이다. 19세기 지방 재정 운영에 대해 부정적인 인식은 변함이 없지만, '삼정'을 부세 제도 운영상의 문제로만이 아니라 조선왕조 재정 구조의 특성과 변화 가운데 관찰하고자 했다.[56]

한편, 전근대 재정을 전제 국가의 중앙 집권적 경제 운영 원리로부터 관찰하는 시각도 제기된 바 있다. '지배권이 미치는 영토 내의 모든 재원은 왕권으로

---

54) 『正祖實錄』20책, 정조 9년 7월14일 신유조; 12월 6일 신사조; 46책, 정조 21년 1월 14일 을묘조; 『純祖實錄』4, 순조 2년 1월 15일 정해조. 이 시기에 삼정은 지방관에게 일체 위임된다는 언급에 그치고 있어, 부정적인 인식은 보이지 않는다. 『純祖實錄』28책, 순조 26년 6월 25일 을해조와 30책, 순조 29년 10월 29일 경인조에 비로소 '폐단', '문란'의 인식이 보인다.

55) 방기중, 1986, 「조선 후기 수취 제도·민란 연구의 현황과 '국사' 교과서의 서술」, 『역사교육』39, 역사교육연구회; 고동환, 1991, 한국역사연구회, 『1894년 농민전쟁 연구(1): 농민전쟁의 사회경제적 배경』, 역사비평사.

56) '삼정문란'에 대한 재고는 이미 손병규, 2012, 「'삼정문란'과 '지방 재정 위기'에 대한 재인식」, 『역사비평』101, 역사문제연구소.에 제시된 바 있다.

상징되는 국가에 일괄적인 국고 수입으로 수렴되고 재조정되어 다시 국가 공공
업무를 수행하기 위해 재분배되는' 것을 이상으로 하는 일원적이고 집권적인
재정 체제가 제시되었던 것이다.[57] 그것을 '국가 재분배체제(國家再分配體制)'
라고도 한다.[58] 이것은 단지 징수로 인한 재정 수입뿐만 아니라 재정 지출은 물
론 재원의 관리와 수송 상납을 포괄하는 재정 과정을 관찰하는 시각이다. 국가
와 민 사이에 중간적 집단이 상대적으로 강고한 서구와 달리, 그것이 억제되어
약화된 동아시아사회의 경제 운영 원리로 제기된 셈이다.

그런데 위와 같은 서로 다른 관점에서도 무엇이 어떻게 '위기'인지 분명치 않
으면서 19세기의 재정 구조를 부정적으로 인식한다는 점은 공통된다. 어쩌면 그
것은 한편으로 지방 재정에 대한 중앙정부의 인식을 그대로 반영하는 것이며,
다른 한편 중앙 재정에 한정하여 그렇게 인식한 것일지도 모른다.[59] 어쨌든 지
방 재정 자체의 발전 과정이 논의되지는 못했다. 또한 어느 쪽이든 조선왕조의
재정을 소위 '근대 재정'으로 전환하기 위한 극복 대상으로 여긴다는 점도 공통
된다. 중앙으로 일원화된 근대적 재정 구조로부터 지방 재정을 관찰한 것은 아
닐까 여겨진다.

'삼정'은 재정 수입 및 지출과 관련하여 지방관아에서 진행되는 가장 주요한
재정 운영 부문들이다. 전세와 군역은 수입에서의 이대 징수 항목이며, 환곡은
민간에 직접적으로 분배되는 국가 재원의 주요 지출 항목이다. 또한 조선왕조

---

57) 足立啓二, 1990, 「專制國家と財政·貨幣」, 中國史硏究會編, 『中國專制國家
    と社會統合:中國史像の再構成2』, 文理閣; 岩井茂樹, 1994, 「徭役と財政のあ
    いだ－中國稅·役制度の歷史的理解にむけて」, 『經濟經營論叢』(京都産業大
    學), 第28卷 第4号(1994年 3月), 第29卷 1·2·3号(6·9·12月); 손병규, 2003, 「조선
    후기 재정 구조와 지방 재정 운영: 재정 중앙 집권화와의 관계」, 『대동문화연구』
    44, 대동문화연구원.
58) 이헌창, 2009, 「조선왕조의 經濟統合 體制와 그 변화에 관한 연구」, 『조선시대
    사학보』49, 조선시대사학회.
59) 이헌창 편, 『조선 후기 재정과 시장: 경제 체제론의 접근』, 서울대학교 출판문화
    원, 2010. 이 책에 대한 비평 논문은 손병규, 2012, 「조선왕조 재정과 시장의 관계
    재론」, 『경제사학』53, 경제사학회. 참조.

재정은 개별 수요처별 수요 항목을 곧바로 구체적인 세목으로 설정하여 징수하고, 정해진 재원량을 해당 수요처로 직접 상납하는 특징을 갖는다. 재정의 목적이 공공 업무를 수행하고 생산을 안정화하기 위한 재원의 분배, 즉 '국가 재분배'에 있었다고 할 수 있다. 여기서는 전정, 군정, 환정－진휼을 위한 황정(荒政)을 포함하여－각각에 대해 문제시되는 점들을 조선왕조 재정 시스템의 전개 과정으로부터 관찰하기로 한다.

전정의 문제점은 주로 수세지의 은닉, 추가적 징수, 면세지 징수에 있는 것으로 여겨졌다.[60]

우선, 토지 조사 과정에서 지방 실무자에 의해 감추어진 '은결(隱結)'의 존재다. 이것은 토지세 상납에서 누락되어 중앙 재정 수입 감소의 최대 원인으로 지적되었다. 18세기 말에 대대적으로 조사·수색이 시도되어 토지대장에 진결(陳結)로 등재되었던 '은결'은 징수 대상지인 실결(實結)로 전환되었다.[61] 그러나 19세기에 들어 실결 총액은 그다지 증가하지 않았다. 실결로 전환되지 않은 상당 부분의 은결이 여전히 존재했을 것이나 표면화하기 어려웠던 것으로 여겨진다.

'은결'이라 지칭되는 이런 토지는 단지 지방관청의 징수 실무자들이 사욕을 채우기 위해 숨겼던 것으로 단정할 수만은 없다. 이것은 실무자와 소유자 사이의 담합으로 마련되어 거주지 가까이에 광범위하게 포진하는 진결들이나, 실제로 경작되지만 재해지로 보고된 토지들이다.[62] 무언가 반대급부를 받는 대신에 토지 생산물은 지방 재정 운영을 위한 재원으로 활용되었을 가능성이 높다. 실결로 파악되기에 이른 은결도 중앙정부가 전부 몰수하지는 못하고 화세전이나 균역청 여전(餘錢)으로 지방관청에 부여하기도 했다.[63] 은결은 지방관아 재정원의 하나였으며, 그것의 공식화는 지방 재정을 압박하는 효과를 냈던 것이다.

---

60) 송양섭, 2012, 「임술민란기 부세 문제 인식과 三政改革의 방향」, 『한국사학보』49 집, 고려사학회.

61) 朝鮮總督府中樞院調査課 編, 『朝鮮田制考』, 1940.

62) 김건태, 1999, 「1743~1927년 전라도 靈巖의 南平文氏門中의 농업경영」, 『大東文化硏究』35, 대동문화연구원.

63) 손병규, 2003, 「조선 후기 재정 구조와 지방 재정 운영: 재정 중앙 집권화와의 관계」, 『대동문화연구』44.

다음으로 본래의 토지세인 전세와 공납(貢納) 및 일부 요역을 토지세화한 대동(大同), 군역을 반감하여 토지세화한 결전(結錢) 등의 정규적인 토지 징수 외에 추가적인 부과가 늘어간다는 사실이 전정의 문제점으로 지적되었다. 지방관아는 국가 재원의 상납만이 아니라 지방 경비의 확보를 위해서도 추가적 토지세를 확보하고 있었다. 지방 재정에도 부세의 토지세화 경향이 도입되어 상납 재원과 지방 경비 등을 모두 토지에 부과하는 '도결(都結)'의 징수 방법이 창출되기도 했다.[64]

이렇게 추가 징수된 토지세는 중앙정부가 파악하지 못하고 지방관아의 운영에 맡겨 묵인되는 비정규적인 재정이었다. 토지세 비중이 증가하는 만큼 지방의 중간 횡령이 발생할 우려도 커졌다. 사욕에 의한 것이든 재정 운영상의 실패로 인한 것이든, 재정 적자가 발생하면 그것은 곧바로 중앙 재정 수입의 불안정을 초래했고, 지역 납세자인의 부담으로 되돌아왔다. 따라서 전정과 관련한 수령과 현지 실무자의 자율적=자의적 운영은 국가의 주요한 감사 대상이었다.

다음으로 중앙 기관이나 왕실의 면세 특권지에 대한 징세 문제도 거론되었다. 관아에 토지세를 내서 중앙 재무 기관인 호조나 산하의 선혜청, 균역청에 상납하는 대신, 해당 기관이나 왕실의 궁방(宮房)에 그만큼을 직접 상납하는 토지가 있었다. 즉, 조세를 부담하는 '공전(公田)'이 아니라 그것이 면제되는 '사전(私田)'적 토지이다.[65] 국가 기관이나 왕실이 왕으로부터 사사로이 그 징수권을 부여받았던 것이다. 이러한 토지를 경작하는 농민은 때로 지방관아에 부담하는 잡역까지 면제되기도 했다. 그런데 이러한 토지는, 특히 왕실이 직접 관리하는 궁방전은, 실제로 농민이 소유하는 민전(民田) 위에 설정되는 경우가 많았다. 따라서 이 토지들은 조세를 부담하거나 지방관아의 추가적 징수를 요구받기도 했다.

군정의 문제점은 정해진 군역 외에 만들어진 각양각색의 역종과 액외(額外) 군액의 증가, 군포(軍布)의 추가적 징수와 작전가(作錢價)의 조작 등이 주로 언

---

64) 安秉旭, 1989,「19세기 부세의 도결화와 봉건적 수취 제도의 해체」,『國史舘論叢』7, 國史編纂委員會, 1989.

65) 宮嶋博史,『朝鮮土地調査事業史の研究』, 東京大學東洋文化研究所報告, 1991, 第二章, 李朝時代における收租權的土地支配の展開過程.

급된다.66)

18세기 중엽에는 소속별·역종별 군액(軍額)을 확정한 군역 역종에 대해서 그 정족수를 넘어서서 액수를 확보할 수 없었으며, 이후 이러한 원칙이 상당히 엄격하게 지켜졌다. 이 군역 역종은 중앙 기관과 지방 감영 및 군영에 소속된 양인 군역 - '양역(良役)' - 에 한해서 그러했다. 이들 군역자가 지역별 정액으로 고정된 데 반해, 지방 관청에 소속된 인적 재원인 '읍소속(邑所屬)'은 19세기 전반까지 증가했다. 정액 역종 이외의 액외 군액으로 인식된 것은 주로 이들이다.

지방관아의 수령 밑에는 군병을 둘 수 없어 읍소속을 바로 '군역'이라 규정하기 어려운 점이 있다. 하지만 18세기~19세기 초기를 통해 노비가 대대적으로 양인화하는 경향에 따라 국역 체계가 모든 양인에게 확대되었다고 할 수 있다. 또한 읍소속에는 사노(私奴)가 많았다. 이들 사노는 소유자들이 자신의 군역을 노비 이름으로 부담하거나 지방 재정 및 군역 운영상 무언가의 반대급부를 받고 제공한 자들이다. 읍소속들이 부담하는 인력과 재화는 지방의 재정 운영을 위해 사용되었다.

토지 징수와 마찬가지로 군역 징수에도 추가적·부가적 징수가 더해졌다. 군역 운영은 국가 기관이 지방에 직접 명령하여 소속 군역자를 징발하거나 군포를 납부하도록 하는 식으로 이루어져왔다. 따라서 18세기까지 역종별 군역자 가운데 차출된 자가 상번군을 인솔하거나 군포 물자를 수송, 납부했다. 그런데 군역이 정액화되어 지역 단위의 소속별 역종별 군액이 고정되면서 지방관아는 지방의 군역 및 재정 실무자에게 그 일을 대행하도록 했다.67) 지방행정 관할 구역 내에 거주하는 군역자들을 일괄적으로 관리하기 위한 군역 운영 비용이 추가적 군역 징수를 초래했다.

그러나 명목을 달리 할 뿐, 이전에도 추가적 징수가 없었던 것은 아니었다. 다만 이후의 지방관아 실무자에 의한 군역 징발, 징수에는 지방마다 명목과 액수가 일정치 않고 횡령의 여지가 없지 않았다는 점이 우려되었던 것이다. 군포를 군전(軍錢)으로 작전하여 징수할 때 면포가를 시가와 현격히 차이가 나게 결

---

66) 송양섭, 2012, 앞의 논문.
67) 송양섭, 2012, 위의 논문.

정하는 데 대한 우려도 여기에 포함된다.[68] 실무자가 해당 군역 운영 기구의 재정을 위해 작전가를 조작하여 군역 부담자가 납득하지 못하는 경우가 생길 수 있었다.

환곡의 '환(還)'은 본래 배분한 곡물만큼 회수될 것을 예상하여 붙여진 이름이다. 그러나 총칭적인 의미로 사용할 때는 흉작이나 전염병으로 인한 재해 시의 진휼, 물가의 조절, 군량의 비축을 주된 기능으로 하는 진휼곡(賑恤穀), 상평곡(常平穀), 군향곡(軍餉穀) 등을 통틀어 지칭한다.[69] 환곡의 운영에는 흉작 시에 배분한 물자의 회수를 기하지 않는 '진급(賑給)', 수확을 기다려 회수하는 '진대(賑貸)', 포목과 곡물의 사이의 매매, 묵은 쌀을 신곡으로 바꾸는 '개색(改色)' 등의 출납 방법이 있었다. 또한 비축 물자의 관리상, 저장 곡물의 감소분과 창고의 창설 및 수리, 관리인에 대한 보수 등의 비용을 충당하기 위하여 배분된 원곡을 반납할 때 보통 10%의 '모곡(耗穀)'이나 '색락(色落)'이 부가되었다.

환곡에 대한 '모곡' 일부를 다시 출자 기관에 회부하면서 환곡이 국가 기관의 재정보용으로 인식되기 시작한 것은 이미 오래 전이었다. 환곡의 분급량이 증가하고 분급 비율이 높아지면서 그와 함께 '모곡'도 양적으로 증가했으며, '모곡'의 일부를 다시 환곡의 원곡에 가세하여 '모상첨모(耗上添耗)'의 복리로 식리를 취하기에 이르렀다. 그 결과, 환곡은 생산력 유지를 위한 종자 및 식량의 급대와 진휼 기능을 상실하고 재정보용을 위한 일종의 부세로 전락했다고 여겨졌다. 이것이 환곡의 최대 문제점으로 지적되었다.[70] 이러한 사태는 19세기를 통해 점차 심화되어 환곡을 출원한 기관으로부터 모곡 일부의 납부가 독촉됨은 물론, 정상적 운영으로의 회복이 종용되었다.

그러나 그보다 연원적인 문제는 환곡이 생산력 유지를 위해 지출되는 소모

68) 許傳,「三政策」,『三政策』2, 432쪽.

69) 문용식,『朝鮮後期 賑政과 還穀運營』, 경인문화사, 2001; 송찬섭,『조선후기 환곡제 개혁 연구』, 서울대출판부, 2002.

70) 오일주, 1984,「조선후기 國家財政과 還穀의 부세적 기능의 강화」, 연세대학교 석사학위논문; 양진석, 1989,「18·19세기 還穀에 관한 硏究」,『韓國史論』21; 송찬섭,『조선 후기 환곡제 개혁 연구』, 서울대출판부, 2002.

성·소비성 재원이었다는 점에 있다. 이러한 성격 때문에 환곡은 분급한 뒤 다시 회수하기 어려워 미납량이 누적되어갔지만 그렇다고 분급을 멈출 수도 없었다. 환곡 미회수나 모곡 미납의 원인은 주로 흉작을 초래하는 자연재해 등 지역사회 전체에 영향을 미치는 것이었기 때문에, 환곡 운영은 지역 단위로 이루어졌다. 미회수, 미납이 거듭되면서 선조나 이웃이 누적시켜온 미회수, 미납분을 지역 주민이 집단적으로 해결하지 않으면 안 되었다. 지역 단위로 증가하는 누적량을 지역 전체의 현주민 호구에 고루 분담시켜 주민세처럼 징수하거나 경작 토지에 토지 부가세로 부과하기에 이른 것이었다.[71)

지방에 비축되어 있는 환곡은 지방 재정 운영을 위한 비축 물자로도 활용되었다. 관이 백성에게 곡물을 공급하는 것은 단지 민생 유지의 필요만이 아니라, 유통 물자의 증가와 시장경제의 진전을 관이 주도하고 통제하는 정책적인 조치로서도 의미가 있었다. 환곡의 기능이 저하되어도 제도 자체를 철폐하지 않고 지속적으로 곡물을 분배한 데에는 '국가 재분배'라는 조선왕조의 재정 이념을 지방 통치 현장에서 실현하는 이외에도 이유가 있었던 것이다.

1862년 농민항쟁에 대응하기 위해 중앙정부는 '삼정이정청(三政釐整廳)'을 설치하고 개선책으로 『삼정이정절목(三政釐整節目)』을 반포했다.[72) 이 삼정에 대한 개선책을 요약하면,[73) 전정에 대해서는 오랫동안 토지조사인 양전(量田)을 실시하지 않고 면세결이 증가하여 수세 실결이 감소한 데 문제가 있다고 보아 양전의 실시를 급선무로 제안했다. 군정에 대한 조처는 군역 충정의 원칙 준수와 군역자 조사를 통한 군액 확보에 주안점을 두었다. 정액 외 모군과 피역에 대해 조사하는 한편, 군포 징수 방법으로 동포(洞布)라는 공동 납부를 허용했다.

---

71) 경상도 단성현(丹城縣)에서는 면리마다 호수에 기준하여 '요호전(饒戶錢)'을 징수했는데(『句漏文案』), 이는 환곡으로 인한 적자를 충당하기 위한 것이었다. 김건태, 2002, 「조선 후기 호의 구조와 호정운영―단성호적을 중심으로」, 『大東文化硏究』40, 대동문화연구원. 참조.

72) 이정청은 철종 13년(1862) 5월 26일에 설치되어, 철종의 요구에 의해 전국에서 올라온 '응지삼정소(應旨三政疏)'를 토대로 윤8월 19일 『삼정리정절목(三政釐整節目)』을 반포했다(『壬戌錄』).

73) 송양섭, 2012, 앞의 논문.

환정에 대해서는 미회수로 허구화된 환곡을 탕감거나, 그것을 모두 토지에
부과하는 '파환귀결(罷還歸結)'의 방법이 제시되었다.

여기에서 제시된 이정책은 면세지 통제, 군역 정액화, 부세의 토지세화 등,
조선왕조 국가 재정의 집권화 방향에서 제시된 것이었다. 그러나 지역사회의
공동납을 제외하고는 중앙정부 차원의 해결책에 경도되어 있어, 지방관아의 재
정 운영 현실과 운영 원리에 입각한 삼정책으로 집약되지는 못했다.

그러나 19세기 재정을 위기적인 상황으로만 볼 수 없다. 그것은 중앙 집권적
재정 부분과 지방 자치적 재정 부분이 병행되며 상호 보완적인 관계에 있었기
때문이다. 이는 전제주의적인 조선왕조의 재정이 공식화된 정규적 재정 부분과
비공식적인 비정규 재정 부분이 병행되는 이원적 시스템을 특징으로 했다는 사
실과 관련이 있다.[74] 물론 전제주의 왕조 국가는 왕권이 미치는 모든 영역의 재
원과 그 근거가 왕권으로 상징되는 국가로 수렴되었다가, 공공 업무의 수행을
위해 일원적으로 재분배되는 중앙 집권적 재정을 이상으로 했다. 그러나 왕권
하에 일원화하는 그러한 재정 이념이 현실로서 시행되는 순간에 조선왕조의 이
원적 재정 시스템은 오히려 '위기'를 맞이하게 된다.

조선왕조는 전제주의적 재정 이념을 현실화하기 위해 재정을 중앙 집권화하
는 과정을 경험해왔다. 18세기에는 중앙 재정 수입의 근거를 토지에 집중하여
호조 및 산하 기관의 조세 출납으로 일원화하고 군역도 소속별 정족수를 공표
했다. 조선왕조 재정의 중앙 집권화는 왕권하에서 중앙 재무 기관이 일원적으
로 재원을 출납하는 이상을 중앙의 각종 국가 기관이나 왕실의 개별적인 재정
확보 활동을 제한하는 방향으로 현실화하고자 한 것이었다. 물론 그렇다고 국
가 기관이나 왕실의 사적이고 비공식적인 재정 활동이 근절된 것은 아니었다.

그런데 재정의 중앙 집권화 과정에서 더욱 주목되는 것은, 국가 기관의 하나
인 지방관아에 대해서는 그와 동시에 자립적 재정 운영을 보장했다는 점이
다.[75] 그 이유는 우선, 지방관아는 공공 업무 수행을 위한 재원의 분배 과정을

---

74) 손병규, 2003, 「조선 후기 재정 구조와 지방 재정 운영: 재정 중앙 집권화와의 관
    계」, 『대동문화연구』44.
75) 손병규, 2008, 「조선 후기 국가 재원의 지역적 분배-賦役實總의 상하납 세물을

제외하고 국가 재원의 조사, 징수, 수송 납부, 재원 근거의 관리 유지라는 재정 과정 대부분의 업무를 담당하기 때문이었다. 또한 중앙 재정은 현물 재정에 기반을 두고 있었기 때문에 재정 과정에서 재원의 수송 납부 비용이 굉장히 많이 든다는 이유도 있었다. 징수에서 지출에 이르는 전 재정 과정을 중앙 재무 기관이 일괄적으로 처리하는 데 드는 비용을 지방 재정 운영에 위임함으로써 국가 재정의 규모를 최소한으로 억제하고자 한 것이다. 이러한 재정 운영 방법은 '절용(節用)'의 절약적 재정 이념을 지향한 결과였다. 이것을 실현하기 위해서는 시장의 지속적인 통제가 요구되었다.

재정 과정 대부분의 업무를 위임받음으로써 지방관아의 재정적 역할은 크게 증대했다. 19세기 지방 재정 위기의 요인으로 여겨지는 지방 경비 재정 수요의 증대는, 비공식적이던 지방 재정이 공식적으로 표출되어 가는 과정이었음을 앞에서 언급했다. 지방 재정 규모의 확대는 현실적으로 지방관아가 그런 재정 업무를 수행하기 위해서 불가피한 현상이었다. 지방의 재정적 역할이 증대하여 중앙정부로부터 독자적이고 자율적인 재정 운영을 보장, 혹은 묵인 받는 것이 바로 19세기의 상황이었다.

중심으로」, 『역사와 현실』70, 한국역사연구회.

제3장

지방재정 운영시스템의 모델
; 화성(華城)과 완영(完營)의 시도

1. 유수부재정의 구조; 수원유수부의 경우

수원은 정조17년(1793)에 유수부로 승격되면서 '유수(留守)'라는 '경관(京官)'이 수장으로 파견되는 중앙기관의 하나가 되었다.[1] 그러나 여전히 일정한 통치구역을 가지고 주민에 대해 징수를 수행하고 치안 및 농업재생산의 유지를 도모해야 하는 지방행정구획의 하나로도 존재했다. 이후 19세기에 걸친 수원유수부의 재정은 유수부의 이러한 이중적 성격에 기초하여 구성되고 운영되었다.

특히 수원유수부는 정조의 아버지인 사도세자의 묘를 옛 수원 읍치로 옮기고 이어서 건설되는 화성(華城)에 새롭게 자리한 만큼, 정조의 개인적인 염원과 관련해서도 정치적인 위상이 높았다고 할 수 있다. 국초부터 유수부가 된 개성, 16세기에 유수부가 된 강화, 그리고 수원에 이어서 유수부가 된 광주에 비해 정치적으로만이 아니라 재정적으로도 우대를 받았을 것임은 미루어 짐작할 수 있다.

수원유수부의 성립은 정조의 정치적인 의도만이 아니라 당시 조선왕조 재정체제의 집권적인 형태를 제시해야 하는 시점에서 중요한 의미를 가진다. 17세기 후반 이후로 강력하게 진행되어온 재정체제의 중앙집권화가 18세기 중엽에 이르러 중앙재정에 대해 일단락되었다. 그것은 동시에 지방군현의 인적·물적 상납재원을 총액으로 고정하게 하였으며, 관할 구역내의 재원에 대한 지방관청 자체의 관리를 가능케 했다. 18세기 후반

---

1) 경관직(京官職)·외관직(外官職)에 대해서는 『大典會通』「吏典」 참조. 이존희, 1984, 「조선왕조의 유수부경영」, 『한국사연구』47, 한국사연구회; 『조선시대 지방행정제도연구』, 일지사, 1990. 본장의 일부 자료는 손병규, 2003, 「徐有榘의 賑恤 政策-『完營日錄』·『華營日錄』을 중심으로」, 『大東文化硏究』42, 대동문화연구원.에 소개된 바 있다.

은 집권화가 진행되어온 중앙재정과 자체의 독자적 운영권이 획득된 지방재정 사이에 그 역할 분담을 묻는 시기였던 것이다. 이때에 유수부가 된 수원부의 재정은 정치적으로 특수한 입장에서 그러한 조선왕조 재정체제의 형성과정에 처하게 되었던 것이다. 수원유수부는 또한 19세기 조선왕조의 재정체제가 갖는 문제점을 그대로 안고 있음을 말한다.

수원유수부는 통치업무를 담당하는 기구들이 제각기 분립하여 고유의 업무를 분담하고 있었다. 조세를 징수하거나 지방업무수행을 위해 수요재원을 충당하는 재정업무도 산하의 여러 재무기구들에 의해 운영되었다. 각 재무기구의 역할에 대해 상세히 기록한 19세기말의『기전영사례(畿甸營事例)』에서 수원유수부의 재정기구들과 그 주된 업무를 살펴보기로 한다.2)

> 1) 징세를 주요업무로 하면서 타기구로 재원을 보내는 기구
> 보영고(補營庫: 稅米, 紙價米), 대동고(大同庫: 대동미), 광혜고(廣惠庫: 結錢, 각종 토지세, 稅太), 권복소(權復所: 권복전, 作米, 糟糠租), 보향고(保餉庫: 軍保米), 호방소(戶房所: 각도 환곡의 모곡), 저치고(貯置庫: 軍保錢), 진제소(賑濟所: 진휼곡)
> 2) 징수와 함께 행정·군사업무를 위한 재정지원, 봉급, 역가의 지급을 행하는 기구
> · 관청운영경비; 예고(禮庫) 및 관청(官廳), 지소(紙所), 노수고(路需庫), 책응고(策應庫), 영고(營庫) 및 공고(工庫), 영선(營繕)
> · 군사·치안 업무비용; 장예고(獎藝庫), 군기고(軍器庫), 화약고(火藥庫), 금도청(禁盜廳)
> · 관원의 봉급, 각종 역가의 지급; 방료고(放料庫), 군수고(軍需庫), 팔색고(八色庫), 고마고(雇馬庫)

---

2)『畿甸營事例』第4冊「水原」, 1894.

· 기타 재정보조; 이창(二倉), 외탕고(外帑庫) 및 봉부동(封不動), 둔소 (屯所), 별보고(別補庫)

3) 능원(陵園)의 관리와 성곽 및 행궁(行宮)의 관리를 위해 설정된 재무 기구

완천고(莞千庫: 健陵, 顯隆園의 경비), 분봉상사(分奉常寺: 건능, 현융 원, 華寧殿의 제향물자), 수리소(修理所: 行宮 수리 및 관리), 수성고 (修城庫: 성곽 관리), 수첩청(守堞廳: 수첩군관의 역가)

통치·재정업무를 맡아하는 각 기구의 구성원은 대체로 감관(監官) 1 인, 서리(胥吏) 1인, 고자(庫子) 1인, 감고(監考) 1인을 기준으로 하나, 기 관의 기능이나 업무량에 따라 증감이 있다. 감관은 그 지역 양반이 맡는 향임직의 하나이다. 기구를 감독하면서 징수업무를 돕는 역할을 했는데 실제의 사무는 서리가 주관했다. 또한 감관이 설정되어 있지 않은 기구 도 많다.

수원유수부의 재무는 이러한 매우 많은 기구들에게 분담되어 있었 다.3) 재정이 통일된 재무기구에 의해 일괄적으로 운영되는 구조를 가지 고 있지는 않았던 것이다. 더구나 18세기말에 현융원(顯隆園)의 이장, 읍 치 이전, 장용외영(壯勇外營)의 설치와 유수부 승격, 화성의 건설,4) 전결 부세의 일부 면제조치, 인근 5읍 징수 군포의 부여 등에 이르는 일련의 상황이 수원의 재정 구조와 운영상의 커다란 변화를 초래했다. 이것은 정조의 지휘하에 이루어진 수원유수부의 정비과정에 동반해서 재정적

---

3) '고(庫)'라고만 되어 있는 기구도 하나의 독자적 회계처로서 재무기구의 역할을 수행했다.

4) 1789년에 정조의 아버지 사도세자의 묘원인 永祐園을 수원으로 옮겨 顯隆園이 라 이름짓고 수원 읍치를 팔달산 기슭으로 이전하여 화성을 건설하는 초기까지의 기록은 수원부사였던 趙心泰가 재임기간중의 정조의 有旨, 중앙각사로부터의 傳 令, 그에 대한 상황보고를 모아 만든 『水原下旨抄錄』(1789~91)을 참조.

보완조치가 취해져, 기존의 통치·재무기구를 확대하거나 새로운 재무기구를 증설한 결과였다.

1789년에 현융원이 이장되고 읍치가 이전됨으로써 우선 수원부 관원과 군사의 식료와 봉급을 위한 예고, 관청, 이창, 군기고 등이 정비되었다. 이어서 1791년에 원소(園所) 운영을 위한 재무기구로서 완천고와 삼창이 만들어졌다. 행정·군사·치안을 비롯한 기본적인 관청업무를 수행하기 위해 군수고, 고마고, 방료소, 외도고 등의 자체경비 조달기구가 증설되었으며, 인근의 광주(廣州)와 용인(龍仁)으로부터 재정적 보조를 받기 위해 광주창, 용인창이 수원부내에 설치되었다.

다음으로 1793년에 장용외영이 설치되고 수원이 유수부로 승격하면서 확대된 군사·행정 업무를 충당하기 위한 보조적 기구로서 보향고, 팔색고, 화약고, 금도청, 지소, 노수고, 장예고가 정비되어 각각의 재무에 종사했다. 또한 책응고와 같이 여러 재무를 총괄적으로 수행하는 기구도 설치되었다. 그리고 1794년부터 화성 건설이 시작되면서 그 축성의 재원으로 중앙군문인 금어영(禁御營)·어영청(御營廳) 소속 군역자의 상번에 대신하여 바치는 정법전(停番錢) 10년분이 주어지기도 했다.5) 또한 건축된 화성을 유지하기 위해 둔전이 설치되고 그것과는 별도로 성곽과 청사의 관리를 위한 수리소, 수성고, 수첩청이 설치되었다. 1797년에는 전결 토지에 기초한 각종 부세의 결전, 대동작미, 군보전등이 수원유수부 자체경비를 위해 할애되었다. 그에 따라 대동고, 광혜고, 저치고, 권복소등이 설치되었다.

---

5) 『正祖實錄』정조17년(1793) 12월 을축조. 6도로부터 금어영과 어영청 소속 양민을 징집하여 초소경비의 번을 세우고 있었는데, 번을 멈추고 그것에 대신하여 군전을 내도록 했으니, 이것이 정번전이다.

수원유수부의 재무기구는 거의 다 정조 연간에 정비되었다. 수원부 재정의 지출구조 또한 화성이 건설되는 과정에서 그것과 관련한 각종 기구들의 활동을 위하여 설정되었다. 이것이 수원유수부의 재정구조의 최대 특징이 되었다. 그러나 19세기에 들어와 순조 연간에도 재무기구가 지속적으로 설치되었다. 책응고를 보조하기 위해 별보고가, 외탕고를 보조하여 비상시의 예비비 마련을 위해 봉부동이 설치되었다. 또한 흉년시의 진휼과 환곡의 이식활동을 위해 이창(二倉)을 빌려 저장하는 진제곡이 새롭게 마련되기도 했다.

수원부에 재정을 총괄하는 재무기구가 일원화되어 있지 않고 여러 통치 및 재무기구들이 분산적으로 재원을 출납하는 것은 조선왕조 지방재정 구조의 일반적인 특징이다.6) 각 재무기구의 재정수입 항목은 수요목적과 일치하여 발생하여 해당 재무기구가 그 항목의 징수와 지급을 담당하는 것이 일반적이다. 이들 재무기구는 각자 고유한 수입과 지출을 가지고 수요 목적에 맞추어 미리 세목을 정해서 징수하는 것이다. 그런데 새로운 재무기구가 창출되어 특정의 재정수입을 일괄적으로 확보하고 다른 재무기구나 통치기구로 다시 재원을 이전하는 형태로 재무가 전문화되는 경향도 읽을 수 있다.

---

6) 손병규, 2000, 「조선후기 상주지방의 역수취체제와 그 운영」, 『역사와 현실』제38 호, 한국역사연구회.

[표 1] 저치고(貯置庫)의 수입·지출 내역

		동전	수납-이송처	비고(명목)
수입		6,084량	시흥 등 5읍	良軍·私軍 保軍身錢
		512량2푼	시흥 등 5읍, 수원	別驍士 保軍身錢
		467량6전	보향고(保餉庫)	收布鄉軍身錢
		300량	호남	湖南大米耗價
	계	7,363량6전2푼		
지출	이송	257량	광혜고(廣惠庫)	壯抄軍身錢
		835량	호방고(戶房庫)	水屯牙兵身錢
		132량	영고(營庫)	有廳軍官身錢
		500량	완천고(莞千庫)	
		2,000량	봉부동(封不動)	(外帑庫)
	차하	150량		進上鮒魚貢價
		84량2전4푼		社稷釋奠春秋大祭苧燭價
		3,404량3전8푼		不恒上下
	계	7,363량6전2푼		

* 참고 : 출전 1894년 편찬 『畿甸營事例』. 시흥 등 5읍은 始興, 果川, 龍仁, 辰威, 安山을 말한다.

가령 저치고(貯置庫)의 수입은 각종 군보전(軍保錢)이 주를 이룬다.[7] 시흥 등의 인근 5읍과 수원부에서 양천신분의 군역자[良軍·私軍]와 별효사(別驍士)의 보군신전(保軍身錢) 명목으로, 보향고(保餉庫)에서 수포향군신전(收布鄉軍身錢) 명목으로 수납하며, 호남에서 환곡모곡을 동전으로[湖南大米耗價] 수납한, 총계 7,363량6전2푼이다. 수원부내와 인근 5읍, 그리고 호남에서 징수한 재원을 직접 수납받을 뿐 아니라 다른 재무기구인 보향고(保餉庫)로부터도 일부 재원을 이전받고 있다.

저치고의 이러한 수입재원들은 저치고 자체의 회계로 지출되기도 하지만, 다시 광혜고(廣惠庫), 호방고(戶房庫), 영고(營庫), 완천고(莞千庫)로

7) 『畿甸營事例』第4冊 「水原」, 1894.

이전되어 각 재무기구의 회계로 지출되며, 외탕고(外帑庫)의 비상용 재원인 봉부동(封不動)으로 비축되기도 한다. 장초군신전(壯抄軍身錢)등의 명목으로 이전되는 것은 이 지출항목이 생겼을 때의 근거를 나타낸 것인데, 어떤 명목 없이 다른 재무기구로 이전되는 경우도 있다. 재무기구 사이의 재원 이전이 일일이 근거를 확인할 필요 없이 관례화되었음을 의미한다.

재무기구 사이의 이러한 '이송(移送)'은 새로운 세목이 창출될 당시의 상황에 기인한다. 어떤 명목의 징수가 불가능해지면 대신에 다른 재원으로 기존의 수요에 충당하게 된다. 해당 세목의 징수와 지급을 맡고 있던 재무기구는 저치고와 같은 다른 재무기구로부터 재원을 이전받아 수요에 응하게 된다는 것이다. 이러한 과정에서 재원의 총괄적이고 전문적인 관리와 그것을 위한 주요 재무기구들이 요구되었다. 저치고도 그러한 필요에서 설치되었다.

저치고 자체소비의 지출항목은 진상되는 붕어 구매가[進上鮒魚貢價], 사직에서 석존대제를 지낼 때의 초 가격[社稷釋奠春秋大祭芐燭價]으로 지출되며, 그리고 상례적으로 지출되지 않는 불시의 수요를 위한 지출, '불항차하(不恒上下)에 가장 많은 지출을 행하고 있다. 저치고는 그러한 수요에 대처하기 위한 기능도 가지고 있었던 것이다.

여러 재무기구에 의해 분산적으로 운영되고 재무기구 사이에 재원이 전이 발생하는 수원부 재정구조의 또 다른 이유는 그것이 긴축적이지만 안정적인 재정을 운영하기 위한 방법이라는 점이다. 조선왕조의 지방재정은 자체경비를 억제하여 주민의 부세부담을 최소한으로 낮춤으로써 농업재생산을 유지하는 데에 목적이 있었다. 따라서 지방재정에는 재화의 출납보다는 직접적인 인력동원이 높은 비중을 견지했으며, 통치 및 재무기구들이 제각기 자립적인 재정활동을 행하도록 했다. 재무기구마다 적은 재원으로 운영하는 것이 어느 한 기구가 파산하더라도 전체로서는 안정성을 확보할 수 있고, 또한 재무담당자의 커다란 횡령사고를 막는 방법이었다.

그러나 재정규모가 증대되는 상황에서 일시에 많은 재원이 필요한 지출이 발생해갔다. 이에 여러 재정기구가 적은 자금으로 그러한 지출을 분담하는 대응방식을 취하였으며, 그러한 일이 거듭될수록 재정기구 사이의 재원 이전도 복잡하게 진행된 것이라 할 수 있다. 재정기구 사이의 재원 '이송'은 이러한 지방재정 구조의 결과이며, 그것은 수원부도 동일했음을 알 수 있다.

이미 재무기구가 형성되는 과정과 각 기구의 고유한 재정적 역할을 일괄함으로써 수원유수부 재정구조가 갖는 특성의 일단을 감지할 수 있었다. 각종 재무기구의 역할분담에 따른 개별·분산적 재무활동과 그 업무의 수행을 위한 기구 상호간의 재정 관계가 복잡하게 얽혀 있음을 볼 수 있다.

그런데 각 재무기구의 수입·지출을 분석하여 유수부 전체의 재정구조를 관찰하는 데에는 조선왕조 재정의 특성상, 여러 가지 어려움이 있다. 그것은 첫째로 수입면에서 본다면, 각 기구마다 타기구로 이출입되는 재원과 스스로 마련한 재원이 뒤섞여 있어 수원유수부 재정으로 중복 카운트될 위험이 많다는 점이다. 둘째로 지출면에서 본다면, 자료상에 공식화된 재원 이외에, 공식 기록을 하지 않는 의무적인 노역 징발 부분이 존재하고, 그것이 임금으로 지불되는 노역과 섞여서 구별이 어려운 경우도 있다는 점이다. 공식화된 재원에 한해서 최대한 중복 회계 액수를 구분해내어 살펴보면 다음과 같다.

지방관청의 세출은 상납분과 자체경비분으로 구분된다. 전자는 호조
와 같은 중앙재무기관으로 상납하는 재원만이 아니라 중앙의 각종 경사
군문(京司軍門)과 도의 감영(監營) 및 군영에 대해 분산적으로 상납되는
재원을 포함한다. 물론 이들 각 기관으로 납부되는 재원도 정규의 재정
으로, 18세기 후반에 이미 재정장부에 명기되어 납부처 및 세목별로 그
액수-정액(定額 혹은 正額)-가 군현단위의 액수로 공표되어 있었다.[8]
자체경비는 재무기구마다 지출항목이 번잡한데 대체적으로 지방관청의
행정 및 군사적인 업무와 정기·비정기의 행사를 위한 비용, 수행기구들
자체의 관리 및 유지비, 동원되는 인력에 대한 인건비와 물품 구입비등
으로 분류할 수 있다.

　세입은 대체로 토지수입, 신역수입, 환곡모곡수입, 잡세수입등으로 구
분된다. 토지수입에는 경작 토지에 부여한 전결세[세미(稅米), 세태(稅
太)], 지역 특산물인 공물(貢物)을 포함하는 제반 요역(徭役)을 토지세화
한 대동(大同), 상번군역의 면제를 대가로 납부하던 군보포를 1인당 1필
로 반감 균일화하는 대신에 수입의 부족액을 토지에 부과한 결전(結錢)
등이 있다.[9] 여기에 중앙과 지방의 국가기관이 자체경비를 충당하기 위
해 설정한 둔전과 지방관청의 아록전으로부터 거두는 토지세 수입, 새
로운 개척지를 확보하여 부과하는 토지세도 여기에 속한다.

　신역수입은 동원되어 직접 노동력을 행사하는 것 이외에도 군역 상번
에 대신하는 군보포를 동전이나 쌀로 징수하는 군전·군미, 노비의 신공
(身貢) 납부, 기타 노역 동원에 대신하는 물적인 납부를 말한다. 잡세수

8) 손병규, 1999, 「18세기 양역정책과 지방의 군역운영」, 『軍史』39, 군사편찬연구소.
9) 김옥근의 조선왕조재정사에 대한 일련의 연구(『조선왕조재정사』1984~1988년,
　일조각)를 참조.

입에는 자체의 지방재정을 충당하기 위해 설치된 민고세(民庫稅)를 중심으로 각종 지방세와 중앙의 행사에 임시적으로 납부하는 과외잡비, 기타 시장세 등이 있다.10)

환곡취모수입이란 분급했던 환곡을 반납할 때에 창고 보관시에 썩거나 쥐가 먹어 소모된 부분을 모곡으로 원곡의 10%를 덧붙여 받는 수입이다. 환곡은 본래 흉년시의 구휼을 목적으로 춘궁기에 비축곡물을 민간에 분급하고 수확기에 감가상각비조로 더 받아들이는 제도다. 모곡 가운데 일부는 곡물을 제공했던 기관의 재정수입으로 상납되지만, 그 나머지는 지방관청에서 창고를 수리하거나 새로운 곡물로 바꾸거나 할 때의 비용으로 사용하고 또한 재정적자를 메우는 데에 사용하기도 한다.11)

18세기 말에 군현별로 상부에 상납해야 하는 세물과 자체경비 재원을 기록한 『부역실총(賦役實摠)』이 편찬되었다. 자체경비가 모두 기록된 것은 아니지만 노역동원과 진상(進上) 물품의 일부를 제외하고 상납되는 재원은 대부분 기록되었다. 중앙으로의 상납 재원 일부를 지방에 남기는 등, 지방재정에 대한 보완 조치가 취해지지만, 일반 군현들의 경우, 토지세 가운데 상납하는 재원은 70~80%에 달한다.12) 물론 이 시기 토지로부터 징수하는 세물의 비중이 가장 높다.

---

10) 김덕진, 1999,『조선후기 지방재정과 잡역세』, 국학자료원; 장동표, 「조선후기 民庫運營의 성격과 運營權」,『민족사의 전개와 그 문화(상)-碧史李佑成敎授定年退職紀念論叢』, 1990, 863~899쪽.
11) 양진석, 1999, 「17, 18세기 환곡제도의 운영과 기능 변화」, 서울대 박사학위 논문; 문용식,『朝鮮後期 賑政과 還穀運營』, 경인문화사, 2001; 송찬섭,『조선후기 환곡제도개혁 연구』, 서울대학교출판부, 2002.
12) 권기중, 2008, 「『부역실총』에 기재된 지방재정의 위상」,『역사와 현실』70, 한국역사연구회; 송양섭, 2008, 「『부역실총』에 나타난 재원파악 방식과 재정정책」,『역사와 현실』70, 한국역사연구회.

그런데 유수부의 재정구조는 일반 군현과 상당히 다른 모습을 보여준다. 1831년에 편찬된『화성지(華城誌)』에는 재정지출 부분에 대한 기록이 불분명하지만 수원부 전체의 재정수입이 총괄되어 있다.[13] 수입재원은 대부분 쌀과 동전으로 징수되었는데, 쌀은 총 9,370석(石) 가량, 동전은 약 46,690량(兩)이다.[14] 곡물과 동전을 환산하면 각각 반 정도씩으로 나타난다. 19세기에는 동전으로 회계하는 경향이 강해져가지만 여전히 곡물이 높은 비중으로 징수되고 있었다.

[표 2] 수원부 1831년의 재정수입, 재원 근거 및 품종에 따른 비율

수입재원구분	미곡(石)	잡곡(石)	동전(兩)	동전환산(兩)	%
토지수입	7,078	758	20,284	50,112	58%
신역수입	1,883		7,091	14,623	17%
환곡모곡수입	402		17,464	19,072	22%
잡세수입	7		1,851	1,879	2%
계	9,370	758	46,690	85,686	100%
%	44%	2%	54%	100%	

* 참고 : 출전, 1831년 편찬『화성지(華城誌)』. 동전환산은 미곡 1석에 4량으로 계산했다. 잡곡은 주로 대두이며 소두가 약간 있다. 환산은 미곡의 반으로 계산했다.

수입재원을 내용별로 보면, 토지수입이 가장 높은 비중을 차지한다. 대동법과 균역법으로 공납과 신역 일부가 토지세화한 이후에도 토지수입이 비중을 높여가는 경향이 있지만, 여전히 다른 근거를 갖는 재원도 지속적으로 징수되고 있었다. 호조로 상납되는 전세(田稅)는 세미(稅米) 989

---

13)『華城誌』「賦稅」·「財用」, 1831.
14) 쌀 1석은 수원부 상정가(詳定價)로 4량이므로 쌀 수입을 동전으로 환산하면 37,380량이 된다. 부역실총의 상납 미곡은 1석 5량을 공시가로 한다. 여기에는 서울시장에서 수요물품을 구매할 때의 유통비용등이 포함된 것으로 이해된다.

석과 세태(稅太) 678석으로 토지수입 전체의 10%정도에 지나지 않는다.

수원에서는 유수부 승격후인 정조21년(1797)에 결전과 대동미 전부를 수원의 자체경비를 위해 할애했다.[15] 다음해에는 군보의 납부액을 1두(斗; 말)씩 감액하여 그 감액분을 대동미에서 채우도록 했다.[16] 군보들에게 군포 납부부담을 줄이는 특혜를 주어 그들을 수원에 정착케 하고, 본래 상납해야하는 대동미의 일부를 떼어서 각자의 소속기관에 상납하였던 것이다. 또한 중앙군문에 소속되어 있는 인근 5읍의 납포군액을 수원으로 이속시켜 군보전을 장용외영에 저장하도록 했다.[17] 19세기에 들어 장용영이 혁파된 이후에도 장용외영이 관리하던 각군보전(各軍保錢)은 기존의 징수처인 저치고(貯置庫) 이외의 재무기구들이 징수를 분담했다.

1831년 수원부의 전체 재정수입 내역 가운데 특히 환곡모곡 수입이 토지수입 다음으로 높은 비중을 차지한다는 데에 주목할 필요가 있다. 구휼재원을 활용한 재정보충이 활발했음을 말하는데, 이것도 많은 부분이 정조대에 조성되기 시작했다. 뒤에 상술하듯이, 가령 '감모급대곡작전(減耗給代穀作錢)'은 정조22년(1798)에 수원부의 환곡모곡을 감해주는 대신에 경기감영의 칙수미(勅需米)와 영남·해서의 환곡모곡으로 대신 지급해준 것이다. 순조5년(1805) 칙수미 모곡은 경기감영으로 돌려주었으나, 그 대신에 호남과 영남의 환곡모곡을 더 첨가해주었다. 19세기에 창설된 환곡모곡 수입은 기존의 징수가 곤란해진 세목에 대해 그것을 탕감하고 대신에 곡물 식리운영을 통해 충당하는 것이 대부분이다.[18]

화성 성축을 위한 재원을 확보하고 운영하는 것은 국가의 특별예산에

15) 『萬機要覽』「大同作米」·「給代」.
16) 『華城誌』「財用」, 1831.
17) 『萬機要覽』「給代」.
18) 『華城誌』「財用」, 1831.

근거를 두며 그 안에서 수입 지출이 완료된다. 그러나 화성 성축과 함께 수원이 유수부로 승격된 이후로는 성축예산의 흑자나 적자 부분은 유수부의 재정운영에 이전되었다. 또한 유수부로서의 정치적 위상을 유지하기 위한 재정이 주어졌을 뿐 아니라 정조가 갖는 화성에 대한 특별한 배려가 다른 유수부보다 현격하게 우대된 재정을 확보하게 했다. 이러한 정치적 위상을 유지하기 위한 것으로써 특별한 재정구조와 운영방안이 취해졌다는 것이 수원유수부 재정구조의 특성을 나타내는 가장 강한 근거가 된다.

2. 수원유수부와 전라감영의 재정운영
; 서유구(徐有榘)의 공무로부터

1) 수원유수부의 재정운영

서유구(徐有榘; 1764~1845)는 전라도관찰사로 재직하던 1833년 4월부터 1834년 12월까지의 공무기록인『완영일록(完營日錄)』을 남겼으며, 이어서 수원 留守로 재직하던 1836년1월부터 1837년11월까지의 공무기록인『화영일록(華營日錄)』을 남겼다.[19] 이 기록으로부터 19세기 전반의 지방재정 운영 실태를 살펴보도록 하자. 우선 수원유수부의 재정운영부터 검토한다.

1836년에 광부유수부와 수원유수부 사이에 재정운영을 둘러싸고 논란이 일어났다. 그것은 수원의 장교·서리등의 봉급으로 충당하던 '화성교리료조미(華城校吏料條米)'에 관한 것으로, 여기에는 19세기 전반기 두 유수부의 재정운영 실태가 반영되어 있다.

'화성교리료조미'라는 것은 수원부의 환곡모곡 가운데 '광주용인모미(廣州龍仁耗米)' 수입을 가리키는데, 그 용도를 가지고 붙인 세목이다. '광주용인모미'는 정조17년(1793)에 수원이 유수부로 승격함과 동시에

---

19) 徐有榘,『完營日錄』(성균관대 대동문화연구원 2002년 영인);『華營日錄』(이우성편, 1990,『栖碧外史海外蒐佚本23, 서울아세아문화사 영인). 이 자료는 서유구의 진휼정책과 관련하여 손병규, 2003,「徐有榘의 賑恤政策-『完營日錄』·『華營日錄』을 중심으로」,『大東文化硏究』42, 대동문화연구원)에서 일부 사용된 바 있다.

수원유수부의 장교와 서리들에게 주는 봉급을 광주와 용인의 환곡모곡 수입으로부터 각각 173석12두(광주), 65석6두(용인)씩 수원부내의 봉급지출을 맡은 방료소(放料所)에 납부하도록 한 것이다.[20] 수원부로 이송하는 것을 편리하고 확실하게 하기 위해 창고를 수원부내에 설치하고 광주와 용인이 이 창고를 사용하여 군량미를 분급하고 모곡을 징수하는 환곡운영을 시행하고 있었다.

1836년 정월에 광주부 유수 박기수(朴岐壽)는 비변사에 보고하여 이 '화성교리료조미'가 수원으로 이송되는 데에 이의를 제기한 바 있으며, 이에 대해 비변사가 수원부에 그 조치를 요구하기 시작했다. 이에 관해 수원, 광주, 비변사 사이에 왕복한 공문들이 당시 수원유수부로 부임해 온 서유구(徐有榘)의 『화영일록(華營日錄)』에 수록되어 있다. 시간별로 정리하여 그 내용을 나열하면 다음과 같다.

1) 광주부→비변사 (1836년 정월): 광주부의 각종 재정기구가 파산하여 창고는 썩고 장부는 비었으니, 지급해야할 비용을 지출하기 어렵다. '화성교리료조미' 170여석도 지금까지와 같이 수송하기 어렵다. 광주의 재정 사정이 좋아질 때를 기다릴 수밖에 없다.

2) 비변사→수원부: 광주부의 사정으로 보건대 수송을 강요하기 어렵다. 수원부는 다른 조치를 생각해야 한다.

3) 수원부→비변사(1836년 2월3일): '화성교리료조미'는 정조가 화성을 건설할 때에 설정되었다. 지금까지 40여년 동안 그 원칙을 바꾼 일이 없었으니, 함부로 위반할 수 없다. 수원부의 재정 상황은 광주부보다 어려워서 각종 다른 지출은 중지해도 이것을 버릴 수는 없다. 이 '광주용인모미' 수입은 장교와 서리의 봉급이므로 지급이 중단되면 금방 흩어져버릴 우려가 있다. 이전대로 이송할 수 없고 서로 재

---

20) 『華城誌』「財用」, 1831.

고가 없다고 할 때에 취할 수 있는 방법이 있겠는가? 비변사는 사정을 감안하여 광주부에 관문(關文)을 보내 이전대로 이송하도록 명하든가, 아니면 도저히 광주의 사정이 여의치 않다면 인근 지역의 곡물을 대신 지급하기 바란다.[21]

4) 비변사→수원부, 광주부: 수원부와 광주부는 서로 사정을 고려하지 않으면 안 된다. 광주 관할의 각 읍에 모곡운영하던 '화성교리료조미'를 액수에 맞추어 (수원부에서 운영하도록) 이송하여 수송의 번잡함을 피하라.

5) 광주부→수원부: 비변사의 뜻대로 각 읍 소재의 환곡을 수원부 관할로 옮기니, 매년 그 모곡을 징수하라. 그 읍명과 곡물량을 부기하여 보내니 우선 작년의 모곡부터 회계하라.[22]

'화성교리료조미'의 문제는 여기서 일단락된 듯이 보인다. 그러나 이 이후에도 수원부와 광주부 및 비변사 사이에 이 문제의 해결을 위해 여러 차례 공문이 왕래되었다. 우선 이 재원은 곡물로 지급되는 봉급인데, 동전으로 수납받게 되어 있다는 데에 문제가 있었다. 애초에 광주부가 설정한 상정가격─미곡 1석에 4량의 공시가─으로 징수할 경우, 그것으로 높은 시가(市價)의 곡물을 구매하여 배급하기에는 모자란다는 것이다.[23] 그리고 담당향리가 낮은 상정가로 수납을 하는 이유는 실제로 분급할 환곡이 질이 떨어지거나 감소하고 있어 분급해도 회수가 어려운 상황이 존재했다.[24]

이 환곡은 인근 5읍에 분산적으로 분급되는 것인데 이들 각 읍들도 흉년의 기근을 이유로 환곡모곡의 회수를 연기하도록 요청하고 있는 실

---

21) 徐有榘, 『華營日錄』「丙申年2月3日條」.
22) 徐有榘, 『華營日錄』「丙申年3月7日條」.
23) 徐有榘, 『華營日錄』「丙申年3月7日條」.
24) 徐有榘, 『華營日錄』「丙申年3月24日條」.

정이었다. 광주부는 이러한 상황에서 모곡수납을 독촉하기 어려웠으며, 자체의 재원으로 수원부에 이전할 여유도 없었다. 광주부의 재정부족은 유수부가 되기 전부터 수어청(守禦廳)과 광주부 이원체제의 문제로서 지적되고 있었다. 19세기 전반기에도 광주부만이 아니라 수원부나 주변의 경기 각읍에도 상황은 비슷했다.25) 이에 4월22일, 수원부는 그해의 교리료조는 광주부가 상정가의 수량에 준해서 수납하고 내년부터는 수원부가 각 읍으로부터의 모곡회수를 시행하기로 했다. 5읍 가운데 수원부에 소속되지 않은 읍의 환곡은 수원부 소속 각 읍에 분급하여 관리하기로 했다.26)

4월22일 이후, '화성교리료조미' 문제는 1809년과 1810년의 대흉작시기에도 변함없던 수납방법을 파기하고 광주유수와 수원유수의 타협으로 끝이 났다.27) 이것은 정조시기에 있었던 수원부의 재정적 우대조치가 무너져가고 있었음을 알리는 사건이었다. 서유구가 수원유수부에 부임한 직후에 경험한 이 문제는 그로 하여금 수원부의 재정운영 전반에 관한 대책의 필요성을 각인시키는 일이기도 했다.

수원유수로 부임한 서유구는 재정운영에 대한 전반적인 개성을 실행하고자 했다. 그 의지와 실상은 '재해가획(災害加劃)', '환곡정퇴(還穀停退)', '환향가분사(還餉加分事)', '모부족급대사(耗不足給代事)'와 관련한 그의 요구와 비변사의 태도에서 관찰된다.

지역의 수령으로서 경작토지에 부과된 세수입을 안전하게 확보하는 방법은 토지 자체를 관리하여 자연재해로부터 보호하는 한편, 장부상

---

25) 徐有榘, 『華營日錄』「丙申年3月24日條」.
26) 徐有榘, 『華營日錄』「丙申年4月22日條」;「丙申年4月28日條」.
27) 徐有榘, 『華營日錄』「丙申年4月22日條」;「丙申年5月11日條」.

징세 대상이 되는 토지의 수량을 실제 징수되는 수량으로 충당하기 위
해 회계상의 실결수를 줄이는 것이다. 징세 대상에서 제외되는 재해 토
지, '재결(災結)'의 수량을 둘러싸고 매년의 보고서를 통해 유수는 비변
사에 그 수치의 조정을 요구했다. 이러한 요구는 단지 징세 토지에 한정
되지 않고 환곡모곡 징수에 관해서도 그러해서, 재해로 인한 환곡의 미
회수, 회수의 연기를 둘러싸고 조정이 행해졌다.

수원유수 서유구는 1836년과 1837년의 '연분장계(年分狀啓)'에서 토지
조사로 밝혀진 재결의 수량을 보고하고 그에 따른 조세감면을 요구하는
한편, 수원부내의 환향곡에 대해서 그 회수상황을 보고함과 동시에 회
수되지 않고 있는 환곡의 회수를 다시 연기시켜줄 것을 요청했다.[28]

재결 내용은 1836년에 누적된 황무지 '진결(陳結)'이 420결6속, 이앙이
늦어져서 수확치 못한 '만이(晩移)'가 506결24부5속, 태풍에 의한 재해
'풍손(風損)'이 287결60부8속, 합계 1,213결85부9속으로 보고되었다. 수원
부는 매년 정례적으로 삭감해주는 30결을 뺀 나머지(1,183결85부9속)를
추가로 삭감, 즉 '가획(加劃)'해줄 것을 요청했다.[29] 1837년 연분장계에
서도 누적 진결이 424결20부9속, 만이와 이앙자체를 할 수 없었던 토지,
병충해를 입은 토지 등을 합하여 458결37부3속, 또한 태풍에 대신해서
이번에는 해일로 인한 재결 94결99부가 있어 합계 977결57부2속이 보고
되었다. 매년의 정례적인 삭감분 15결을 뺀 나머지에 대해 가획이 요청
되었다.[30]

그리고 서유구는 과도한 재결 승인 요청에 따라 중앙정부의 비난을 받

28) 徐有榘, 『華營日錄』「丙申年9月27日條, 狀啓」; 「丁酉年9月27日條, 狀啓」.
29) 徐有榘, 『華營日錄』「丁酉年9月27日條, 狀啓」.
30) 徐有榘, 『華營日錄』「丁酉年9月27日條, 狀啓」.

을 우려가 있다고 해서 재결의 수량을 줄여서 보고하는 것은 피해야 한다고 주장하고 있다. 이것이 근거 없는 징세인 '백징(白徵)'을 초래하여 재해민의 원망을 사게 된다고 하면서 보고된 수치는 실제로 재해를 입은 수량임을 강조하고 있다.[31] 사실 여부를 확인할 수 없지만, 재결을 가능한 한 많이 확보하여 부세부담을 줄이려는 서유구의 노력이 엿보인다.

수원부내의 환향곡에 대해서는 그해의 회수는 기한내에 완료했지만, 해일을 당한 면에 대해 환곡 회수를 연기했던 부분은 내년까지 기한을 연기해 줄 것을 요청했다. "지금 일일이 추적하여 인징(隣徵), 족징(族徵)을 행하려 해도 금번 농작황과 민간의 실정으로 보건대 신구의 환곡을 모두 회수하도록 독촉한다면 사람과 곡물을 모두 잃어버릴 지도 모른다"[32]는 설명이었다.

그러나 '재결가획'과 '환곡정퇴'의 요청이 비변사로부터 그대로 받아들여지지는 않았다. 1836년9월의 '재결가획' 요청은 그해 11월, 호조에 보고된 전결 실결(實結)의 결산을 보면 누적되어온 '유래구진(流來舊陳)'과 그해의 재결인 '금재(今災)'를 포함해서 970결로, 요청한 액수에 가깝게 승인받았다.[33] 그런데 1837년9월의 '재결가획'은 요청한 액수 가운데 500결밖에 면제되지 않았다. 또한 환곡의 미회수 부분도 반만 연기하도록 인정받았다. 따라서 그해 10월에는 '재결가획'에서 승인받지 못한 나머지 부분에 대해 다시 가획을 요청했다.[34]

이 재요청에서 서유구는 그해 재해로 인한 흉작만이 아니라 곡물 시가의 앙등에 의한 궁핍을 호소하면서 그러한 요청이 감영에 재결삭감을

---

31) 徐有榘, 『華營日錄』「丁酉年9月27日條, 狀啓」.
32) 徐有榘, 『華營日錄』「丙申年9月27日條, 狀啓」.
33) 徐有榘, 『華營日錄』「丙申年11月28日條, 啓本 年分結總修成册」.
34) 徐有榘, 『華營日錄』「丁酉年10月28日條, 狀啓」.

허락하는 제한 수량인 1,000결을 넘지 않는다는 것, 평년의 비총(比摠)에 비해 적어도 과도한 요청은 아니라고 주장했다. 해일로 인해 회수되지 못한 환곡은 현유수가 부임하기 이전인 1835년부터 발생한 일이며 1836년에 1년 연기를 요청하고 다음해에도 다시 연기를 요청하여 '구환잉정(舊還仍停)'이 되어 있다.35)

이에 대해 비변사는 "이미 재결의 삭감으로 조세를 면제했는데 또 다시 이러한 요구를 더하고 있다. 조세면제가 부족하다고 해서 어찌 근거 없는 징수라고 원망을 살 우려가 있겠는가? 그러나 '무고한 백성을 죽이느니 차라리 법을 위반한다'는 '영실지의(寧失之義)'에 따라 200결을 가획한다"36)고 하여 재결가획을 더해주었다. 또한 해일을 입은 면들에 대해 1835년부터의 환곡 회수도 연기가 허락되었다.

'재결가획' 요청을 통한 징수 대상토지의 축소노력은 호조에 상납하는 전세와 수원유수부에 할애된 대동미, 결전등의 재정수입을 감축시키는 일이며, '환곡정퇴'의 요청은 그와 더불어 모곡수입의 정지를 뜻한다. 그러나 회계상 수입과 그 실정을 일치시켜 재정의 현실적인 운영체계를 확립하고 동시에 징수대상인 농민의 부담을 덜어줌으로써 농업재생산의 여력을 확보하는 일이었다.

18세기 중엽에 토지에 대한 비총제(比摠制) 징수를 비롯하여 지방 군현의 조세부담을 총액수로 고정화하는 시책이 진행된 이후, 지방 수령의 이러한 노력은 가열되어갔다.37) 따라서 서유구의 노력이 특별한 것은 아니다. 그러나 서유구의 요청이 어느 정도 관철된 상황을 보면, 정

---

35) 徐有榘, 『華營日錄』「丁酉年 10月 28日 條, 狀啓」.
36) 徐有榘, 『華營日錄』「丁酉年 11月 4日 條, 籌關」.
37) 손병규, 2011, 「조선후기 比摠制的 재정체계의 형성과 그 정치성」, 『역사와 현실』 81, 한국역사연구회.

조가 만들어냈던 수원의 정치적 위상이 하락하지 않았고 당시 정조의 정책시행에 참여했던 서유구에 대해 예우적 조치가 취해진 것이 아닌가 여겨진다. 그것은 이어지는 서유구의 재정대책이 지속적으로 시행될 수 있었던 이유이기도 하다.

서유구는 '화성교리료조미'의 문제가 해결된 직후 1836년 5월 18일과 다음해 1837년 5월 19일의 정기적인 보고로써 비변사에 '환곡가분'을 요청한다. 1836년의 보고에서 서유구는 "작년의 농작황이 좋지 않기 때문에 환곡의 회수가 부진하고 춘궁기를 넘기 위해 환곡을 받으려고 하는 농가가 평년의 몇 배나 된다. 더구나 현재는 농번기라서 민의 정서가 더욱 황급하다"고 하면서 우선 수원부내의 환향곡을 반분(半分)하고 창고에 반류(半留)해서 남긴 유고곡(留庫穀) 24,133석 가운데 벼와 쌀과 콩 등의 합계 1,128석 3두 3승(유고의 47%), 그리고 '남한향조(南漢餉租)' 유고 벼 6,688석 14두 가운데 5,579석 3두 3승(유고의 83%)의 가분을 요청했다.[38]

비변사는 "농작물 종자를 보조하는 문제가 보다 중요하다. 요청한 수량이 너무 많다"고 하면서도, 수원부내의 환곡 유고 가운데 5,000석, 남한향조의 유고 가운데 3,000석의 가분을 권고하여 대왕대비의 허락을 받았다.[39] 1837년의 '환곡가분' 요청은 전년도에 허락받은 분량에 준하여 수원부내의 환향곡 유고 가운데 5,103석(유고의 21%)과 남한향조 유고 가운데 3,359석(유고의 50%)의 가분을 요청하여 그대로 허락받았다.[40]

수원부내의 환향곡은 모곡을 받지 않고 진제를 목적으로 설치된 것이며, '남한향조'는 광주부가 주관하는 환곡모곡 징수를 통해 수원부의 재

---

38) 徐有榘, 『華營日錄』「丙申年 5月 18日條, 狀啓」.
39) 수렴청정을 할 때이다. 徐有榘, 『華營日錄』「丙申年 5月 18日條, 備局回關」.
40) 徐有榘, 『華營日錄』「丙申年 5月 19日條, 狀啓·籌關」.

정수입을 확보하고자 하는 목적으로 설치된 것이었다. 1814년과 1825년에 그 남한향조 가운데 3,000석을 진휼 자원으로 지불한 결과, 남은 곡물을 가지고 모곡을 취하는 것으로서는 재정수요에 충당하기 어려워 이후로 광주부와 수원부가 매년 남한향조의 가분을 요청해왔다.41) 말하자면 남한향조의 가분 요청은 이미 연례의 행사처럼 행해졌다. 1845년 이후의 자료를 보면 수원부의 그 요청 분량은 일관적으로 3,637석1두(유고의 54%)를 유지하고 있다.42) 서유구가 요청한 액수와 거의 비슷한 수량으로 고정된 셈이다.

그리고 수원부내의 환향곡 유고의 가분 요청은 1845~53년 간, 1845년에 9%로부터 1853년의 39%까지 점점 증가했다.43) 풍흉에 따라 증감의 변동이 있지만 1836년에 서유구가 요청한 가분량을 넘지 못하고 있다. 이로부터 본다면 1836년에 서유구가 요청한 환향가분 요청의 수량은 관행을 무시한 '과다(過多)'한 것이라 할 수 있다.

19세기 전반의 가분 요청은 흉작에 의한 궁핍을 구제하기 위한 방책이 없을 경우만으로 한정되어 있었다.44) 그 경우에는 상부에 보고하여 가분이 허락되고 법외의 일이라도 관대하게 처리되었지만, 모곡을 취하는 식리(殖利)를 위한 가분은 '수령의 농락'45)으로 인식되었다. 그러나

---

41) 『華城誌』「財用, 南漢餉租作錢」, 1831.
42) 『華營啓錄』「乙巳(1845)年5月20日條」; 「丙午(1846)年5月25日條」; 「戊申(1848)年5月18日條」. 『華營啓錄』은 1845년정월부터 1853년12월25일까지 9년간 7명의 수원유수가 비변사에 올린 보고서를 모은 책자다. 이 책자는 『水原府啓錄』을 합해서 『水原府留營狀啓謄錄』이라는 책으로 현존한다.
43) 『華營啓錄』「乙巳(1845)年5月20日條」; 「丙午(1846)年5月25日條」; 「戊申(1848)年5月18日條」; 「己酉(1849)年5月日條」; 「庚戌(1850)年5月28日條」; 「辛亥(1851)年5月25日條」; 「壬子(1852)年5月6日條」; 「癸丑(1853)年5月11日條」.
44) "年事失稔種粮告乏, 則就應留中壯請加分". 戶曹, 『四政攷』「加分條」.

이 시기의 실태는 "감사가 (유고를 모두 분급하여) 규정 이외의 진분(盡分)을 행하고 있어, 감영도 그러한데 (군현의) 수령은 오죽하겠나"[46]라고 할 정도의 상황이었다. 가분, 진분은 지방관과 서리의 사리사욕으로 직결되어 민의 부담을 가중시키는 부정적인 것으로 인식되고 있음에도 불구하고, 1836년의 서유구에게는 수원유수부의 재정보충과 자립화가 선결과제였던 것이다.

또한 서유구는 수원에 할애되어 있던 각 도 환곡의 모곡수입에 대해서 수납 부족분을 중앙재정에서 대신 지불해줄 것을 비변사에 요청했다.[47] 급대(給代)를 요청한 각 도의 모곡이란, '감모급대곡작전(減耗給代穀作錢)', '향군접제조곡작전(鄕軍接濟條穀作錢)', '치계급대곡작전(雉鷄給代穀作錢)', '탕채급대곡작전(蕩債給代穀作錢)'을 가리킨다. 각 도에서 환곡운영으로 취득한 모곡이 수원부로 수납되어 재정지출을 위해 환전되는 것들인데, 매년 줄어드는 이들 모곡 수입에 대해 재차 중앙재정으로부터의 급대를 요청한 것이다. 급대요청의 과정을 시기별로 요약, 정리하면 다음과 같다.

> 1) 수원부→비변사 (1836년9월9일): 수원부 구관(句管)의 각 도 환곡 가운데 금년의 모곡 수납 부족분 1,225석5승과 각 재정기구에 들어오는 탕채급대미 600석을 전례에 따라 획급해줄 것을 요청한다.[48]
> 2) 비변사→수원부: 이것은 수원부의 재정회계를 위해 미봉책에 지나지 않는다. 그래서 작년에 다시는 급대를 요청하지 않기로 명한 바 있다. 작년에는 사정에 따라 어쩔 수 없이 획급했지만, 금년은 이미 재

---

45) 丁若鏞, 『牧民心書』「穀簿上條」.
46) 丁若鏞, 『牧民心書』「穀簿上條」.
47) 徐有榘, 『華營日錄』「丙申年9月9日條, 報牒」.
48) 徐有榘, 『華營日錄』「丙申年9月9日條, 報牒」.

정이 감축되어 매년 그쪽으로 (예산을) 돌릴 방도가 없다.[49]

3) 수원부→비변사 (9월27일): 이 각 도의 곡물은 1798년에 수원부내의 환곡에 대해서 모곡 징수하는 것을 금하고 (대신에 설정된 것으로, 그 모곡 수입은) 장교, 서리, 군졸의 봉급에 충당되었다. 1809년과 1814년에 회수 연기, 탕감 등에 의해 각 도 환곡의 원곡이 감소하여 다시 봉급 지불이 불가능해졌다. 이에 어쩔 수 없이 비변사에 보고하여 부족분을 급대받았던 것이다. 요청된 액수는 본래의 수량 이외에 추가하는 것이 아니다. 지금까지 30여년간 매년 받아왔는데, 오늘날에 이르러 각 도로부터의 모곡은 매년 감축하니 (중앙재정에서) 급대하는 것 이외에 방법이 없다.[50]

4) 비변사→수원부·광주부·개성부 (1836년10월25일): 수원 구관 각도곡 (各道穀)의 감축분 모곡 1,225석과 탕채급대곡 600석, 그리고 광주 구관 관서·호남곡 가운데 1835년의 감축분 모곡 320석, 개성 구관 관서곡 가운데 올해 모곡 2,000석을 각 유수부의 요청에 따라 급대한다. 연례의 획급에 따라 수원유수부에는 영남에 가분한 모곡과 비변사 구관의 각종 곡물의 회록(會錄) 모곡을 미곡으로 획급한다. 금년은 어쩔 수 없이 획급하지만, 내년부터는 다른 보충할 방법을 강구해야 한다.[51]

5) 수원부→영남감영: (급대받은 곡물의) 수송을 위해 담당자를 보낸다. 수량대로 출급하여 즉시 수송할 수 있도록 요청한다.[52]

6) 비변사→수원부 (1837년9월10일): 지방부족모(支放不足耗; 수원부 구관의 각도곡 모곡 부족분 및 탕채급대미를 말한다)의 급대를 매년의 상례로 하여 영남에 있는 비변사 구관의 각종 환곡과 가분한 환곡의 모곡에서 미곡으로 획급한다.[53]

---

49) 徐有榘, 『華營日錄』「丙申年9月27日條, 籌題」.

50) 徐有榘, 『華營日錄』「丙申年9月27日條, 報牒」.

51) 徐有榘, 『華營日錄』「丙申年10月25日條, 備局回關」.

52) 徐有榘, 『華營日錄』「丙申年10月25日條, 移文」.

53) 徐有榘, 『華營日錄』「丁酉年9月10日條, 關文」.

'감모급대곡작전(減耗給代穀作錢)'은 본래 수원부내의 환곡 모곡을 탕감하는 대신에 경기감영의 칙수미(勅需米) 모곡등을 가지고 지급한 것이다. 순조대에 영남·호남미로 바뀌었고 1818년에는 비변사 구관의 호남소재 환곡의 일부가 영남으로 이전되기도 했다. 1831년에는 쌀과 조를 합쳐 2,235석12두를 작전한 6,707량4전이 영남, 호남, 관서 등지로부터 송부되었다. 수원부는 이 이외에 당시까지 탕감되어온 766석12두를 매년 비변사에 보고하고 비변사의 허락 하에 수송해 받았던 것이다. '향군접제조곡작전(鄕軍接濟條穀作錢)'의 탕감 338석10두와 '치계급대곡작전(雉鷄給代穀作錢)'의 탕감 119석4두도 함께 비변사에 보고하게 되었다. '탕채급대곡작전(蕩債給代穀作錢)'도 1821년에 유수 김시근(金蓍根)의 소청(疏請)으로 쌀 600석을 급대받은 후로 매년 비변사에 보고해왔다.[54]

서유구는 '감모급대곡작전'과 '향군접제조곡작전', '치계급대곡작전'의 탕감 합계 1,225석과 '탕채급대곡작전'의 급대미(給代米) 600석을 각각 비변사에 보고하여 비변사 구관의 영남곡에서 이송받았던 것이다. 서유구는 예년대로 급대를 요청한 것이지만, 비변사는 이미 1835년부터 급대를 거부해 왔다. 즉 수원유수부는 재정수입 가운데 각 도로부터 들어오던 환곡모곡 수입이 감축된 분량만큼을 비변사 구관의 환곡 모곡 수입에 의존하려 했지만, 비변사는 수원부에 대한 재정지원이 불가능했을 뿐만 아니라 자체경비의 확대로 인한 재정압박을 느끼고 있었던 것이다. 비변사는 다음부터 다른 재정 충당 방법을 모색하기를 원했지만, 결국 다음해에는 수원부의 요청을 연례화했던 것이다.[55]

수원부의 재정적인 위상을 우위에서 견지하려는 서유구의 노력에도

---

54) 『華城誌』「財用」, 1831.
55) 徐有榘, 『華營日錄』「丁酉年9月10日條, 關文」.

불구하고 수원유수부의 재정운영은 이미 변모하고 있었다. 중앙으로부터의 재정적 지원은 기대하기 어려운 상황이 되어갔다. 환곡 모곡 수입을 안정적으로 확보하는 것도 점점 유수부 스스로가 해결해야 할 문제가 되어갔다. 재정수입의 안정적인 확보와 독자적인 운영에 대한 압박이 강해짐을 느낀 서유구는 기존의 재정수입과 운영방법에만 의지할 수는 없었다.

그러나 새로운 수입원으로 수원부내와 인근 여러 읍으로부터의 수입에는 한계가 있었다. 여기서 서유구가 눈을 돌린 것은 중앙의 경사군문과 유수부에 최대의 재정지원을 하고 있던 호남과 영남, 수입 방법은 비축재원을 이용한 식리(殖利)였다. 그것이 영남과 호남 지방에 부담을 증가시키는 결과를 초래하더라도 새로운 수입과 운영 방법을 생각하지 않으면 안 되었다.

1837년9월, 서유구는 영남과 호남에 식리를 하여 재정수요에 사용하는 '화성외탕고곡(華城外帑庫穀)'의 신설을 제안했다.56) 이것은 비상시 이외에는 쓰지 못하도록 외탕고에 저장하고 있던 봉부동전(封不動錢)을 이용하여 금융활동을 벌이고자 하는 것이었다. 그런데 이 비상용의 봉부동전을 포함하는 재정운영에 대해 이전부터 중앙과 수원부 사이에 재정운영상의 갈등이 있었다. 1836년11월, 비변사는 중앙의 토목공사로 인해 도감(都監)에게 역가(役價)를 지불하고자 수원부의 외탕고전 5,000량을 호조로 보낼 것을 요구하고 있었다.57) 이 요구에 대해 서유구는 당시의 외탕고 재무상황을 다음과 같이 설명하고 있다.

---

56) 徐有榘, 『華營日錄』「丁酉年9月19日條, 狀啓」.
57) 徐有榘, 『華營日錄』「丙申年11月25日條, 報牒」.

외탕고가 운영하는 돈은 1,000여량에 지나지 않는데, 이것은 그해의 각
종 경비에 사용된다. 외탕고에 부속해 있는 봉부동은 비상용 비축이지만,
이미 6~7년 전부터 중앙 각 관청에 네 번이나 수납되어 장부를 보면 만
여량밖에 남아있지 않다. 외탕고의 재정이 감축되는 것도 걱정인데 그 가
운데 5,000량을 제하면 남는 것은 반밖에 안 된다. 경기의 요지로서 비상
시에 대처해야 하는 수원부가 어찌 이리 작은가? 중앙 각사의 수요도 긴
급하고 중앙과 지방 사이에 서로 협력해야 한다는 의미에서 그냥 거부할
수도 없으니 다른 방도를 생각해 보자. 일찍이 1833년에 외탕고의 부패한
면포 24동(同)34필(疋)에 대신해서 동전으로 수납한 것이 2,468량, 외탕고
의 상한 쌀 250석을 시가로 작전한 것 1,000량, 과천별치미모조(果川別置
米耗條)의 작년과 올해 모곡을 상정가로 작전한 1,053량, 합계 4,521량에
저치고전(貯置庫錢) 479량을 더하여 5,000량을 담당자를 통해 호조에 보
낸다.[58]

봉부동은 비상시에 대처하기 위해 1829년에 설치했는데, 그 저장 동
전은 얼마 되지 않아 중앙 각사의 수요를 위해 사용하게 되었다. 1836년
에도 출고를 강요받아 본래의 의미가 상실되었기 때문에 서유구는 당시
까지의 봉부동 저장전을 남기고 다른 재무기구로부터 나누어 염출하여
호조로 수송토록 하였다. 봉부동전에는 잔고 만여량 이외에 수성고(修城
庫)와 저치고로부터 매년 각각 1,000량, 2,000량씩, 합계 3,000량을 이전받
는 것이 있었다. 1837년1월27일, 서유구는 수성고로부터 와야 하는 1,000
량을 북쪽 둔전이 황폐화하여 육토작업을 해야 한다고 하며 사용하고,
저치고의 2,000량만 봉부동전에 넣었다.[59]
즉 중앙 각사의 경비에 유용될 가능성이 큰 봉부동전을 동결시키고
수원유수부의 재정수요를 위한 재원 사용을 선택한 것이다. 봉부동전을

---

58) 徐有榘, 『華營日錄』「丙申年11月25日條, 報牒」.
59) 徐有榘, 『華營日錄』「丁酉年1月27日條, 狀啓」.

중앙 각사의 재정충당으로부터 분리하여 수원부 자체경비를 위한 재정
운영으로 돌리는 조치를 취한 뒤에 서유구는 1837년9월의 '화성외탕고
곡' 설치를 제안하기에 이르렀던 것이다.

그는 외탕고봉부동전 12,800량 가운데 10,000량을 상정가 3량으로 계
산하여 미곡 3,300석을 얻어 그것을 가지고 모곡징수의 식리운영을 시행
하자고 했다. 나아가 모곡을 원곡에 더하는 운영을 지속하여 원곡을 증
가시키는 방안을 제시했다. 또한 수성고와 저치고로부터 들어오는 3,000
량을 4년간 축정하여 12,000량을 만들어 그 가운데 10,000량을 다시 위와
같은 방법으로 식리운영을 하면 10년도 지나지 않아 수만량이 될 것이
라고 했다. 그리하여 영남과 호남에 각각 미곡 1,650석(4,950량의 作穀)을
분배하여 '화성외탕고곡'이라는 이름으로 다음해부터 곡물의 식리운영
을 시작한다는 계획을 세웠다. 매년 말에 모든 회계를 수원부가 담당하
고 흉년에도 절대 회수를 연기하거나 모곡을 탕감하는 요청을 받아들이
지 않고 언제까지나 확실하게 준수할 것을 제안했던 것이다.[60]

이러한 제안에 대해 비변사는 환곡량을 늘리는 것은 신중해야 한다고
하면서도, 영남과 호남에는 이미 수원부 구관의 환곡도 있고 분배하는
양도 그리 많지 않을 뿐 아니라 수원부 재정에도 적지 않은 보탬이 될
것이라고 하여 그것을 승낙했다.[61] 수원부는 영남과 호남에 5,000량씩 분
배할 예정으로 수원부가 관리하던 기왕의 환곡 모곡 수입을 운송시키지
말고 상쇄하여 차액만을 보내며, 그 돈으로 곡물을 만들어 식리운영을
하되, 모곡은 다시 다음해의 원곡으로 더하여 운영할 것을 요구했다.[62]

---

60) 徐有榘, 『華營日錄』「丁酉年1月27日條, 報牒」.
61) 徐有榘, 『華營日錄』「丁酉年9月28日條, 籌關」.
62) 徐有榘, 『華營日錄』「丁酉年9月28日條, 移文」.

서유구가 제안한 '화성외탕고곡'의 운영방식은 이쪽 재원을 저쪽으로 옮기는 단순한 이전이 아니라 새로운 재원처를 창출하는 것이었다. 또한 이 재원의 창출은 봉부동 재원에 연원을 둠으로써 이전까지 매년 중앙에 보고하고 허락을 받아 시행하던 재무로부터 벗어나 수원부가 자체의 회계로 행하게 되었다는 데에 의미가 있다. 봉부동전을 이용한 곡물의 식리운영은 수원부의 재정운영상 재정부족을 해결하기 위한 방안으로 제안되었을 뿐 아니라 유수부재정의 독자적 운영권을 확보하는 일이기도 했다.

1894년 자료에 이 '화성외탕고곡'은 '정유작곡미(丁酉作穀米)' 1,666석 10두로 기록되는데, 호남과 영남으로부터 모곡 166석10두씩의 수입이 예상되고 있었다. 여기에는 또한 1838년부터 1845년까지 8년간, 매년 3000량의 봉부동전을 적립한 24,000량으로 8000석의 미곡을 만들어 '연례작곡미(年例作穀米)'라 하고 영남과 호남에 곡물 식리운영을 하는 계획이 있었다. 1846년 가을에는 '연례작미(年例作米)의 일부인 2,000석'을 화성의 무너진 북수문(北水門)을 고치는 데에 사용한 것으로 보아 위의 계획은 그대로 실현된 듯하다.[63]

서유구가 제안한 곡물 식리운영 방안은 그가 수원유수를 그만둔 이후에도 계승되어 1838년에는 '무술통영작곡미(戊戌統營作穀米)', '무술호조상환미(戊戌戶曹相換米)', '무술작곡하모(戊戌作穀夏牟)'등의 이름을 가진 재원이 창출되었다. 이것은 호남과 영남으로부터 동전으로 수납한 모곡수입을 호조로 보내는 대신에 두 도에 있는 호조 관리의 환곡을 '수원유수부구관'으로 바꾸어 수원부가 그 운영을 주관하는 것을 말한다.[64] 즉, 증가해가는 중앙재정의 경비를 수원부가 일부 충당하는 대신

---

63) 『畿甸營事例』第4册「水原, 各道穀作錢條」, 1894.

에 지금까지 중앙각사가 운영하던 각 도의 환곡모곡에 대해 수원부의 운영권을 확보한 것이다.

1841년의 '신축호조상환미(辛丑戶曹相換米)'도 마찬가지 방법으로 확보한 재원이다. 또한 1848년, 1850년, 1856년, 1862년의 각 '작곡미'는 봉부동전을 이용하여 영남과 호남에서 곡물 식리운영을 한 것이다.[65] 1894년 자료에서 수원의 봉부동 수입·지출 내역을 보면, '응봉(應捧; 수입)' 4,600량 가운데 3,000량은 저치고와 수성고로부터 이송되는 것이고, 1,600량은 호조와 교환한 환곡모곡 수입과 봉부동전을 이용한 곡물 식리운영 수입이다. 그것에 대해 '응하(應下)'는 3,000량을 '영남탕환조(嶺南蕩還條)'로 대신 지급하고 1,600량은 1864년부터의 요청에 따라 수원부 자체경비로 역가를 지급하는 데에 충당되고 있다.[66]

여기서 '영남탕환조'가 주목되는데, 이것은 영남으로부터의 환곡모곡 수입이 계속 감소하여 결국 탕감하기에 이르렀음을 말한다. 19세기 중엽에 이르기까지 기존의 중앙기관으로부터 제공되던 환곡의 원곡 총수는 고정화되고 그 대신에 수원유수부의 경우와 같이 지방 감영 및 군영과 군현자체의 비축물자에 근거한 환곡운영이 증가하고 있었다.[67] 그러나 농업재생산을 보장하고자 하는 환곡의 소모적 속성에 따라 원곡만이 아니라 모곡의 회수는 장기적·안정적으로 시행하기 어려운 것이었다. 19세기 후반의 환곡운영은 환곡모곡 미회수의 일반화에 따라 회계상의

64) 『畿甸營事例』第4冊「水原, 各道穀作錢條」, 1894.
65) 『畿甸營事例』第4冊「水原, 各道穀作錢條」, 1894.
66) 『畿甸營事例』第4冊「水原, 各道穀作錢條」, 1894.
67) 문용식, 1999, 「朝鮮後期 守令自備穀의 設置」, 『朝鮮時代史學報』9, 朝鮮時代史學會; 『朝鮮後期 賑政과 還穀運營』, 경인문화사, 2001, 제3장 19세기 전반 賑恤施行의 縮小와 還穀 賑恤機能의 變化.

미납분을 매우기 위한 사실상의 부세로써 지방민에게 분담되었다. 환곡
운영을 지속화하기 위해서는 모곡 미납분만이 아니라 원곡의 탕감이 불
가피했다.68)

 그리고 수요처의 재정 적자는 다른 재원으로 대신에 지출될 수밖에
없었다. 수원부 관할 환곡운영상의 탕감으로 인한 재정적자는 봉부동의
다른 수입으로 지출되어야 했던 것으로 보인다. 이러한 상황에서 수원
유수부는 탕감분에 대해서는 중앙으로 탕감이나 급대의 요청을 하지 않
고 있다는 점도 주목된다. 이미 수원부 관할의 곡물이므로 수원유수부
자체 재정운영의 일환으로 인식하고 그 내부에서 해결했던 것으로 여겨
진다.

2) 전라감영의 진휼정책

 서유구의 위와 같은 수원부의 재정운영은 수원유수가 되기 직전에 전
라감사를 역임하면서 경험한 진휼정책의 연장선에 있었다. 특히 전라도
감영에서 행한 서유구의 진휼정책을 살펴보는 것은 감영이 지방재정을
조정하는 역할을 하며, 그 가운데 지방관아에서 해결할 수 없는 재정분
배로 진휼이 가장 중요한 감영의 재정정책적 역할이라고 여겨지기 때문
이다.

 1833년의 전라도 작황은 경기·호서지역에 비해 조금 나은 정도이나,
1832년 삼남지역에 발생한 재해의 여파가 남아있어 수취 및 재정상황을
어렵게 하고 있었다.69) 서유구가 1833년 4월에 전라도 관찰사로 부임한

---

68) 손병규,『조선왕조 재정시스템의 재발견: 17~19세기 지방재정사 연구』, 역사비
   평사, 2008, 제5장 비축물자의 운영—환정 및 읍채.

후 그 해 말에 이르기까지『완영일록(完營日錄)』에 진휼을 시행한 기록
은 보이지 않는다. 그러나 이 때에 이미 다음해(1834년) 초에 실시될 진
휼은 예상되고 있었다.

전라도의 경우 전반적으로 작황이 좋지 않은 가운데 연해에 접한 읍
은 재해가 심했으며, 도서지역이 특히 심했다. 서유구는 1833년 12월에
잔도(殘島)의 궁민이 겨울을 나기 어려워 이산하지 않는지 밖으로 사정
이 잘 알려지지 않는다고 하면서 각 읍에 소속된 섬들의 피재 상황을 알
아보고 상세히 보고할 것을 명하였다.[70] 해를 넘겨 1월말에 영광(靈光)
에 속하는 잉도(芿島)·추자도(楸子島), 흥양(興陽)에 속하는 흥양제도(興
陽諸島), 절소도(折尒島), 나로도(羅老島)가 진휼이 필요하다고 판단되어
이 도서지역 재민에 대한 진휼이 계획되었다. 따라서 재민 가운데 가장
황급하고 의탁할 곳이 없는 부류를 골라내어 장노아약(壯·老·兒·弱)으
로 구분해서 진휼대상자를 선발하는 초기(抄飢)를 시행토록 하였다.[71]

도민(島民)은 어업을 전업으로 하여 어업이 시작되면 그 후로는 스스
로 겸황을 해결할 길이 있을 것이므로 조속히 진휼하면 어민이 타지로
유리하는 사태는 막을 수 있다고 보았다.[72] 11월초부터 환곡이 회수되
고 있었으나 우선 각읍의 창고에 남아있는 감영의 환곡 가운데 정실한
것을 골라 감색을 별정하고 선운으로 섬에 입송을 시작했다.

---

69) 徐有榘,『完營日錄』1834년 정월11일「甘結」勸農有旨內辭意(→各邑鎭). 여기
　　서 (→)표시는 공문서의 수신처를 나타내었다. 이하 같음.

70) 徐有榘,『完營日錄』1833년12월6일「關文」諸島被災淺深民情如何報來事(→
　　영광, 진도, 나주, 흥양, 강진, 순천, 장흥, 영암, 부안).

71) 徐有榘,『完營日錄』1834년정월23일「關文」諸島災民中最遑汲之類精抄報來
　　事(→영암, 흥양).

72) 徐有榘,『完營日錄』1834년2월1일「關文」楸子島芿島賑資皮牟入送事(→영암
　　군); 2월3일「關文」折尒島羅老島賑資皮牟入送事(→흥양현).

진휼곡은 구수에 따라 두 번에 나누어주되 1호 1두씩 우선 분급(分賑)
하도록 하는 등, 분진의 원칙을 세워두고 있었다. 그런데 추자도, 잉도에
는 작년 구급시 감색(監色)들이 중간잡비를 수렴하는 등, 주구가 심했다
고 하여 이번은 감색과 하속배는 들어가지 말고 곡물만 수송한 후 추자
도 별장(別將)이 기민을 이끌고 와서 받아가 스스로 분급하도록 하였
다.73) 영암군의 경우에는 도민인 동임(洞任)이 배를 가지고 나와 수송하
였다.74) 한편 구휼 재원의 수요는 급한 대로 감영환곡으로 메울 수 있었
으나, 영암군은 나중에 영문에서 획급한 진휼곡이 모자라 자체의 지방
재정에서 할애하여 진휼 재원을 보충해야 했다.75)

도서지역의 진휼은 영광과 흥양 이외에 나주 소속 흑산 4도에도 시행
된 듯하다. 나주는 2월중순에 도민에 대한 세 번째의 곡물 분배를 끝으
로 진휼을 마치고자 하였으나,76) 흑산 4도의 어업이 아직 활발하지 않으
므로 진휼을 계속토록 하였다.77) 나주에서도 이교(吏校)가 들어가서 폐
단이 있을지 모르니 해도 임장이 나와 진휼곡을 받아가게 했다.

그러나 도서지역의 진휼에 앞서 이미 1월4일부터 읍진역(邑·鎭·驛)
단위로 기민에 대한 초기를 끝나고 감영재정으로부터 진자(賑資)를 할
당받고 있었다. 이것은 도서지역 진휼과 별도로 이루어진 것인데 감영
재정으로부터의 진휼자원 배분은 읍단위 진휼과 함께 회계되었다. 이후
5월중순까지 20개 정도의 군현과 5개의 진·역에 대한 진휼이 시행되고

---

73) 徐有榘, 『完營日錄』1834년2월6일 「關文」楸子茅島救急穀物入送時監色與下
　　屬輩切勿入送事(→영암군).
74) 徐有榘, 『完營日錄』1834년2월10일 「題」영암군보장.
75) "自本郡措備計料事". 徐有榘, 『完營日錄』1834년2월25일 「題」영암군보장.
76) 徐有榘, 『完營日錄』1834년2월13일 「題」羅州牧報狀.
77) 徐有榘, 『完營日錄』1834년2월25일 「題」나주목보장.

있음을 볼 수 있다.

진휼의 시행에 있어 서유구는 '진기(賑飢)의 선(善)·불선(不善)은 초호 (抄戶)의 정(精)·부정(不精)에 달렸다'[78]고 하며, 재호(災戶) 가운데 '부황 무의지류(浮黃無依之類)'를 각별히 정초할 것을 명하였다.[79] 당시 초기 (抄飢)는 나이와 구수를 기준으로 하거나 호수를 일률적으로 적용시키 는 등, 지역에 따라 방법을 달리 하고 있었다. 전주의 경우에는 호로 구 분하되 5구 1호인 경우와 4구 1호인 경우를 나누는 식으로 대·중·소의 차등을 두도록 했다.[80] 진휼을 위한 호구파악은 군역·요역 대상 호구의 파악에 중점을 두는 호적이나, 환곡 배분을 고르게 하기 위해 호적등재 이외의 호까지 파악하는 가좌책[81]에 기초해서 이루어지는 것이 현실일 것이다. 그러나 임시적으로 시행되는 진휼대상의 파악이 재해의 정도에 따라 정확히 이루어지기 위해서는 파악방법이 유동적일 수밖에 없었다.

1월 이후에 진행된 진휼의 재원, 진휼곡은 중앙정부가 재해를 공인하 여 공곡(公穀)을 할애하는 것 이외에 수령이 자비(自備)하여 진급(賑給) 하거나 민간기부로 충당되었는데,[82] 1834년 전라도 재읍(災邑)에 대한 진휼재원은 주로 감영재정에서 할애되었다.『완영일록』에 기록된 공문 서로부터 50여개의 군현·진·역의 진휼재원을 계산해보면, 본래 동전으 로 납부되던 재원이 5000량 가까이(4972량4전9분) 되며, 바로 곡물로 진 자에 보급된 지방재정상의 비축곡이 조(租; 벼) 65석, 보리 82석 정도이

---

78) 徐有榘,『完營日錄』1834년2월13일「題」용담현보장.
79) 徐有榘,『完營日錄』1834년2월5일「關文」飢口小名成冊報來事(→전주부).
80) 徐有榘,『完營日錄』1834년2월16일「題」전주부보장; 2월17일「題」전주부보장.
81) 徐有榘,『完營日錄』1834년2월5일「關文」各面家座從實摘奸平均分糴事(→전 주부).
82) 정형지, 1993,「朝鮮後期 賑資調達策」,『梨花史學研究』제20·21합호, 이화사 학연구소.

다. 물론 5000량은 사가(私家)에서 대량으로 무곡(貿穀)하는 등의 방법으로 곡물로 바꾸어서 분급되었다.[83]

이 5000량 가운데 감영재정에 해당하는 것은 각읍에 배분된 감영의 환곡으로부터 상납되던 모곡 수입이 3250량 정도, 우금(牛禁)을 어겨서 과징된 '우속전(牛贖錢)', 재결과정의 거짓으로 과징된 '좌수위재결가사징전(座首僞災結價查徵錢)' 등의 범칙금이 310량 정도, 별도의 명목 없이 감영재정에서 할애된 2량7전5분으로 합계 3560량 정도가 된다. 이외에 중앙으로 상납되던 금위영제번전·선무군관전과 같은 군전과 사은사구청전(謝恩使求請錢)이 각각 630량, 560량 정도가 있으며, 약재보전, 민고전 등 본읍의 재정경비에서 충당되는 '자비진기(自備賑飢)'가 220량이다.

진휼재원의 재정부문별 출처를 보면, 진휼재원 가운데 환곡이나 환곡에서 연유한 비축재원의 운영으로부터 지급되는 것이 가장 많음을 알 수 있다. 감영납부 환곡의 1/3은 '재민방편(災民方便)'을 위해 상쇄된다[84]고 할 정도로 환곡은 진휼재원으로 사용되는 비중도 높았다. 그리고 금산의 경우를 제외하고 처음부터 진휼곡으로 설정된 재원은 사용되지 않은 듯하다. 금산에는 1829년에 설정된 진자곡 461석이 있었는데 그 가운데 130석을 내어 진휼함으로써 감영재원을 사용하지 않아도 되었다.[85]

감영의 환곡과 금산재정 자비의 진자곡 이외에 정규의 국가재정이 할애되거나 지방경비의 보전을 위해서 설치되어온 재정부문이 진휼에 사용되었다. 진휼은 비정규의 지방 비축재원을 기반으로 시행되며, 정규의

---

83) 徐有榘, 『完營日錄』1934년2월3일 「私通」賑資補用次貿置正租輸來事(→고부). 正租 66석3두를 고부 申永彩家에서 사두었다가 감영으로 수송하였다.

84) 徐有榘, 『完營日錄』1833년12월2일 「關文」加劃作錢六千石平均分配於殘獨戶事(→전주부).

85) 徐有榘, 『完營日錄』1834년2월3일 「題」金山郡賑狀.

국가 조세수입이 진휼에 사용되는 것은 대규모 흉황시의 예외적인 조치라 할 수 있다. 19세기 초에 중앙의 국가재정은 일상적인 지방의 진휼을 모두 감당할만한 비축재원을 확보하고 있지 못한 듯하다. 단지 흉황시에 조세 및 군역을 탕감하거나 현물조세를 금전으로 바꾸어 상납하여 부담을 경감하는 조치를 취하고 있을 뿐이었다.[86]

다음으로 진휼재원의 이송관계를 보면, 읍의 '자비진기' 재원과 감영이나 중앙으로 상납되어야 할 재원이 진휼지인 '본읍'이나 '본진'의 창고에서 바로 지급되는 것은 전체의 반 정도에 머무르며, 나머지는 다른 지역에서 이송되고 있다는 점이 주목된다. 그것도 모두가 진휼처와 바로 인접한 지역에서 이송되는 것은 아니었다.[87] 이송의 부담과 신속성을 생각하면 감영재원이 감영으로 이송되었다가 다시 진휼지로 이전될 필요가 없다는 것은 당연한 일이나, 타읍에서 재원을 이송한다는 것은 재해읍이 '자비진기'를 시행할 수 있을 정도로 비축재원을 넉넉히 준비하고 있는 경우가 드물다는 것을 의미한다. 또한 '자비진기'는 감영재정으로부터 재읍으로 진휼재원을 충분히 지급하지 못하여 발생하기도 한다. 감영자체의 충분한 비축재원을 감영재정으로 확보하고 있지 못한 것이다. 비상시의 수요를 위한 재원은 각 지역에 비축된 재원을 상호 이전하는 방법으로 운영되었으며, 그것이 '지방재정의 자비'라는 재정구조를 유지시키는 원인의 하나였다고 할 수 있다.

끝으로 민이 개인적으로 '사진(私賑)'[88]을 시행하기도 했다. 금산군(金

---

86) 徐有榘, 『完營日錄』1833년12월12일 「上疏」山郡大同綿布純錢代捧事. 이 상소는 서유구의 문집 『金華知非集』에도 「請湖南賦布蠲代疎」라는 이름으로 등재되어 있다.

87) 古突山鎭은 행정구역상 순천 영역에 위치한다.

88) 일반적으로 '私賑'이란 국가재정에서 지출되는 '公賑'에 대비되는 표현으로 지방

山郡) 수양리(水陽里)에 거주하는 김동주, 김영운은 감영에서 진휼을 시행하기 전인 전년도 말부터 기민 73구를 초출하여 그 집에서 식사를 주고 한사람마다 벼[租] 2두, 북어 3마리, 미역[甘藿] 2,3립씩을 조급하고 봄에는 본리의 신성(申姓) 여인－동주의 종수(從嫂)－과 함께 3인이 다시 사진하였다.[89] 진산군에서도 서홍록, 상록 종형제가 벼[租] 120석을 관에 자납하였다.[90] 서유구는 우선 본관에서 이들에게 약간 시상하도록 하고 "겸년출의극위가상(歉年出義極爲嘉尙)"이라고 칭찬하나 감영으로부터의 별도의 특별한 시상은 보이지 않는다.

타읍 수령이 지방관을 겸임하는 지역에서는 진휼 관곡의 분배를 유향(儒鄕)이 거행하는 경우도 있었다. 그러나 서유구는 유향이 착실하게 거행할 수 있을지 의문이라 하여 다음부터는 겸관수령이 직접 가서 시행하도록 하였다.[91] 시급을 요하는 비상시의 진휼이라고는 하나 지역의 지배적 세력이 관정에 관여하는 것을 꺼린 듯하다. 서유구는 지방에 비축된 감영재원과 중앙상납 재원, 지방 자비재원의 운영에 기초하여 관=국가가 그것을 주도하는 진휼책을 의도하였다고 여겨진다. 분진은 여러 순배을 행한뒤 장정(壯丁)에 대해서는 분진을 삭감, 취소하는 등 점차 분배량을 감소시켜나가[92] 4월말 이후 각읍의 진휼은 마감되기 시작했다.[93]

읍의 자체 경비에서 지출하는 진휼을 말한다. 그런 의미에서 감영재정으로 진행되는 진휼도 '사진'에 속한다. 이것은 국고를 통해 운영되는 정규의 국가재정부문[公]에 대해 개별 기관 및 개인 단위로 독자의 운영이 실시되는 재정부문[私]을 구분한 개념이다. 그런데 이 사료에서 '사진'은 지방의 유력자가 개인적으로 시행하는 진휼로 관행정차원이 아니라는 의미로 사용되고 있다.

89) 徐有榘, 『完營日錄』1834년3월20일 「題」금산군보장.

90) 徐有榘, 『完營日錄』1834년5월4일 「題」진산군보장.

91) 徐有榘, 『完營日錄』1834년2월25일 「題」高敞兼任長城府報狀; 4월18일 「私通」(→장수).

1834년 초, 전라도의 재해읍에 대한 진휼이 감영재정으로 시행되고
있는 와중에 선혜청은 지방경비의 감축을 요구해왔다.[94] 전년도에 전국
적으로 재결을 획하(劃下)한 것이 8만결이나 되어 선혜청의 세입이 크게
줄었으니 경비가 부족하다는 이유였다. 대동미에서 지급되는 '수미(需
米)'를 줄임으로써 지방의 각양 경비를 고루 절감토록 하였다. 진휼의
이념은 수취를 최대한 줄이는 데에서 출발하나, 그로 말미암아 비축재
원이 넉넉지 못했으며, 진휼의 시행에 곤란을 초래했다. 이러한 진휼과
비축재원의 모순관계가 각 국가기관의 절용적 재정운영을 더욱 압박하
게 되었던 것이다.

이미 1833년 가을에 전년도의 흉황으로 인해 감소된 중앙경비가 바닥
나자 비변사는 부족재원을 충당하기 위해 환곡 모곡의 수취를 서둘렀
다. 선혜청의 재원으로 국가경비의 지출이 어려운 지경이라 경기의 진
휼을 시행치 못한다 하면서, 선혜청이 이전에 전라도 지역에 제공했던
환곡재원을 근거로 그 모곡을 일시에 상납하라는 것이었다.[95] 9월23일
에 피무 1만석, 10월4일에 미곡 1만3천석을 환곡 모곡분으로 상납할 것
을 요구받았다.

---

92) 徐有榘, 『完營日錄』1834년2월25일 「題」함열현보장, 「題」장수현보장.

93) 徐有榘, 『完營日錄』1834년4월23일 「題」운봉현보장.

94) 徐有榘, 『完營日錄』1834년2월3일 「甘結」大同儲置米用下存減事(備局關→53
州); 3월13일 「甘結」營邑需各樣價裁減事(宣惠廳關→53州).

95) 徐有榘, 『完營日錄』1833년9월23일 「關文」運牟事(→各邑)에는 전라도 53개 군
현 가운데 16개 군현(나주, 능주, 광주, 남평, 영광, 진도, 함평, 강진, 안악, 무안,
순천, 장흥, 부안, 영광, 해남, 보성)에 100석에서 1000석에 이르는 皮牟 11,900석
으로 여기에는 船價添補분이 포함되어 있었다. 또한 10월4일 「關文」運米事(→
各邑)에는 32개 군현(앞의 16개 군현에 광양, 구례, 흥양, 여산, 영암, 고부, 김제,
임피, 만경, 옥구, 함열, 흥덕, 정읍, 용안, 익산, 금구)에 100석에서 600석에 이르
는 미곡 총 13,500석으로 여기에는 船價添補분이 포함되어 있었다.

그런데 여기에 더해서 11월 중순에는 호서지역의 진휼을 위해 보리 5
천석을 보내라는 비변사의 통보를 받았다.[96] 이에 대해 서유구는 보리
환곡은 산군(山郡)에 배분되어 있어 급하게 운송하기 어렵고 연읍(沿邑)
에 가까운 곳의 곡물은 이미 중앙으로 상납될 것이기 때문에 호서지역
에 보낼 진휼곡은 다른 도에서 구획해 주기를 요구했다. 그러나 결국 해
를 넘겨 1, 2월에 곡물을 시가로 작전하여 '호서진자(湖西賑資)'로 수납
하게 되었다.[97]

19세기초의 국가재정은 긴축재정이 일상화되어 있었으며, 비상시의
수요를 환곡이나 그에 준해 설치된 비축재원에 근거하여 충당하고 있었
다. 19세기에 들어서도 환곡은 여전히 진휼을 위한 최대의 비축재원이
었다. 정부로부터 전라도 각지에 배분된 비축재원의 상납이 추진되고
있을 때, 서유구는 '흉년의 예비접제(備豫接濟) 방책은 전적으로 환곡에
의지하는데, 지난 봄에 비가 적어 이앙(移秧)치 못한 재결이 3천여결이
나 된다. 이는 종량(種糧)이 불부(不敷)하고 인력이 미치지 못했기 때문
이다. 가을에 환곡이 회수되어야 내년 봄에 접제를 착수할 수 있고, 파
종과 개간도 때를 맞출 수 있다'[98]고 하며 전라도 각읍에 환곡의 회수를
재촉하고 있었다.

---

96) 徐有榘, 『完營日錄』11월15일 「報牒」湖西移雲牟五千石不得遵行事(→籌司),
「移文」牟五千石事(→錦營)

97) 徐有榘, 『完營日錄』1834년정월27일 「關文」湖西移轉正租作錢輸送事(→김제/
태인); 2월1일 「關文」湖西賑資正租從時直作錢輸納事(→五邑); 2월4일 「報牒」
湖西移錢皮牟代錢輸送事(→비국), 「移文」移轉皮牟代錢輸送之意(→금영)

98) "如今失稔之年, 備豫接濟之策, 全靠於還穀". 徐有榘, 『完營日錄』1833년12월
7일 「甘結」還穀火速準捧完倉事(→50주). "目下備豫之政, 將來救恤之方, 惟
有糶糴精實而已". 徐有榘, 『完營日錄』9월10일 「甘結」還政申飭事(→列邑/병
좌우수영/각역진).

그러나 전라도 각지의 작황이 그리 좋지 않은 상황에서 감영에 수납하는 환곡도 그 회수가 원활하게 이루어질 수는 없었다. 전라도 감영은 감영곡의 수납을 촉진하기 위해 시가와 상정가(詳定價; 公示價)를 비교한 위에 곡물을 작전 납부케 하여 부담을 경감시키고 있었는데,[99] 명년 봄에 전라도 내의 재읍에 대한 진휼이 예상되는 마당에 연말 12월이 되어도 감영 환곡은 겨우 1/7이 수납될 뿐이었다.[100] 서유구는 '부촌(富村)·요호(饒戶)가 뇌물을 써서 환곡을 받지 않아 빈잔궁민에게 환곡이 과하게 배분되는' 것에 이러한 '환곡거납(還穀拒納)'의 일차적 원인이 있다고 보고, 각 창색들이 환곡배분에서 제외한 '발호(拔戶)'의 수를 일일이 조사시켰다. 또한 면리임들이 이름을 빌려 많은 수의 환곡을 받았다가 환납하지 못하고,[101] 환곡을 수납하는 과정에서 감영이나 읍에 보고서를 작성하는 데에 드는 비용 등의 중간비용을 수렴하는 것이 거납을 조장한다고 보았다.[102]

환곡이 회수되지 않는 상황은 비상시에 운용할 수 있는 실제의 비축재원이 감소됨을 의미한다. 그러나 비상시 수요를 위한 비축재원은 일정 정도의 양을 항상적으로 확보하고 있어야 그 효과를 발휘할 수 있다. 더구나 정규의 재정수입이 한정적임에 대해 재정경비가 증대함으로써 발생하는 부족분을 환곡과 기타 비축재원에서 보충하려는 경향이 강해지고 있었다. 환곡이 미회수되는 상태에서 다시 다른 환곡이 새롭게 부

---

99) 徐有榘, 『完營日錄』1833년11월30일 「關文」還穀軍錢督捧事(→전주부).

100) 徐有榘, 『完營日錄』1833년12월2일 「關文」加劃作錢六千石平均分配於殘獨戶事(→전주부).

101) 徐有榘, 『完營日錄』1834년정월6일 「關文」各面面任還穀奸弄之數查報事(→전주부); 2월3일 「關文」還分申飭事(→53주/법성진).

102) "稱以還穀代錢呈營呈邑之費, 收斂於民". 徐有榘, 『完營日錄』1883년11월29일 「題」高敞縣報狀.

가되지 않을 수 없었던 것이다.

이러한 추가적 환곡은 지역내 주민의 신분적, 경제적 상황에 차등을 두지 않고 고르게 배분함으로써 운영상의 정당성을 확보할 수 있으나, 농가부채의 탕감을 조세수입에서 메우려는 것과 같은 부세적 성격을 띠어갔다. 재해가 심한 도서지역에는 추가적인 환곡의 배분이나 모곡의 수렴이 행해지지 않았는데, 상기의 진휼대상지였던 흥양현의 절소도(折尓島)에 1831년부터 분환검전(分還敛錢)이 시행되고 있었다.103) 1834년 봄의 진휼시행이 마감되자 절소도민들은 소장을 올려 도민들이 모두 유리하여 진상물종을 변납(辦納)할 방법도 없을 것이라 하며 환곡배분의 철회를 요구했다. 진휼의 시행을 원활히 하기 위해서는 비축재원의 확보, 증대가 보장되어야 하나, 환곡을 비축재원으로 증대시키기 위해서는 그것을 분배받는 민의 부담이 커지므로 비축재원의 증대에는 한계가 있었다.

한편, 전라도 연안과 장시에서 경기·호서의 상고(商賈)들은 때를 봐서 매점하거나 곡물이 익기도 전에 경작지 채로 곡물을 사들이고 있었다.104) 민들은 흉황으로 인해 보유곡물이 적음에도 불구하고 고가 매입에 현혹되어 곡물을 유출시키고 있었던 것이다. 서유구는 곡물의 유출이 그 지역의 기근과 폐농, 이산으로 이어진다고 보고 각읍진에 '방곡(防穀)'을 명하였다.105) 지역내의 곡물을 밖으로 유출하지 않는 '방곡'은 지방내의 비축재원을 유지하려는 차원에서 취해졌다고 할 수 있다.

서유구는 18세기말에 전라도 순창군의 군수를 역임한 바 있다. 당시

---

103) 徐有榘, 『完營日錄』1834년4월10일 「關文」折尓島民處分還敛錢委折査報事 (→흥양현).
104) 徐有榘, 『完營日錄』1833년, 4월29일 「甘結」勸農(→列邑鎭).
105) 徐有榘, 『完營日錄』1834년9월2일 「關文」防穀事(→各邑鎭).

정조는 농서 및 농정책을 종합하고자 응지진농서, 응지상소를 전국에서 올리도록 했는데, 1798년(정조22년)의 「순창군수응지소(淳昌郡守應旨疏)」는 서유구가 이에 응하여 올린 상소다.106) 서유구는 이 상소에서 윤음한 바 농사의 '요무(要務)'인 '상토의(相土宜)' '홍수리(興水利)'에 대해 논하고 '구농서(求農書)'에 대한 의견과 '조적(糶糴)' 운영책, '풍속(風俗)' 교화책을 피력하였다.

'상토의'에 대해서는 남부지방은 논농사가 밭농사보다 승하여 수리(水利)가 없는 땅도 '반작수전(翻作水田)'해서 약간의 한발에도 황폐해진다고 하면서 '관개유로처(灌漑有路處)' 이외에는 논농사를 짓지 않도록 하는 것이 '유민식(裕民食)' '비재황(備災荒)'에 도움이 된다고 답하고 있다. 또한 땅을 개간할 때 수리를 강구하지 않으면 안되므로 많은 공비(工費)가 들더라도 제언을 만들어 '영리(永利)'를 도모하는 것이 '홍수리'의 방책이라고 하였다. 18세기말 서유구의 농업정책론은 농업재생산 유지를 목적으로 한 수리시설의 확보에 주안점이 있었다고 할 수 있는데, 이 제언의 축조는 당연히 진휼정책과 연관하여 그 방안이 제시되었다.

서유구는 진휼정책으로 기민을 모아 제언을 수축할 것을 제안한 바 있는데, '공진(公賑)'의 경우에는 재해가 심한 곳에 여러 읍이 역역을 모을 수 있으나 '사진읍'의 경우에는 재력이 모자라서 사업을 하기 어려우므로 구역내의 '부호'에게 '모정(募丁)'토록 하고 감동비장(監董裨將)을 차정하여 준공케 할 것을 구체안으로 내어놓았다.107) 준공한 뒤에 관찰사가 모정의 다과, 부역기간의 장단, 소착(疏鑿)의 정도에 따라 시상하

---

106) 『金華知非集』「淳昌郡守應旨疏」(『楓石全集』, 보경문화사영인, 1984.).

107) 여기서 '公賑'은 중앙정부에서 국가재원으로 실시하는 것이며, '私賑'은 지방재정에서 自辦하는 것을 말한다.

고, 제언을 신설하여 지세수취지를 범착한 경우에는 그 토지의 공세(貢
稅)를 탕감한다면, '진정(賑政)·제정(堤政)이 일거양득이며 일시의 구황
에 그치지 않고 만세의 비황을 기할 수 있다'는 것이다.

18세기중엽에 재정 중앙집권화를 위한 수단으로 국가재정의 '원액주
의' 원칙이 고수되면서 정규의 조세 징수는 작황에 따라 세액을 변동시
키기 어려운 상황이 되었다. 단지 18세기후반 이후 흉황이 닥쳤을 때에
는 '민이 병들게 되면 상납을 줄이고 흉년이 들면 정규의 수입도 탕감하
는'108) 방식으로 국가차원의 진휼이 시행되고 있었는데, 서유구는 이에
대해 토지의 성격과 수리라는 농업기술의 측면에서 진휼정책을 논했다
고 할 수 있다.

농서의 편찬에 대해서는 농업기술의 전국적인 적용이 시기상조라고
보고, 실험농장을 설치해서 농업전문가를 양성하여 각지에 파견할 것을
건의하고 있다. 농업생산에 대한 국가의 일률적인 파악을 장기적인 계
획하에 실현해나가고자 한 것이다.

서유구가 지적하듯이 당시의 지방재정운영에는 환곡의 모곡 수입에
서 연유한 '대전취식(貸錢取殖), 산곡수식(散穀收息)'이 지방재원의 출자
로 이루어지고 있었고, 지방재무조직의 독자적인 토지경영도 진행되고
있었다. 여기서 주목되는 것은 각 지방관청, 국가기관에서 분권적으로
시행되는 재원확보활동이 국가적 통제에도 불구하고 존속하는 가운데,
서유구는 이것을 국가의 인지하에 공적이고 일률적인 형태로 시행하자
는 의도를 깔고 있다. 지방에서 시행되는 식리활동은 사실상 재정업무
의 실무자이고 그 실무를 통해서 지방사회의 정치권력을 행사하는 향

---

108) "事係民瘼, 則上貢之物猶且裁減, 年或告歉, 則惟正之入役令蠲停....." 「淳
昌郡守應旨疏」, 『楓石全集』, 보경문화사영인, 1984.

리·향임층에 의해서 주도되었으며, 중앙정부의 통제에서 벗어난 재정부
문으로 형성되고 있었다.

18세기말에서 19세기초에 이르는 서유구의 농업정책론은 '비재황(備
災荒)'으로 표현되는 농업생산력의 유지를 국가통치의 안목에서 장기적
으로 계획함을 목표로 하는 것이었으며, 그러한 인식은 전라도관찰사
및 수원유수를 지내는 1830년대의 진휼정책에 관철되고 있다. 서유구가
전라도 관찰사로 부임한 직후 가장 먼저 각읍에 하달한 문서는 '우주송
삼금(牛酒松三禁)'과 '권농(勸農)'에 관한 것이었다.[109] '권농'의 하달은
지역내의 상부상조에 의한 진전의 기경, 농업생산의 안정을 꾀하는 중
앙정부로부터의 농정시책을 각 읍에 옮기거나 감영이 봄부터 수시로 신
칙하는[110] 의례적인 것이기는 하나, 때에 따라 강조점이 다르며, 관찰사
의 농정에 대한 견해가 드러나기도 한다. 당시에 특히 '삼금' 가운데 '우
금'은 진전기경을 위한 생산도구의 확보라는 점에서 권농과 함께 논의
되는 경우가 많았다.[111]

여기서 '삼금'에 대한 서유구의 견해를 살펴보면, '우금'에서는 토지
생산력의 유지와 증대를 위한 '진지력(盡地力)' 방안으로 소를 증식하는
것이 우선 과제로 인식하였다. 이앙 시기에 맞추어 우경을 늦추지 말아
야 하기 때문이다. '주금(酒禁)'에 대해서는 양조를 하여 곡물을 축내는
데에 그치지 않고 항간에 싸움이 일어나는 것을 경계했다. '송금(松禁)'

---

109) 徐有榘, 『完營日錄』1833년4월22일 「甘結」 牛酒松三禁(→列邑); 4월29일 「甘
結」 勸農(→列邑鎭).
110) 徐有榘, 『完營日錄』1834년정월11일 「甘結」 勸農有旨內辭意(→53주/법성/고
군산/제주).
111) 徐有榘, 『完營日錄』1834년3월23일 「甘結」 勸農禁屠事(備邊司啓下關→53주/
법성/고군산)

은 봉산(封山)의 수호나 사양산(私養山)의 금벌이라는 차원을 넘어 척벌로 인해 흙모래가 전답을 덮고 제언을 메운다는 데에 농정과의 긴밀한 관계가 있다고 하였다. 서유구의 '삼금' 인식에는 농학자다운 면모와 함께, '진지력' '홍수리'에 관한 그의 농업정책론이 발현되었다고 할 수 있다. 또한 앞에서 전라도 진휼재원 가운데 우금을 어거서 과징된 '우속전'을 상당량 볼 수 있었는데, '삼금'이 진휼과 직결되는 정책임을 상징적으로 보여준다.

서유구는 제언의 수축을 진작시키면서 권농정책 가운데 '홍수리'가 가장 우선되어야 함을 강조하고 있다.112) 제언의 수축을 위한 노역의 동원 방법도 제시하고 있는데, 지방군역자의 점검일자에 맞추어 관문취점(官門聚點)을 제언에서 부역으로 실시한다는 것이다. 이 방법은 18세기 말 이후 국가가 허가해오던 일이었으며, 1830년대 전라도에서 일상화되었음을 볼 수 있다.113)

서유구는 둔전경영의 발상을 '권기진전(權起陳田)'이라는 권농의 차원에서 실현코자 하였다.114) 보성군의 노동면(蘆洞面) 죽방촌(竹防村)과 도촌면(道村面) 학동촌(鶴洞村)은 토지가 척박하나 30년전에는 수백호에서 천호에 이르렀는데, 근래의 흉황으로 민호가 줄어들고 양전(良田)이 진황지로 변했다. 서유구는 이 진전을 기경하여 권농을 실현하기 위해서는 다시 민을 모아야 한다고 생각하고, 모민을 위해서는 이들의 군역·요역부담을 줄이고 생산이 되어도 10년동안은 조세를 물리지 않음을 공표

---

112) "勸農之政, 莫先於興水利". 徐有榘, 『完營日錄』1833년8월3일 「甘結」堤堰
    修築事(→列邑)

113) 徐有榘, 『完營日錄』1833년10월24일 「狀啓」官鎭門聚點移赴堤堰事; 1834년2
    월11일 「關文」麟峰堤堰疏鑿事(→전주부).

114) 徐有榘, 『完營日錄』1833년9월2일 「關文」勸起陳田事(→보성군).

하도록 했다. 개간시에는 관개사업과 농작업을 계획적으로 하고 종자는 환곡에서, 소는 도살범칙금에서 마련하며, 이러한 권농사업은 里任이 관리토록 했다. 이곳의 소출이 비축재원으로 활용되었는가는 알 수 없으나, 농업생산의 안정을 확보하여 흉황에 대처할 수 있다면 진휼의 효과는 있다고 할 수 있다.

전라도관찰사 부임 직후의 '권농' 하달에서 진전의 개간과 더불어 강조된 것은 곡물 유출의 방지였다. 서유구가 시장을 통하여 곡물이 고가로 팔려나가는 상황에 대해 각 읍진에 방곡을 명한 사실을 이미 앞에서 서술한 바와 같다. 흉황으로 진휼의 시행이 예상될 때에 곡물이 귀하여 물가가 등귀하는 상황에서 비축재원을 곡물로 확보하는 것이 유리할 뿐 아니라, 진휼대상자가 늘어날 우려를 근원적으로 방지하고자 한 것이다.

그런데 중앙정부에서는 그것을 '방적(防糴)', 즉 중앙 수요를 위한 곡물매입을 막는 것이라고 판단하고 방곡령을 철회토록 했다.115) 19세기의 재정운영상황을 보면, 지방에서는 현물조세를 상정가로 작전하여 중앙으로 상납함으로써 납부부담을 줄이고자 하나, 국가재정 지출은 현물로 이루어지기 때문에 중앙정부는 재정수입을 기존에 정해진 대로의 현물 본색(本色)으로 취하고자 하였다. 결국 서유구는 여유가 있는 지역에서 재해가 심한 지역으로 곡물을 팔아서[移貿] 서로 구제하는 뜻을 생각지 않은 것은 아니라고 하며 방곡령을 철회했다.

비축재원의 확보라는 차원에서 지역 밖으로 곡물이 방출되는 것을 막고자 하는 지방관의 현실 정책을 시행하면서도, 국가재원의 일원적인 운영을 지향하는 입장이 견지되었다고 할 수 있다. 서유구는 18세기후

---

115) 徐有榘, 『完營日錄』1834년10월23일 「報牒」貿穀勿禁事(→備局); 10월24일 「甘結」貿穀勿禁事(→各邑).

반에 환곡의 이무를 '손익(損益)'의 방책으로 제시했던 진휼의 인식을
관철시키고 있는 셈이다. 그러나 전라도의 비축재원을 안전하게 확보하
고자 하는 '방곡'은 독자적 운영 영역을 확대해가는 19세기 지방재정의
경향을 대변한다고 할 수 있다. 서유구는 국가재정운영의 경직성을 겪
으며 일시적인 비축곡물의 확보만으로 흉황에 대처하기에는 어려움을
느꼈을지도 모른다.

　서유구가 수원에서 실시한 비축물자 확보책은 단순히 지방경비의 확
충과 지방재정의 자립적 운영을 추구한 것만은 아니다. 환곡이 민간에
저장되고 안정적으로 회수되어 진휼의 기능을 회복할 수 있도록 비축재
원을 확보하고자 한 것이다. 서유구의 진휼정책은 장기적·안정적으로
비축재원을 확보하는 데에 주안점을 두었으며, 따라서 그의 농업정책론
의 목적이 권농정책의 실현에 있었다고 할 수 있다.

3. 지방재정 운영시스템; 중앙과 지방의 관계로부터

위의 절에서는 수원유수부의 재정운영 실태를 중앙정부와의 관계, 인근읍들과 각 도와의 관계로부터 검토하였다. 이제 수원유수부 내부의 재정운영 실태와 그 대책을 재해 대책, 농업경영 대책, 재무의 개선이라는 측면에서 지방재정 운영시스템을 살펴보도록 한다.

서유구의 대외적 재정대책은 한편으로 중앙각사와의 조정으로 재정부족을 해결하는 데에는 한계가 있다는 점, 각 도로부터 환곡모곡 수입을 안정화시킨다 해도 결국 그것은 부담을 타지로 전가하는 데에 지나지 않는다는 점을 인식시켰다. 서유구는 유수부 독자의 재정운영권을 확보하는 것이 불가피한 이상, 대외적 재정대책과 함께 내부의 재정문제와 그 대책을 생각하지 않을 수 없었다. 그러나 수원부 자체재정의 문제는 서유구가 이러한 인식을 하기 훨씬 전부터 존재했던 것들이다.

'화성교리료조미' 문제는 지방 자체경비재원의 부족에 그 원인이 있으며, 또한 재정부족은 부세의 미납, 환곡의 미회수에 그 원인이 있었다. 유수부재정은 팽창된 행정, 군사체계 때문에 어느 정도 유수부 독자의 재정운영을 보장한다고 하더라도 지속적인 유지를 위해서는 충분하지 못했다. 특히 행정 및 군사적인 체계의 규모가 확대함에 따라 유수부의 지출 가운데 관원과 사역자에 대한 봉급과 역가 지출이 점하는 비중이 증대했다. 민으로부터 징수와 다른 기관으로의 재원 이전이 복잡화하고 전문화된 재정업무를 정리하고 그 사이에 개재하기 쉬운 중간 담당자의 공금횡령에 대해 규제하는 등, 재정운영체계상의 조치가 필요했다.

재정부족과 부세미납, 환곡미회수의 상황은 수원부도 마찬가지였다. 1836년정월27일 수원부에 도착한 서유구는 그해 2월1일, 각 면에 농무를 권장하는 전령(傳令), 소의 도살이나 음주폭행아니 산림 남벌을 금하는 전령을, 그리고 4일에는 도박 등의 잡기를 금지하는 전령을 연달아 내리고 있다.116) 수원부의 새로운 수장으로 행해야 할 '권농(勸農)', '풍화(風化)'의 방침을 표명한 것이다. 그러나 이미 수원부에는 지역 세력자로서의 '반호(班戶)'들이 공적인 납부를 거부하고 농민은 전년도의 흉작으로 인한 춘궁기의 궁핍함을 호소하고 있었다.

수원부의 농업과 재정상황에 대해서 서유구는 흉작이 거듭되어 전정(田政), 군정(軍政), 환정(還政)의 삼정(三政)이 모두 문란해지고 민은 궁핍하며 토지는 황폐하다고 하며 그 회복 방법을 제시했다. 그것은 제언이나 보(洑) 등의 수리시설과 농구를 미리 유의하고 농기를 놓치지 않을 것, 지력을 다할 것을 강조하는 '권농'이었다. 또한 당시에 우금(牛禁)의 법이 해이해져 농부로 소를 기르는 자는 10에 한둘에 지나지 않고 그래서 게으른 조방적 농업을 하는 '광농(曠農)'이 많다고 지적하고 있다.117)

농업황폐화의 원인은 '타농(惰農)', 사적인 소의 도살과 매매, 산림의 남벌에 있으며, 그 처벌 대상자로 '무뢰배(無賴輩)', 관청의 부엌, 산지기, 면임(面任)·이임(里任)이 거론되었다. '무뢰배'란 '여기저기 빌어먹는 자들', '떠돌아다니는 자들'로 일정한 직업이 없어 부과할 역도 없는 자를 가리킨다. '관청의 부엌'에 대해서는 민간 고기집에서 관청에 납부하는 잡세의 하나인 '현방세전(縣房稅錢)' 징수를 엄금하는 조치를 취했다. 산지기와 면임, 이임은 그들이 관할하는 구역내의 범법자가 발생했을 때 책임을 물었다.118)

---

116) 徐有榘, 『華營日錄』, 「丙申年2月1日條, 勸農傳令」; 「丙申年2月1日條, 牛酒松三禁傳令」; 「丙申年2月4日條, 傳令」.
117) 徐有榘, 『華營日錄』, 「丙申年2月1日條, 勸農傳令」.
118) 徐有榘, 『華營日錄』, 「丙申年2月1日條, 牛酒松三禁傳令」; 「丙申年2月4日

수원이 유수부로서 체계를 갖출 때에 각 면에는 면임 및 이임과 풍헌
(風憲), 기찰(譏察) 등을 임명하여 그들을 통해 향촌사회의 통치를 체계
화하려 했지만, 1830년대에 그대로 실행되고 있지는 않은듯하다. 서유구
는 부임 초기에 '반호'가 양반의 후손으로 평민과 같이 지역의 주민으로
호적에도 올라 있고 경작도 하면서 공세에 응하지 않고 관령으로 독촉
해도 호출을 완고하게 거부하는 자들로 기록하고 있다. 이 공세는 결국
무고한 면임이 대신 납부하게 되고 완납하기 어려운 면임은 반복해서
포탈(逋脫)하게 되며, 종국에는 도망가서 그 면에는 면임이 없어지는 지
경에 이른다고 보았다. 따라서 서유구는 거납하는 '반호'에게는 우선 그
노비를 잡아서 일정 기간 부리고 그래도 납부를 늦추는 경우에는 그 주
호(主戶)를 체포하여 관아에서 엄격히 처단하도록 명하였다.[119]

수원부 내부의 재정수입을 안정화하기 위해서는 농지와 생산을 유지
할 필요가 있는 한편, 납세 대상자를 정확히 파악해둘 필요가 있었다.
'농형(農形)'이나 '우택(雨澤)'의 보고는 유수가 보좌관인 판관(判官)이나
중군(中軍)의 보고를 받아 비변사에 보고하는 것인데 그 내용은 농사가
행해지는 기간 동안 매월 2회에 걸쳐 행해지는 농사 현황 보고와 일년
의 전체적인 농사상황을 보고하는 '연분장계'로부터 알 수 있다. 유수는
수원유수부의 제언과 둔전, 농총에 나가서 농사현황을 직접 관찰했다.

수원부와 소속 5읍은 매년 춘추 2회, 각각 소속 군병의 인원점검을 행
하도록 되어 있는데, 흉작으로 징역이 불가능한 지역은 그것을 잠시 멈
추고 제언에서 점검을 받는 것으로 대신하도록 비변사로부터 전달이 있
었다. 수원부에서는 유수부의 군병 가운데 마병만을 평상대로 점검하고

條, 傳令」.
119) 徐有榘, 『華營日錄』, 「丙申年2月4日條, 甘結」.

보병은 제언의 보수사업에 동원하였으며, 소속 5읍에 대해서도 각 수령
으로부터 실시여부를 통지받아 그것을 비변사에 보고하는 형식을 취하
게 되었다.[120)

서유구는 여기에 그치지 않고 1837년에는 3월부터 5월에 거쳐 북쪽과
서쪽의 둔전 개간사업을 행했다. 북둔은 1795년에 설치된 '대유둔(大有
屯)', 서둔은 1799년에 설치된 '축만제(祝萬堤)'이며, 모두 수성고에서 회
계한다. 1832년과 1833년에 대홍수가 나서 토사에 묻혀 저수량도 적어졌
다. 1837년2월28일에 군병점검을 만석거(萬石渠)에서 행하여 제언을 개
축한 날부터 만석거가 있는 북둔의 전토를 정지하기 시작했다.[121) 여기
에는 2,416량을 써서 그해 4월6일 공사를 마쳤다. 이 공사에는 정지와 제
언 수리만이 아니라 바닥에 작은 저수지를 두 개 파고 버드나무와 잔디
를 심어 흙으로 메워지지 않도록 했다. 제언은 흙을 넣은 가마니를 쌓아
서 경계를 만들고 그 안으로 경작하는 것을 금했다.[122) 서둔의 개축은
670여량을 써서 4월24일부터 29일까지 6일만에 끝냈다. 이 공사는 서유
구가 상경하는 중에 중군의 지휘하에 이루어졌는데, 5월2일에 한성에서
돌아오면서 완공상황을 시찰했다.[123)

그러나 둔전을 정지하고 부속되어 있는 제언을 개축하는 것은 어느
정도의 인력과 경비로 간단히 성과를 얻을 수 있는 일은 아니다. 여름의
홍수로 제언의 수문이 무너져 다시 쌓아야만 했다. 7월29일 '우택'의 상
황을 보고하는 공문서에는 축만거의 붕괴와 개축에 대해서도 보고되고

---

120) 徐有榘, 『華營日錄』, 「丙申年2月13日條, 狀啓」; 「丙申年10月25日條, 狀啓」;
　　 「丁酉年2月28日條, 狀啓」; 「丁酉年10月25日條, 狀啓」.
121) 徐有榘, 『華營日錄』, 「丁酉年2月28日條, 狀啓」; 「丁酉年3月4日條」.
122) 徐有榘, 『華營日錄』, 「丁酉年4月6日條, 中軍報牒」.
123) 徐有榘, 『華營日錄』, 「丁酉年5月2日條」.

있다. 이 개축공사도 중군이 담당했는데, 8월6일부터 9월26일에 걸쳐 행해지고 공사비는 4,858량이나 들었다.[124]

10월24일에는 그해의 북둔, 축만거 등의 공사에 대한 시상이 행해졌다. 서유구는 공사내용을 비변사에 보고하면서 그 공사에 동원된 관원과 역원들에 대한 시상을 요구했다.[125] 그 대상자는 진두지휘한 중군과 공사감독을 맡은 전군수와 찰방, 이하 나장, 장교, 서리, 장인등의 실무자들이었다. 공사경비는 수성고와 저치고에서 염출되었는데, 유수의 행정, 군사 운영을 보좌하는 관원과 서리에 대해 이전 정조가 현륭원을 이장하고 화성을 건설하던 때와 같은 품계의 승급, 상금의 수여로 격려할 필요가 있었다.[126] 서유구는 그것을 위해 중앙에 제도적인 조치를 요구한 것이다.

둔전으로부터의 재정수입을 확보하기 위한 서유구의 조치는 주로 유수부의 군역 징발을 활용하고 유수 직계의 관원을 담당자로 했다. 일반민과 토지의 농업생산력 유지, 보존은 지방관의 지방통치를 위한 기본사항이었다. 또한 그것은 지방통치를 위한 보조 장치이며 향촌사회의 관에 대한 대응형태이기도 한 면임, 이임을 통해 행해졌다.

서유구는 연분장계 보고에서 '환곡정퇴'의 대상지로서 해일을 입은 각 면을 들어 이들 지역의 환곡회수를 연기하도록 요청했다. 그것에 앞서 최소한의 생산력 유지를 위해 그 지역의 농민에 대한 구제를 행했다. 1836년 2월부터 4월까지 7회에 걸쳐 해일을 입은 11개면에 춘궁기의 기아를 막기 위해 곡물을 분급했다.[127] 가장 황급한 호를 가려내서 개인별

---

124) 徐有榘, 『華營日錄』, 「丁酉年7月29日條, 狀啓」; 「丁酉年9月26日條, 中軍報牒」.

125) 徐有榘, 『華營日錄』, 「丁酉年10月24日條」.

126) 徐有榘, 『華營日錄』, 「丁酉年10月24日條, 狀啓 後錄」.

로 구제곡을 분급하는데, 호마다 대표자가 가족을 끌고 창고에 모이면 각 면의 면임이 장부를 가지고 점검을 하고 각 창고로부터 분급하는 일은 관원이나 좌수(座首)등의 향임(鄕任)이 담당했다.[128]

서유구는 특히 각종의 권농정책에 각 면의 면임, 이임을 활용하고자 했다. 면임의 역할은 범법자의 적발, 진휼농민의 지도과 더불어 더욱 중요하게는 해당 면의 농사현황을 관찰하고 농기구와 소를 상호 대여하고 병약자를 부조하는 등, 행정 면리단위에서 집약적 농업의 유지를 추진하는 것이었다.[129] 개간지의 확대와 적기의 이앙실시에 대한 책임을 지우기도 하지만, 상호부조의 역할을 실현한 경우에는 모범적인 면임을 장려하고자 했다. 현실적으로 이들은 해당 면리의 지배적 세력자로 임명되지 않는 경향이 있어 지역 세력자의 하수인 노릇을 하며 범법을 숨기고 관에 보고하지 않는 경우도 많았다.[130] 재정운영에 대한 향촌사회 공동체의 자율적인 대응과 행정조직으로의 면리의 역할을 일치시키려는 노력이 쉬운 일은 아니었다.

서유구는 1836년8월에 호남과 영남에 분급한 환곡 모곡의 작전에 관한 규정, '양남모작전차인절목(兩南耗作錢差人節目)'을 작성하여 재정운영의 실무담당자인 장교, 서리에 대해서도 조치를 취했다.[131] 그것은 각 도의 환곡모곡 운영에 대해 비변사에 그 모곡 부족분의 급대를 요청하고 새로운 방안으로 '화성외탕고곡'의 창설을 제안하기 직전의 일이다.

---

127) 徐有榘, 『華營日錄』, 「丙申年2月27日條」; 「丙申年3月7日條」; 「丙申年3月17日條」; 「丙申年3月27日條」; 「丙申年4月7日條」; 「丙申年4月17日條」; 「丙申年4月27日條」.

128) 徐有榘, 『華營日錄』, 「丙申年2月21日條, 傳令」.

129) 徐有榘, 『華營日錄』, 「丙申年5月3日條, 甘結」.

130) 徐有榘, 『華營日錄』, 「丙申年12月17日條, 傳令」.

131) 徐有榘, 『華營日錄』, 「丙申年8月13日條, 兩南耗作錢差人節目」.

서유구는 수원부 재정의 최대 문제점이 각 도의 환곡모곡 운영에 있다고 보고 그 모곡을 동전으로 환산하는 일이 규정대로 이루어지지 않고 있다고 인식했다.

집사청(執事廳)과 서리청(書吏廳)으로부터 각각 2명씩 진술한 인물을 각 청의 '공의(公議)'에 따라 선발한 후, 보인(保人) 명부에 열거한다. 각 도에 관문(關文)을 보내어 신년이 되기 전에 회수시키고 6월내에 호방소(戶房所)에 납부하도록 한다. 만일 부실한 자가 임명되어 기한을 지키지 않는다든지 책임을 다하지 않고 자의적으로 정량을 줄이는 경우에는 담사자를 사직시켜 영원히 복귀하지 못하게 할 뿐 아니라 추천한 자도 엄형에 처하여 타향으로 추방하고 미납한 수량은 해당 징수처에서 변제한다. '부랑배'가 징수담당자가 되어 무보수로 징수를 행하는 등의 폐해를 막는 한편, 관청의 재정을 복구해야 한다. 기한내에 규정대로 납부한 자는 재임을 망설이지 않으나 빈곤하여 차금이 많은 자는 (부정을 저지를 가능성이 높으므로) 10년간 임명하지 않아도 불평하지 말라.[132]

이 각도곡의 모곡은 매년 집사청과 서리청등이 각각 담당자를 선발, 각 도에 파견하여 동전으로 바꾸어 납부하게 한 것이다. 그해의 환곡은 다음해 6월 안에 회수하기로 되어 있는데, 다년간 시행하는 사이에 탈법의 여지가 생겼다는 것이다. 서유구가 지적하는 중간담당자의 폐해는 각종 부세운영 실무담당자를 함부로 선출함으로써 이자가 작전 과정에서 사리사욕을 취하고 그 때문에 정해진 기한에 납부하지 못한다고 보았다. 장부상 조작을 하거나 상부 관문의 권위를 빌려 세곡을 강매하는 등의 위법을 행하다가 미납하게 되면 결국 그대로 도망가서 나타나지 않으니 징수할 방법이 없는 경우도 있다고 한다.

---

132) 徐有榘, 『華營日錄』, 「丙申年8月13日條, 兩南耗作錢差人節目」.

징수와 재무회계를 담당하는 서리는 업무상의 특성과 지위를 이용하여 탈세와 횡령 행위를 자행할 가능성이 있다고 인식되고 있었으므로,[133] 지방관으로서는 이들을 통제하는 방법이 재정운영 개선책의 선결과제였다. 각도곡 모곡수입은 담당자 자신의 봉급이 포함되어 있는 것인데, 장부상 허수만이 기록되고 창고는 비어버리니 당연히 비상용의 외탕고 봉부동전에 손을 대는 지경에 이르렀다고 서유구는 판단했다.[134] 그래서 재무기구의 회계를 수원부 재정운영의 문제점으로 인식한 위에 담당 차인(差人)의 작전에 개재하는 폐해를 제거하여 외탕고 재원을 개선하고자 한 것이다.

수원부 재정문제는 실무담당자의 비공식적이고 자의적인 운영에 기인한다고 인식되고 있다. 그러나 수원부가 재정의 독자적인 운영을 확보하는 과정에서 재무기구의 업무가 확대되고 재무담당자가 전문화되어 가는 측면을 놓칠 수 없다. 그와 동시에 개별 재무기구 자체의 독자성과 재무와 관련한 책임이 부여되었으며, 그것을 해결하기 위한 자체의 재원도 비축해두지 않을 수 없음을 간파할 수 있다.

19세기 전반기 수원부 재정 운영의 실태는 이러한 재무기구들의 개별 분산적인 활동을 수원부 전체의 재정으로 정비해가는 과정으로 이해된다. 이러한 과정은 당시 지방재정의 전반적인 현상으로, 수원부만의 특수한 경험은 아니다. 수원유수부의 재정운영은 다른 군현에 비해 재정적 우위에 위치한 것은 사실이나, 오히려 그것을 활용하여 당시 지방재정의 개선방향을 선도적으로 제시하고 있다고도 여겨진다. 여기에 1830년대 중엽에 수원유수로서 유수부재정의 개선을 추진한 서유구의 역할

---

133) 丁若鏞, 『牧民心書』, 「穀簿上條」.
134) 徐有榘, 『華營日錄』, 「丙申年8月13日條」.

이 의미를 가질 것이다.

이상과 같은 서유구의 지방재정 운영 실례는 조선왕조 지방재정 운영 시스템의 표본을 제시하는 것과 같았다. 이것은 조선왕조 재정이 17~18세기를 통해 중앙집권화하는 과정이 단지 지방재정의 중앙이전이 아니라 군현 단위 지방관아의 독자성을 보장하는 방향으로 진행되어 왔음을 인지한 위에 제시된 것이라 할 수 있다. 조선왕조 지방재정 운영을 개별 지방의 재정독립 문제로만 인식하지 않고 중앙정부의 국가재정 집권화를 위한 역할관계로 인식하였던 것이다.

부세의 지세화와 재원의 정액화는 국고를 통한 재화의 취득·배분, 중앙정부의 일원적 재원파악, 즉 재원의 중앙집권화라는 방향을 실현해 가는 수단이었다. 이는 또한 재원에 대한 운영권, 즉 재원의 수취와 배분으로 실현되는 재정권의 중앙집권화를 의미한다. 조선전기 이래 토지에 대한 사적인 지배를 부정하고 개별 국가기관의 분산적인 재정권의 수행을 제한하고자 하는 정책은 조선후기 부세의 지세화와 재원의 정액화를 통해서 현실화되어 갔다고 할 수 있다.

대동법 실시의 직접적인 계기는 지방의 각종 물품이 한성의 각사에 납입되는 과정에서 발생했던 폐해, 즉 각사의 이예(吏隷)와 상인의 강제 대납[防納], 수령의 자의적인 분정(分定)으로 인한 규정 이상의 부담과 군현간의 부담 불균등을 해소하려는 데에 있었다.[135] 지방과 각사의 사

---

135) 김옥근, 「第1章, 대동법의 시행배경과 西厓收米法」, 『조선왕조재정사연구(3)』, 일조각, 1988. 한편, 대동법 시행은 각사에 수요품을 공급하기 위한 서울 시전의 상업활동을 일률적으로 통제하기 위한 시도이기도 했다. 상품시장이 발달하지 않은 상황에서 관주도적 시장을 형성하여 재정운영에 활용하고자 한 것이지만, 물류비용을 역체제 동원이나 재정의 증액 지원으로 해결할 수밖에 없었다. 이유는 분명치 않지만 정부가 물류비용을 부담하면서까지 재정시스템을 중앙집권화

이에 복잡다단한 현물의 출납은 그 자체가 번잡스러울 뿐 아니라, 과다한 중간적 비용을 요하였다. 그렇기 때문에 확실한 재원출처를 근거로 쌀이나 포를 선혜청이라는 중앙기관을 통하여 일괄적으로 수취하고 각사의 수요에 대한 물품의 공급을 공인을 통한 공납청부의 형태로 일원화하고자 하였다고 할 수 있다.[136] 공납의 지세화는 지방마다의 각종 현물 수취를 정액적인 결수에 준해서 미·포의 정액으로 일원화하고 各司에 대한 배분을 중앙기관이 일원적으로 행하는 재원운영상의 중앙화를 지향하는 것이었다.

17세기말 이후 각급 국가기관의 둔전(屯田)에 대한 제한적 조치는 각 기관의 개별분산적 재정운영을 중앙으로 귀일시키려는 것, 즉 국고를 통하여 각 기관에 재원이 배분되는 중앙집권적 재정운영을 실현하고자 한 것이었다. 지방관청의 경비를 위해 설치되었던 관둔전(官屯田)에도 대동이 부과되었으며 그로부터의 수입은 국고의 회계로 파악되어 다시 지방관청에 재분배되는 형식을 취하였다. 지방관청도 국가기관의 하나로서 재정권의 자의적인 발휘가 제한되었다고 할 수 있다.

그러나 지방관청은 조세징수의 업무를 수행하는 기관으로 여타의 국가기관과 국가재정운영상의 성격을 달리한다. 각급 국가기관의 둔전에 대해 그로부터의 수취가 지방관청에 일임되는 '본관직납제(本官直納制)'가 17세기말에서 18세기초에 걸쳐 논의·시행되고 있었으며, 이 기회에 지방관들은 지방경비를 위한 수취 증대를 꾀해갔다.[137] 국가기관과 궁

하기 위에 노력했음은 분명하다. 또한 상업정책의 중앙집권적 시행은 상업활동의 억제를 동반한다.

136) 德成外志子, 2001, 「조선후기 貢納請負制와 中人層貢人」, 고려대학교 박사학위논문. 이 논문에서는 공인으로부터 현물이 각사로 배분되는 과정은 여전히 분산적임을 지적하고 있다.

방의 자의적인 수취행위는 종종 지방관청에 의한 수세와 부딪히었으나, 이들 토지에서 발생하는 토지소유권 분쟁에는 민간의 관례와 현지 지방 관청의 조치가 중시되어 갔다.[138] 조선후기를 통하여 지방경비를 위한 자체의 토지경영이나 지방 저치 재원이 감소하였는가는 의문이다.

18세기 초의 '경자양전'이후 연분측정을 위한 재결수의 파악을 위해 특정 군현을 대상으로 하는 양전이 시행되고 있었다.[139] 지조는 양전으로 작성된 양안(量案) 상의 경작지인 '기전(起田)'에서 면세전과 매년 새롭게 진전화(陳田化)된 토지를 빼고 새로운 기경지 및 개간지를 더한 수세실결지에 부과된다. 지방관청은 매년 '답험(踏驗)' '간평(看評)'이라는 수세지조사를 행하지만 이때의 토지측량은 당년의 새로운 진전과 기전에 한해서 행해지는 것이 일반적이었다. 중앙정부는 수세실결을 중대하기 위하여 이러한 양전을 권농정책의 일환으로 권장하였다. 그러나 이로써 파악된 새로운 진전과 기경전이 바로 면세와 수세에 적용되지는 않았다. 현실적으로는 지방관의 재결획득을 위한 근거로 작용하였으며, 은결은 표면화되지 않았다.[140]

국가의 토지 수취가 총액제의 경향을 보이면서 실제 작황과 괴리된 고정적·안정적 수세를 확보하려는 데에 반해 지방관청의 재결조사, 답험양전은 지역의 토지현실을 더욱 치밀하게 조사하여 지방재정의 기능

---

137) 송양섭, 2001,「朝鮮後期 軍·衙門 屯田의 經營形態 硏究」, 고려대학교 박사학위논문, 제2장 '3절 軍衙門과 戶曹·營·邑의 收取權 紛爭'.
138)『南原縣牒報移文成册』,『嘉林報草』,『烏山文牒』.
139) 특정 읍을 대상으로 실시된 '읍양전'과 해당지역의 연분측정을 위한 '踏驗量田'이 있는데, 이 두 양전의 성격을 엄격히 구별하기는 어렵다. 大擧量田이 부정확한 지역을 대상으로 실시되는 양전을 제외하면 연분시의 災結數 파악을 위하여 이루어졌기 대문이다.
140)『南原縣牒報移文成册』,『嘉林報草』,『烏山文牒』.

과 역할을 증대시켜나가고 있었다. 비총제의 실시는 '加給'을 주어 부담을 조절하는 역할을 한다고는 하지만, 지방 군현에 대한 재급권(災給權)이 중앙 및 관찰사에게 주어지고 일방적으로 결정되어 실제의 재결수와 괴리되거나 재결의 부족을 심화시켰으며, 이것이 수령과 아전에 의해 '백지징세(白地徵稅)'의 강화를 촉진했다고 이해되어 왔다.[141] 그러나 18세기후반 이후, 재급결수가 그다지 감소하지 않으며, 수세실결을 포함하여 중앙정부가 파악하고 있는 전국적인 총결수는 감소의 경향도 있다는 점을 생각하면, 비총제에 의해 중앙정부의 토지수취가 강화되었다고 하기는 어렵다.

지방관청에 의한 토지파악과 군현단위 납부총액의 고정화는 지역내 토지를 일괄적으로 관리하고 납부자의 개별적인 납부에 대신하여 지방관청이 개입하여 지방재정의 일부로 활용할 수 있는 여지를 주었다. 18세기를 통하여 지방관청의 토지파악과 수취, 그와 관련한 재정운영이 지방의 '정전(田政)'으로 성립하는 과정을 읽을 수 있는 것이다.

17세기말 이후 진행된 군액의 정액은 우선 중앙소재 경사군문(京司軍門)에 소속된 양역자의 역종을 대상으로 이루어졌으며, 18세기 전반기에 지방소재 영·진의 역종으로 확대되었는데, 여기서 주목되는 것은 개개의 역종에 대한 정액이 군현을 단위로 설정되었다는 점이다. 즉, 군역재원의 소재지인 군현에서부터 일률적인 군액 정액을 확정함으로써 국가권력기관이 지방에 산재하는 군역자를 자의적으로 파악하여 군역을 부과·징수하는 개별·분산적 군역징수권을 제한하고자 한 것이다.

균역법은 군역부담을 반감·균일화하여 그로 인한 재원 부족분에 대해 선무군관(選武軍官)을 창설하고 은결(隱結)을 수색하여 수세실결에

---

141) 김옥근, 「第7章 比摠定額制」, 『조선왕조재정사연구』, 일조각, 1984.

더하며 結作이라는 이름으로 지세화함으로써 보충하는 것이었다.142) 군액을 정액화하여 각종 국가기관의 징수권을 제한하는 데에 그치지 않고 군역수취의 일부를 지세화하여 균역청이라는 중앙기관을 통해서 일괄 수취하고 수요기관에 재분배하는 구조를 성립시켜 나갔던 것이다.143) 재원수취의 중앙화는 각종 국가기관의 개별·분산적인 징수권을 부정하고 중앙재무기관이 일원적으로 장악함을 의미한다.

재정의 중앙집권화는 단순히 국고수입의 증대를 목표로 하였다기 보다는 각 기관에 분산되어 있는 재정권을 제한하는 반면, 재원의 근거를 일괄적으로 파악한 위에 중앙재무기관을 통하여 재원을 수취하고 각 기관에 재배분하는 재정구조를 수립하고자 한 것이다. 그러나 그러한 중앙집권적 재정정책은 각종 국가기관의 재정권을 제한하는 것이었으며, 지방관청에 대해서는 여타 국가기관에 대한 재정권 제한과는 다른 의미를 가진다.

각종 국가기관의 군역자 확보활동[直定]을 금지하고 군액을 정액화하는 조치는 지방에 보유된 인적 재원의 유출을 제한하는 것일 뿐 아니라, 지방관청이 인적 재원을 일괄적으로 파악하고 관리하는 체계를 보장하는 것이었다. 군현별 군액 정액화는 소속기관이 소속자를 직접 파악하고 군역을 수취하는 과정에 지방관청이 개입하게 되었다. 한 사람이 두 지역에서 각기 다른 군역을 지는 경우의 분쟁에 지방관청간의 조정이

---

142) 정연식, 1985, 「17, 18세기 양역균일화정책의 추이」, 『韓國史論』13, 서울대학교 국사학과; 1993, 「조선후기 역총의 운영과 양역변통」, 서울대학교 박사학위논문. 또한 宮房 및 각급권력기관이 분산적으로 徵收해온 漁鹽船稅를 관이 일괄적으로 수취하여 적자를 매우는 방식이 취해졌다.

143) 須川英德, 「第1篇 開港前における國內商業政策の推移」, 『李朝商業政策史研究 -十八·十九世紀における公權力と商業』, 東京大出版會, 1994.

필요하기도 했다.[144]

한편, 군역수취체제는 국가에서 파악하는 인적 재원이라 할 수 있으나, 지방에는 지방 나름의 인력동원, 물자확보인 '지방역수취체제(地方役收取體制)'가 병행되고 있었음을 확인할 수 있다.[145] 18세기 중엽에 이르러 군액 정액화 사업이 지방 소재 영·진의 군역으로 확대됨과 더불어 이들 지방관청에서 활용하던 인적 재원이 '읍소속'이라는 명목으로 공식화되었다. 모든 인적 자원에 대해서 국가는 군역수취체제로 파악하고자 하였던 것이다. 그러나 이것이 지방재정에 대한 국가의 통제로 직결되지는 않았다. 이들 재원은 지방관청의 수요에 충당되는 것이었으며, 다른 군역이 정액으로 고정되는 데에 반해서 '읍소속'은 19세기 중엽에 이르기까지 격증하고 있었기 때문이다.[146]

국고수입에 기초하여 일원적인 배분을 시도한 재정의 중앙화는 18세기 말에 작성된 『부역실총(賦役實摠)』에서 확인할 수 있다. 『부역실총』은 18세기말의 단계에서 국가가 재원을 일괄적으로 파악하고 재원의 배분량과 배분처를 정량으로 확정하고 있는 것에 한해서, 그리고 현물과 화폐로 지불되는 것에 한해서 기재하고 있다.[147] 개별 국가기관에 재원의 근거 자체가 배분되어 그로부터 수취하는 권리가 주어진 것은 기재되지 않는 것이다.

또한 군역의 대납형태라 할 수 있는 보가의 징수와 배분도 국가기관

144) 손병규, 1999, 「18세기 양역정책과 지방의 군역운영」, 『軍史』39, 군사편찬연구소.
145) 손병규, 2000, 「조선후기 상주지방의 역수취체제와 그 운영」, 『역사와 현실』38, 한국역사연구회.
146) 손병규, 2001, 「호적대장 직역란의 군역 기재와 '都已上'의 통계」, 『대동문화연구』39, 대동문화연구원.
147) 차문섭, 「부역실총 해제」, 『賦役實摠』, 여강출판사 영인, 1984.

의 재원으로 할애된 부분만이 기재되었다. 즉, 18세기 중엽의『양역실총
(良役實摠)』의 군역자는 부병하여 노동력을 납부하는자 정군(正軍), 정
군의 경제적 부담을 보완하기 위하여 설정된 보인(保人), 보인 가운데
정군에게 포·미를 '직납(直納)'하지 않고 소속기관의 재정수요를 위하여
납부하는 '관납보(官納保)'를 모두 기재하고 있으나,『부역실총』은 군역
재원 가운데 세 번째만을 기재한다는 것이다. 군역자는 이미 기관별로
배분되어 있을 뿐 아니라, 정군도 하나의 수취단위로서 보인을 배분받
고 있었다고 할 수 있다.

그런데『부역실총』기재에서 보는 하나의 특징은 재원이 수취되는 군
현을 단위로 납부처에 따라 세목별 납부량이 기재된다는 것이다. 군현
을 단위로 국가재원의 액수를 전국에 공표하는 것은『양역실총』에서 이
미 시행된 것처럼, 재원수요처인 각 국가기관의 자의적인 수취를 제한
하는 의미가 있다. 그에 더해서 납부처에 따른 세목별 납부량과 함께 군
현에서 납부처에 이르는 수송잡비['駄價''雜費']의 기재가 주목된다. 정
규의 세목별 납부량이 수요처에 배분되어야 할 국가기관의 순수경비임
에 비해서 이 항목은 납세자나 납세조직이 부가적으로 부담해야할 비정
규의 재원에 속한다. 지방관청이 납세를 대행할 때에 발생하는 부가적
수취가 이것이며 18세기말에 그 일부가 정규의 재원파악과 함께 공식화
되었다고 할 수 있다.[148]

해당 군현의 지방경비, 소위 '읍재정'과 관련하여『부역실총』에는 '본
관봉용질(本官捧用秩)'이라는 조목하에 국가가 파악하는 재원(=국가재

---

148) 공납물 수송에 따른 이른바 '徭役' 부담의 일부가 정규의 토지세로 전환된 대동
  법의 예에서 경험한 바 있다. 또한 잡비수입이 정세화해가는 경향은 김덕진,『朝
  鮮後期 地方財政과 雜役稅』, 국학자료원, 1999.에 상세하다.

원)의 일부를 지방관청에 할애한 부분이 기재되어 있다. 지방관청도 국가기관의 하나로서 지방통치·재정업무를 수행하기 위한 재원을 배분받았다고 할 수 있다. 그러나 그 재원은 일단 국고로 수납되었다가 지방관청으로 재지급된 것이 아니며 수송비용을 생각할 때에 그럴 필요도 없었다. 지방관청에 배분된 재원의 근거와 그로부터의 수취·배분 활동이 지방자체의 재정운영에 맡겨져 있었다고 할 수 있다. 『부역실총』은 국가재원 배분에 대한 중앙집권화의 수준을 표현하는 것인바, 지방관청의 독자적 재정운영을 국가재원의 실제 수취와 배분이라는 국가재정의 틀 속에 모두 포함하지는 않았음을 알 수 있다.

19세기 중후반에 '읍례(邑例)' '읍사례(邑事例)'라 하여 지방경비의 비정규적 재원이 공식화되어 갔는데, 『부역실총』『양역실총』등의 18세기 기재사항과 대비함으로써 재원배분의 양적 변화를 살필 수 있다. 경상도 상주의 예를 보면, 중앙의 국가기관에 대한 토지 재원의 납부액은 10% 미만으로 증가했으며, 지방 소재 영·진으로의 납부액은 오히려 감소했다. 그에 비해 토지로부터 충당되는 본관의 지방경비는 두 배로 증가하였다.149) 단지 이 양적증가에는 지방경비 자체의 증가와 함께 비공식적인 수취가 공식화된 부분이 존재함에 주의해야 한다.

중앙의 국가기관에 대한 군역의 납부액은 『양역실총』의 정군이 보인화한 것을 고려하더라도 19세기 중엽에 이르기까지 거의 변화가 없다. 지방 소재 영·진 소속자는 『양역실총』에 모두 기재된 것이 아니므로 보인만을 본다면 약간 증가한 것으로 드러난다. 이에 비해 '읍소속'의 물납자는 『부역실총』이후 두 배 이상 증가한 것을 확인할 수 있다. 이것도 지방관청 산하 각종 통치·재무조직에 의한 비공식적인 인력동원이 역

---

149) 『商山邑例』, 19세기 중엽; 『尙州府事例』, 1892년.

수취체제의 일환으로 공식화한 수치가 포함되어 있을 것이다.

지방경비의 증대에 따른 재원확보는 이들 재원 이외에 새로운 재원확보활동이나 재무조직의 창출을 통하여 이루어졌다. 소위 '읍채'라고 하는 식리활동이 지방재정의 비축재원으로 실시되고 '민고'라 불리는 재무조직이 지방경비의 적자를 메우는 역할을 했음은 상기한 바와 같다.150) 지방경비는 지방관청의 업무를 수행하기 위한 재정적 수요를 말한다. 지방관청의 기능과 업무는 국가재원의 파악, 징수와 납부, 치안유지, 농업재생산유지, 국가적 의례의 수행과 통치이념의 선전 등을 들 수 있으며, 그러한 업무의 수행을 위한 수요는 국가수취재원의 배분이나 수취권의 배분에 기초한 정규의 재원과 지방관청 산하의 통치·재무기구 스스로가 조달하는 비정규의 재원으로 충당되었다.

지방경비의 증대는 우선 국가재원의 중앙화과정에서 발생하였다. 국가의 재무기관이 개별 납세자로부터 직접 징수하고 개별기관에 배분하기 위해서는 그에 따르는 비용이 적지 않을 것인데, 그러한 업무와 부담을 지방관청의 재무실무자의 업무증가와 지방경비로 해결해야 했다. 지방관청의 부세징수, 납부 업무는 국가의 업무를 위임받은 것으로 재정의 중앙집권화에 따르는 경비가 지방관청으로 전가되었다고 할 수 있다.151) 이 때문에 지방재정이 자립성을 보장받고 지방재정 정비과정에서 발생하는 기타의 지방경비를 자체의 재원확보로 충당하는 분산적 재정권이 유지될 수 있었던 것이다.

지방재정의 정비와 팽창은 지방관청 산하 각종 통치·재무조직의 분

150) 장동표, 「조선후기 民庫運營의 성격과 運營權」『민족사의 전개와 그 문화(상)- 碧史李佑成教授定年退職紀念論叢』, 1990.
151) 손병규, 2000, 「조선후기 상주지방의 역수취체제와 그 운영」, 『역사와 현실』38, 한국역사연구회.

산적인 재정운영이라는 방법으로 대응되었다. 재무를 전담하는 몇몇의
조직이 발생하여 집권적으로 재정을 운영하는 경향 가운데, 각 조직이
스스로 소요 재원을 확보하는 활동을 계속하고 있었다. 작은 규모의 재
정으로 재정의 팽창에 대응하기 위하여 하나의 재정지출을 여러 조직에
서 분담하는 경우도 있었다. 이러한 지방재정운영은 조선시대 국가재정
의 구조와 무관하지 않다.

[보론 3] 조선왕조의 군현제; 중앙집권과 지방자치의 관계

동아시아 여러 국가는 일찍부터 중앙으로 권력이 집중되는 중앙집권적 통치
체제를 형성해왔으며, 점차 지방분권성이 약화되고 상대적으로 중앙집권성이
강화되는 역사과정을 거쳐온 것으로 이해되고 있다. 즉, 중국 고대사회의 봉건
제(封建制)로부터 송대(宋代)의 군현제(郡縣制)로의 전환, 그에 따른 고려와 조선
의 군현제 적용, 일본 고대의 율령제(律令制) 사회와 명치유신(明治維新)의 군현
제적 성격 등이 거론되고 있다.

천자(天子)의 권력이 통일된 중국 전역을 지배한다고 상정한 위에, 봉건제는
종법질서(宗法秩序)에 따라 중앙의 천자가 장자에게 천하의 권력을 계승하고 각
지방에 자제들을 통치권자로 임명, 봉(封)을 세우는 제도를 말한다. 중앙정부가
지방의 분권적인 통치를 인정함으로써 성립한다. 이에 반해 군현제는 그러한
분권적 통치를 허락하지 않고 전 지역을 군현이라는 일률적인 행정체계로 나누
어 천자의 하수인으로 지방관을 파견, 중앙권력을 지방사회에 실현하고자 하는
제도이다. 중앙정계의 귀족과 지방의 호족(豪族)들이 황제(皇帝), 즉 천자에 반
하는 분권적 권력을 발휘하지 못하도록 과거제도(科擧制度)를 통해 관료(官僚)
를 선발하여 백성들에게 황권(皇權)이 직접적으로 미칠 수 있는 관료제가 그 기
반을 이룬다. 즉, 군현제에서는 지방관이 지역사회의 분권화를 감행하지 못하도
록 부임기간을 짧게 두어 수시로 교체하게 된다.

한국사상에 군현제는 고려후기에서 조선전기에 걸친 '속현(屬縣)'의 감소, 소
멸이 그 형성과정을 대변한다. 지방행정체계가 파견되는 지방관의 위상에 따라
'주부군현(州府郡縣)'의 차등적 설정을 할 뿐 아니라, 군현 내부에 지방관이 파
견되는 중심지로서의 주읍(主邑)과 거기에 속하여 지방관의 통치권 하에 맡겨
진 속읍(屬邑)이라는 지역 간의 종적인 권력관계가 존재하고 있었다.

조선의 건국과 더불어 천명된 중앙집권적 통치이념이 강조되고 그러한 이념
에 입각한 통치 및 재정 제도가 조선전기를 통해 실현되면서 군현 사이의 종적
인 권력관계가 해소되어 갔던 것이다. 속읍이 주읍 산하의 하부행정구획으로
흡수되거나 하나의 주읍으로 독립하면서 주읍으로의 군현이 증가하고 파견되

는 지방관도 증가했다. 지방관의 지위가 서로 다르지만 주읍을 독자적으로 통치하는 동일한 수령으로서, 외적으로는 군현 사이에 횡적인 권력관계가 형성되고 군현 내부로는 전보다 좁아진 관할 구역에 대한 수령의 통치운영이 치밀해질 수 있었다. 17세기에 왜란 및 호란의 양란을 계기로 군현 내부의 '면리(面里)'에 이르기까지 산하행정구획으로 일원화하고자 하는 시도가 진행되면서 속읍은 완전히 소멸되었다.

그러나 봉건제와 군현제에 대한 중국 역사상의 평가에는 논란이 지속되고 있는 듯하다. 봉건제와 군현제는 이미 중국 고대사회에 모두 제도적으로 시도되어 왔으며, 군현제가 정착한다는 송대 이후에도 지방분권적인 봉건제의 요소가 존재하기 때문이다. 개념과 현실에 있어서도 봉건제와 군현제를 규정하기 어려운 문제가 다기하게 제기되고 있다. 봉건제 하의 '책봉(冊封)'이 세대를 이어 계승되지 못할 뿐 아니라, 군현제 하의 지방관만큼이나 교체가 심하여 천자의 마음에 들지 않으면 다른 지역으로 쫓겨나는 등, 천자의 권력이 지방에 강하게 관철되는 현상이 밝혀지기도 한다. 군현제 하의 중국에서도 중앙과 지방 군현 사이에 성(省)을 두어 그곳의 지방관이 산하의 군현들을 통괄하고 통치, 재정 상황을 중앙으로 보고함으로써 지방 군현이 중앙의 천자에 의해 직접적이고 일률적으로 지배되는 데에는 사실상 한계가 있음도 지적된다.

명청대(明淸代) 중국의 재정시스템이 오랜 중앙집권화의 과정에서 전제주의국가의 재정체계를 수립함으로써, 군주제만 탈각하면 곧바로 역사상 가장 중앙집권적인 근대국민국가로 전환될 수 있는 기반을 조성하였는가? 아니면 재정시스템상의 중앙집권화가 일정 수준에 머물고 지방의 분권적인 운영현실이 병행하는 '이원적 재정시스템'이야말로 전근대사회의 '전제주의적' 재정시스템인가하는 것은 여전히 연구자 사이의 논의에 걸려있는 문제다. 이 논의는 조선왕조의 재정시스템에 대해서도 곧바로 조응한다.

더구나 조선왕조의 지방행정체계가 군현마다 통치운영의 독자성을 높여가는 방향으로 변화하는 한편, 그것과 병행하여 사회 내부에서는 봉건제적인 '종법질서(宗法秩序)'를 더욱 더 강조하게 되는 모순적 진행을 발견하게 된다. 그러한 현상은 중국의 경우에도 크게 다르지 않다. 물론 종법질서가 봉건제 하의 책봉을 위한 원리이며, 민간의 부계친족집단의 결집을 기획하는 이념적 근거로 사용되는 것과는 차이가 있을 것이다. 하지만 친족집단의 결집 자체가 국가권력이 그 밑으로 민에 대한 균등한 통치를 수행하는 중앙집권화의 방향에 대치되는 것이며 더구나 이것이 강화되어 간다는 현상은 여전히 모순적인 추이가 아닐 수 없다. 중앙집권적 전제주의 국가를 지향하는 가운데, 국가와 민 사이에 중간적인 집단이 다양한 모습으로 출현하고 통치체제와 사회제도에 대해서도 일정한 역할을 수행하고 있는 것이다.

조선왕조의 군현제를 재정시스템으로부터 재고해보고자 하는 것은 위와 같은 문제점들이 발견되고 있기 때문이다. 조선시대 국가재정은 중앙집권적 재정구조를 지향하고 있었으며, 그 과정은 지방재정의 독자적 재정권을 유지, 발전시키는 방향으로 진행하고 있었다. 이것은 국가재정과 지방재정을 상호 상대적인 측면에서 바라본다면 일면 모순된 관점이 아닐 수 없다. 그러나 전근대사회의 국가형태는 이러한 재정원리의 존재를 수긍하고 있다.

전제국가 형태의 역사적 경험을 공유하는 중국의 재정사는 조선시대 재정사와 동질적인 성격을 가지면서도 그와 대비되는 특질을 가지고 있다. 중국 전근대사회 재정사 연구 가운데 중앙집권적 재정과 지방재정과의 관계에 대한 두 가지의 시각은 조선시대 재정사 연구에 시사하는 바가 있다고 여겨진다.[152]

아다치 케이지[足立啓二]는 서구 봉건사회의 재정이 재지세력에서 왕권에 이르는 각종지배가 독립·분산된 재정을 가지는 반면에 전제국가의 재정은 노동력·재물·화폐 등의 형태로 재원이 국가-황제권으로 상징되는-로 집중되고 공동업무의 수행을 위하여 재조직·재분배되는 과정이며, 따라서 전제국가의 재정행위는 매우 집중적이고 거대하다고 본다.[153] 이러한 전제국가의 재정은 병·농이 일치하던 농민이 토지생산력의 발달로 토지와의 결합도가 높아지면서 병농이 분리되고 관료지배와 군사의 용병화가 진행됨에 따라 국가재정이 확대되

---

152) 중국 전제주의에 대한 足立啓二와 岩井茂樹의 논쟁에 대해서는 손병규, 2003, 「조선후기 재정구조와 지방재정운영-재정 중앙집권화와의 관계」, 『조선시대사학보』25, 조선시대사학회.에서 소개한 바 있다.

153) 足立啓二, 1990, 「專制國家と財政·貨幣」, 中國史硏究會編, 『中國專制國家と社會統合:中國史像の再構成2』, 文理閣.

며 지방재정이 중앙화되는 과정을 통하여 형성되었다고 한다.

그런데 이와이 시게키[岩井茂樹]는 중앙집권적인 관리체제를 지향하는 법정적(法定的)인 조세나, 그러한 정세(正稅) 수입에 의한 법정적 예산내의 재정[正額財政]에 대하여 부가적·추가적 징수와 역무징발(役務徵發)을 자원으로 하는 별도의 재정이 병존하는, 즉 중국재정시스템의 이중구조에 주목한다.154) 부가적·추가적 재정부문은 지방재정의 요역징수에 특징적으로 나타나는데, 16세기 말 이후 중앙집권적으로 관리되는 법정적 재정의 진행155)에도 불구하고 재정적 요청에 응하여 팽창·존속하며, 토지세로 산정되는 부가세로 재등장하기도 한다는 것이다.

국가기관마다 재정이 분열되어 있는 '관치분권주의(官治分權主義)'156)의 상황을 극복하는 것이 전제국가의 중앙집권적 재정을 성립시키는 것이라고 하는 견해―足立―에 대해서, 분산적 재정과 중앙집권적 재정이 결합된 구조 자체가 전제국가의 재정이라고 하는 반론―岩井―이 제기되었다고 할 수 있다.

조선시대의 국가재정도 중국과 같이 토지를 중심으로 하는 모든 생산수단이 왕권하에 귀속하는 '왕토사상'의 이념으로 성립되었다. 국가는 징병·징세의 근간이 되는 호구·토지를 장악하여 소경영생산에 의한 잉여노동을 왕권하에 집중시키고 공공업무의 수행을 위하여 재분배함으로써 국가통치를 유지였다고 할 수 있다. 그런데 그러한 재분배의 조선적인 재정원리를 중국의 '거대재정(巨大財政)'과 상반된 '절약재정(節約財政)'에서 찾을 수 있지 않을까 한다.157)

중국의 거대재정은 지방 군현의 재정 위에 '성재정(省財政)'이 군림하여 중앙

---

154) 岩井茂樹, 1994, 「徭役と財政のあいだ; 中國稅·役制度の歷史的理解にむけて」, 『經濟經營論叢』第28卷4號, 第29卷1,2,3號, 京都産業大學.

155) 兩稅法體系의 요역징수가 16세기말경의 一條鞭法에 의해서 定額이 再設定되며, 17세기에 전국적으로 보급되는 상황을 말한다(岩井茂樹, 1994, 위의 논문).

156) "황제가 자의적으로 하여 불가피하게 재정원칙에서 일탈하는 정도의 전제국가에서도 '官治分給主義'라 불리는 각 부문의 재정 분립이 존재하였으며, 그것은 銀財政이 전개되는 가운데, 明代를 통하여, 혹은 明에서 淸으로 이행하는 가운데 점차로 극복되어 갔다"(足立啓二, 1990, 앞의 논문).

157) 사료상에는 '節用'이라는 표현이 사용되고 있음을 볼 수 있다.

과 직접적으로 상대할 뿐이다. 그리 크지 않은 재원을 성재정을 통해 상납하여
도 중앙에는 집권적 통치를 수행하고 황제와 그 일족이 최고의 권위를 잃지 않
을 만큼의 재원이 확보되었다. 군현제와 관련하여 조선왕조 재정과의 차이를
거론한다면 중국의 경우에는 통치권역이 광범위하고 국가재정이 거대한 만큼
그것을 유지하기 위해 중간 단계의 권력집중을 실현하는 행정기구가 필요했다
는 점이다. 태평천국의 난을 거치면서 그것을 수습하기 위해 자원된 지방세력,
군벌의 등장과 중앙재정과 동떨어진 그들 스스로의 자의적인 재정운영이 19세
기 청대 재정의 문제점으로 드러났던 것이다.

　국가재정의 이념적인 틀은 조선건국 직후 수차례에 걸쳐 제시되고 있었다.
태조(太祖) 1년 10월에 공부상정도감(貢賦詳定都監)은 전왕조 고려의 재정상황
을 살펴보고 새로운 왕조의 재정이념을 다음과 같이 제시하고 있다.

　　저희들이 전조의 공안(貢案)에 세입의 다과와 세출 경비를 살펴서 손익을 따져
　　쌓인 폐단을 없애고 법도를 세우는 것은 참으로 민을 살리는 혜택이 될 것입니
　　다. 저희들이 듣건대 나라를 지키는 데에 '애민(愛民)'이 가장 중요하며, '애민'에
　　는 '절용(節用)'이 가장 중요합니다. 검소함을 숭상하고 사치를 버리는 것이 '절
　　용'의 골자이며, 부세를 가볍게 하고 폐법(弊法)을 고치는 것이 '애민'의 골자입니
　　다. 옛날에 나라를 잘 다스리는 자는 땅의 산물을 헤아려 공납을 정하고 재화의
　　수입을 헤아려 그 지출을 절약하니 이것이 경상(經常)의 법도입니다. 통치자는 이
　　것을 삼가 명심해야 하니 창업 초기에는 특히 그러합니다.158)

『논어(論語)』의 "절용이애인(節用而愛人)", 『주역(周易)』의 "절이제탁(節以制
度), 불상재불해민(不傷財不害民)"을 인용하면서 조선의 재정이념으로 제기된
'절용'은 관용의 덕치(德治)를 이상으로 하는 고대 중국의 통치이념에 연원을

---

158) "臣等考前朝貢案歲入多寡歲支經費, 斟酌損益以祛積弊以立常法, 實生民之
　　福也. 臣等竊聞保國必先愛民, 愛民必先節用. 崇儉素去奢侈, 節用之大者
　　也. 輕賦斂更弊法, 愛民之大者也. 古之善治其國者, 量地之產而定其貢, 量
　　物之入而節其用, 此經常之法也. 凡爲國者必先謹乎此, 創業之初乎". 『太祖
　　實錄』卷第二, 태조1년 10월12일.

두는 것이었다.[159] 이 '절용'의 이념에 서서 수취 대상을 파악하여 수입 재원의
양을 미리 정한 상태에서 수취하고 그에 맞추어 지출을 행하는 '양입위출(量入
爲出)'의 재정운영 원리를 천명하였음을 알 수 있다.[160] 고정된 수입으로 인하
여 지출을 절약하지 않을 수 없다고 하는 결과론적 이해도 가능할 것이나, 수입
량을 미리 저액으로 정해두는 것 자체가 관용과 절용의 운영방법이었다고 할
수 있다. 또한 이것은 "양입위출로 절약하여 삼년을 모아 일년의 비축을 이룰
수 있으니, 이로써 '국용(國用)'을 통제할 수 있다"[161]는 말과 같이, 재원의 국가
배분을 목적으로 한 것이기도 하다.

저액으로 균등하게 적용되는 세부과로 말미암아 광범위하게 분산되어 있는
민산(民産)을 일괄적으로 파악하여 재원을 국가에 집중시키고 다시 국가에 의
해 배분하는 재정체제가 가능하다. 토지와 호구와 같은 수입의 근거를 파악한
위에 균일한 부담을 적용하는 것으로 왕토·왕민에 대한 왕권의 집권적 발휘를
재정운영에서 실현코자 한 것이다. 그러나 조선 전시기를 통하여 분산적으로
소재하는 재원 그 자체를 일괄적으로 수취하고 배분하는 형태로 획일화되지는
않았다.

조선재정은 재원의 수취와 배분의 관계라는 관점에서 두 가지의 재정구조를
병행하고 있었다. 하나는 각종 국가기관에게 재원의 근거를 분급하여 스스로
수취케 하고 그로부터 각 기관이 고유한 공공업무 수행에 드는 재정수요를 충
당토록 하는 구조다. 즉 재원의 수취가 재분배의 단계와 분리되지 않는 재정구

---

159) "論語曰, 節用而愛人. 易曰, 節以制度, 不傷財不害民. …… 昔堯茅茨土階,
　　禹卑宮室, 漢文帝惜百金於露臺, 天下古今咸服其德".『太祖實錄』卷之六,
　　태조3년 8월2일.

160) 量入爲出의 재정운영 원리는 모든 재정수요에 대해 그대로 적용되기는 어려웠
　　다. 현실적으로는 정규의 정액적 稅收를 넘어서는 수요가 요구되었고, 그것은
　　각 국가기관의 별도의 재정확보 활동으로 채워졌다. 그러나 원칙 자체는 19세기
　　까지 견지되었다. 그것이 중앙재정의 경직화와 각 국가기관의 개별적인 '무명자
　　세' 징수라는 사태에 직면하는 원인이 되기도 했다.

161) "諫官上言, 節用足食王政之先務, …… 量入爲出不至妄費, 三年耕, 必有一
　　年之蓄, 以通制國用".『太祖實錄』卷之十二, 태조6년 10월13일.

조가 그것이다. 또 하나는 중앙재무기관이 일괄적으로 재원을 징수하여 각 국가기관에 재배분하는 구조다. 즉 재원의 수취와 배분이 분리된 재정구조이다. 중앙집권적 재정정책의 시행은 후자의 재정구조를 목표로 재원에 대한 중앙집권적 배분체제를 수립하고자 하는 것이라 할 수 있다. 그러나 19세기에 이르기까지 조선의 재정구조는 후자로 전일화하지 않고 국가재정과 지방재정에서 양자가 결합된 형태를 지속시켰다. 이 또한 절용의 재정이념에 그 원인이 있다.

각종 국가기관에 토지, 호·구 등, 재원의 근거 자체를 배분하거나 경비를 스스로 조달하게 하는 '자비(自備)'의 개별·분산적 재정권은 단순히 국가기관의 속성인 '관치분권주의'를 원인으로 하는 것이 아니었다. 이것은 '국역수취체제'가 부세의 지세화 경향에도 불구하고 지속적으로 확산되어간 조선재정의 특이한 현상과 관련이 있다. 더구나 이 '국역수취체제'는 인적 재원의 수취, 즉 역징수가 단순히 '부가적·추가적 징수'로서가 아니라 '국역(國役)'으로 법정화된 재정부문으로 존재하였다.

조선전기를 통하여 정부는 군인전(軍人田), 인리위전(人吏位田), 역전(驛田), 직전(職田) 등 공공업무 수행에 대한 대가로 개인에게 지급되던 토지마저 소멸시키면서 모든 양인 남정이 공공업무를 '직역=국역'으로 수행하는 재정체제를 성립시켰다. 국가수취의 한 축으로 '국역수취체제'가 병존하는 것은 병농이 분리되지 않은 조선시대의 상황에서 가능한 것이기도 하나,[162] 재정운영상 수취와 배분이 분리됨으로써 발생하는 부가적 징수를 최소화하는 방편이기도 했다. 스스로의 노동력과 호구편제로 조직된 경제적 보조로 국역을 수행케 하는 재정운영 방법의 존재는 각사 및 내부의 실무자가 '자비'로 공공업무를 해결하는 재정부문을 정당화하였다.

궁극적인 재정의 중앙집권화는 중앙재무기관과 지방 재무지소의 설립, 재무담당자에 대한 급료의 지급을 포함하여 국가재원의 파악, 징수, 납부에 이르는 제비용의 지출 등, 국가재정 운영을 위한 많은 경비를 필요로 한다. 더구나 세물이 현물로 납부되고 시장이 소득 재분배의 역할을 하지 못하는 시기에는 상

---

162) 李榮薰, 1993,「朝鮮前期·明代の戸籍についての比較史的檢討」, 中村哲編, 『東アジア專制國家と社會·經濟-比較史の視点から-』, 靑木書店.

대적으로 더욱 큰 부담이 예상된다. 조선재정은 부가세 없이 재원 배분처의 수요에 맞는 액수만큼 각종 정세(正稅)의 액수를 하향 조정하고 재원의 물류에 소요되는 부가적 재정부담에 대해서는 국가기관에 일부의 재정권을 부여함으로써 해결하고자 하였다.

조선후기 국가재정의 중앙집권화 과정은 각급 국가기관의 재정권을 제한하는 반면, 국가재원의 파악, 징수, 납부에 이르는 재정업무와 그에 소요되는 재정부담을 지방의 향역(鄕役)[163]과 지방관청에 대한 재정권의 부여로 대신하였다. 국가재정의 중앙집권화를 진행시키기 위해서는 지방관청이 그 기능을 스스로 해결할 수 있는 조건이 갖추어져야 할 것이다. 18세기 후반 이후에 보이는 지방재정의 정비과정[164]은 지방 재정규모의 팽창을 초래하나, 조선 재정의 긴축적·절약적 재정원리를 지방재정운영에 활용함으로써 재정위기를 극복하려 한 측면도 주목할 필요가 있다.

19세기는 긴축적인 국가재정이 더구나 정액으로 고정되어 징수·배분의 운영을 고착화시켰으며, 지방마다 다양한 운영방법을 고안해가는 지방재정에 대해 국가의 일률적인 대응이 곤란해져 갔다. 이러한 상황은 중국 명·청대의 재정에서도 유사한 상황을 볼 수 있다. 미야자와 토시유끼(宮澤知之)는 이것을 '원액주의(原額主義)'라 명칭하고 그에 대해 다음과 같이 언급하고 있다.

"원액주의는 명대재정사를 통해 보건대, 명초에는 중앙재정의 간편화를 위한 것으로 어떤 의미에서는 합리적인 재정시스템이었다고 생각되나 재정규모의 확대와 함께 질곡에 빠졌다. …… 한편 지방경비에서는 원액주의에 의한 정세부분의 고정화가 액외징수 이외에도 추가적 요역으로 융통·완화되었던 것에 반해 요역이 국세화하자 은재정화(銀財政化) 이후에는 그 정액화 때문에 경직성이 증폭되었다. 은재정화 이후 (청대에는), 원액주의에 의한 재정의 경직성은 지방경비에 특히 강하게 나타났다"[165]

163) 권기중, 2002, 「조선후기 鄕役과 鄕役者 연구」, 성균관대학교 사학과 박사논문.
164) 김덕진, 『조선후기 지방재정과 잡역세』, 국학자료원, 1999.
165) 宮澤知之, 「中國專制國家財政の展開」, 『岩波講座世界歷史9－中華の分裂と再生－』, 岩波書店, 1999.

이런 관점에서 볼 때, 조선의 경우, 19세기 지방레벨에서의 부세 금납화는 '회계' 상의 금전 환산이 보편화된 현상일 수도 있다.[166] 동전 유통양이 실제로 증가했는지 분명치 않지만, 그렇다 해도 상납되는 동전이 '국가지불수단'[167]으로 존재하는 것처럼 지방재정운영에도 필요한 만큼의 적정량을 유지하는 선에 그쳤다. 부세 금납화는 시가의 등락과 현물 조세 물품의 가격 책정 사이의 조정에 따라 납세자에게 압박이 되기도 부담경감이 되기도 했다. 지방관청과 민 사이에 현물 환산 가격의 책정은 매우 민감한 사안이었을 것이다. 그러나 이에 대해 중앙정부 및 상부기관은 고정된 세액을 규정대로의 '본색'으로 상납토록 했다.[168] 재정규모의 확대가 요구되는 상황에서 그나마 고정된 조세수입을 줄일 수 없었으므로 현물의 수취와 배분이라는 전통적 재정을 고수할 수밖에 없었던 것이다.

민으로부터 납부된 화폐를 시가의 현물로 바꾸어 '본색'으로 상납하는 데에서 발생하는 차액은 독자적 운영으로 비축되는 지방재원이나 지역주민과의 합의에 의한 추가적 징수로 보전되었다. 부세의 금납화 경향에도 불구하고 국가재정의 원액주의 고수가 지방재정운영의 액외징수 및 추가적 요역을 유지시켰던 것이다. 그러한 지방재정의 액외징수가 국세화하거나 지방세로 고정화하는 경향이 저지되는 가운데, 지방재정은 그나마 조선의 합리적 재정시스템이 발휘해온 유효성에 의지하여 융통·완화되었으며, 원액주의의 경직성을 표출하는 단계에 이르지는 않았다고 할 수 있다.

재정의 중앙집권화는 징수업무의 수행을 위해 국고에서 모든 징수비용을 지출하여 지방재정운영상의 '중간적 수취'를 배제함으로써 궁극적인 완성을 볼 수 있는 것이나, 지방재정은 지역마다 독자적이고 다양한 운영방법을 고안하고

---

166) 이미 17~18세기에 지방에서 동전 통용이 확산되면서도 쌀이 가치척도로 사용되고 동전은 그 가치를 표기하는 수단으로 활용되었음이 제시되었다(김한빛, 2017, 「17세기 조선의 동전 통용정책과 활용양상」, 서울대학교 국사학과 석사논문).

167) 김재호, 「조선후기 중앙재정과 銅錢 ─『賦役實摠』을 중심으로」, 이헌창 편, 2010, 위의 책, 211~44쪽.

168) 손병규, 2000, 「조선후기 상주지방의 역수취체제와 그 운영」, 『역사와 현실』38, 한국역사연구회.

재정운영 안건마다 지역주민 내부의 합의를 요구하고 있었다. 이러한 19세기 후반의 상황이 당시의 지배자들에게 재정운영상의 극도의 '문란'으로 비치었을지도 모른다.

  조선왕조 재정시스템 상의 중앙과 지방의 관계가 병행, 아니 오히려 결합된 이러한 형태를 특징으로 하면서 추진된 지향점은 후술하듯이 대한제국(大韓帝國) 건립 직전의 갑오개혁(甲午改革) 이후로 완성을 보는 듯했다. 왕실과 각종 국가기관의 분권적 재정부분을 완전히 부정하고 지방 통치 및 재정의 자율적 운영을 허락하지 않으면서 중앙정부가 모든 재원을 직접적이고 일원적으로 장악을 하고자 하는 제도가 시도되었다. 이것은 지방재정운영의 독자성이 병립되는 조선왕조 재정시스템에 종언을 고하는 것임과 동시에, 점진적으로 진행되어 오던 중앙집권적 목표를 달성하는 것이기도 하다. 또한 이것은 조선왕조 군현제의 특성이 부정되면서 군현제의 궁극적인 지향점이 완수되는 것이기도 하다. 그러한 의미에서 동아시아 여러 국가들의 군현제가 역사과정에서 어떠한 공통성과 차이를 노정하는가에 그치지 않고, 각각 근대국민국가의 지방행정체계와 어떠한 관계를 갖는 것으로 이해할 수 있는가 하는 문제인식이 연구 및 논의상에 공유될 여지가 충분하다고 여겨진다.

제4장

중앙재정의 경색화와 지방재정의 대응

1. 중앙재정과 '잡세(雜稅)' 및 '잡비(雜費)' 설정의 이유

1) 시장세 및 물류비로서의 잡세(雜稅)

『경국대전(經國大典)』의 법제로 '잡세(雜稅)'는 시장을 이용하는 데에 대한 '시장세(市場稅)'를 의미한다.[1] 「호전(戶典)」의 '잡세' 조항을 보면, "공장(工匠)의 등제(等第)와 무고(坐賈)·공랑(公廊)의 수를 기록하여 본조(本曹; 호조)·공조(工曹)·본도(本道)·본읍(本邑)에서 간직하여 세(稅)를 거둔다. 행상(行商)에게는 노인(路引)을 발급하여 주고 수세(收稅)한다"고 되어있다. 서울의 물건 만드는 장인은 상중하 등급에 따라 세를 먹이고 서울 상설 점포, 시전(市廛)과 그 앞에 자리 잡은 상인들도 정족수에 따라 세를 거두었다. 지방의 대장장이[冶匠]도 종류에 따라 봄과 가을에 정기적으로 세를 거두었다. 서울과 지방을 돌아다니는 행상은 여행허가 증을 발급해서 세를 거둔다고 하는 것이 법제상의 규칙이었던 것이다. 상업적인 이윤이 발생하는 것에 대해 세금을 부과하고자 했다. 여기에 더해 대마도의 왜인들에게 어업을 허락해준 곳에서도 조업선의 크기에 따라 세금을 부과한 사실이 부록되어 있다.[2] 지방에서는 오 일마다 열리는 장터에서 시장세를 받았으며, 읍의 관아 앞에 서는 읍내장은 향리들에 의해서 관리되었는데, 지나는 길목에서 시장에 오는 사람들로부터

---

1) 『經國大典』, 「戶典」, 雜稅. '잡세'에 대한 연구는 조영준, 2010, 「조선후기 '雜稅' 연구의 현황과 과제」, 『奎章閣』36, 서울대 규장각한국학연구원. 참조.
2) "孤島·草島에서 고기를 잡는 倭船은 稅를 받는데, 大船은 魚 200마리, 中船은 150마리, 小船은 100마리를 받는다. 布로 바꾼다". 『經國大典』, 「戶典」, 雜稅.

일종의 통과세를 받기도 했다.3)

한편, 세조 10년(1464)에 동지중추원사(同知中樞院事) 양성지(梁誠之)는 "조선왕조의 징수를 보면, 한 집에 토지세의 경우 소출의 40%를 내는데, 잡세가 그 가운데 60%다. 소위 잡세라는 것은 여러 가지 공물을 토지세로 대신 내는 것과 관련이 있다"4)고 상소했다. 여기서 '잡세'는 공물을 토지세로 상납할 때에 정세의 액수 이외의 상납을 위해 드는 비용으로 정세보다 더 많다. 수요 공물을 현물로 상납할 경우에는 공물을 마련하고 포장하여 수요처까지 운반하는 등, 재정과정에서 들어가는 부대비용을 포함한다. 여기에 더해 "지금 호조가 일국의 재원을 관장하는데, 어느 지방의 어떤 공물이 대납되는지를 살피지 못하고 대납에 벼 몇 석으로 값을 쳐서 징수되는지를 살피지 못하고 모두 부상(富商)의 손을 빌려 시행하고 있다. 그 징수하는 것이 정해진 제도의 액수를 넘어서기 십상이며 담당자가 재정 수용(需用)에 전혀 절제(節制)가 없다"고 개탄하고 있다. 토지세로 올라온 재화로 중앙에서 필요로 하는 공물을 시전에서 구입하는 일이 부상에게 맡겨져 있는데, 이들이 잡비를 남용하는 사태가 있었던 듯하다. 정세 이외의 부가적인 징수를 '잡세'라 표현하고 있으며 위의 장인이나 상인에게 거두는 시장세와는 그 의미가 다르게 느껴진다.

조선왕조실록에서 '잡세(雜稅)'를 검색하여 이 용어가 사용된 기사의 빈도수를 살펴보면 이 용어는 19세기말 고종대에 집중되어 있음을 알

---

3) 나주향리가문의 후손, 박경중씨의 증언.
4) "本朝取民, 如一家田稅, 所出十分之四而雜稅居十之六, 所謂雜稅者, 卽諸色 貢物代納者也。今戶曹掌一國財賦, 而不察某州某物代納, 又不察代納收利凡 幾石, 皆借富商爲之, 其取之也, 多踰定制, 且幹事人之用財, 全無節制". 『世 祖實錄』33권, 세조10년(1464) 5월28일.

수 있다. 이때의 '잡세'는 많은 경우 '무명잡세(無名雜稅)'라는 표현으로
언급되었다.[5] 그리고 대부분 그것을 금하는 논의 가운데 거론되었다.
'무명잡세'를 금하는 기사는 고종20년(1883)에 통리교섭통상사무아문(統
理交涉通商事務衙門)의 건의사항으로 처음 나타난다. 그 해에 '해관세칙
(海關稅則)'이 시행되면서 '도고(都賈)'와 '무명잡세'를 폐지하는 칙교(勅
敎)를 다시 강화하도록 건의되었으며, 이 금령은 해당 아문이 실행할 것
을 허락받았다.[6]

그러나 그 금령이 그대로 실현되지는 못했던 것 같다. 이후로도 잡세
의 폐단이 지속적으로 거론되고 '무명잡세'에 대한 금령이 다시 여러 차
례 반복해서 내려졌다.[7] 잡세 징수가 적발되어 상부에 보고하기도 하였
으나,[8] 잡세 징수는 근절되지 않았으며, 새로운 잡세가 다시 생겨난 것

---

5) 세종(1), 세조(1), 성종(2), 선조(2), 인조(1)대에 한두 번씩 거론될 뿐이나, 고종19년
   (1882) 이후 54회, 순종대에 3회 기록되었다. 그 가운데 '無名雜稅'라는 24회의
   언급은 고종대 이후에만 나타난다.

6) "二十三日, 統理交涉通商事務衙門啓. 海關稅則今方施行, 而裕國之政, 莫如
   勸商, 勸商之道, 莫如護商. 是以都賈及無名雜稅, 革罷事, 前後飭敎, 不啻截
   嚴矣. 貨物榷酤, 則商路壅閼, 場浦私征, 則稅額耗蠹. 弊源不杜, 害將焉歸.
   自今更加申明, 如有瞥不畏法, 復踵謬習者, 毋論京外各宮房各衙門所管, 自
   本衙門, 一一摘發啓稟, 嚴禁何如. 敎曰, 此係民國事計, 不可不痛禁乃已. 自
   本衙門, 各別禁斷, 如有入聞, 隨卽論稟, 可也." 『高宗實錄』20卷, 高宗20年
   (1883) 6月23日. 統理交涉通商事務衙門은 1880년 창설된 統理機務衙門을 전
   신으로 하는데, 국가 機務와 외교통상 문제를 관장했으며, 甲申政變을 계기로
   1885년에 의정부로 이관되었다.

7) "初十日, 敎曰, 向以無名雜稅禁斷事, 飭敎不啻截嚴, 且有廟啓之申複. 而近
   聞, 朝家所不知之許多名目, 又復層生, 討索徵斂, 京外騷然, 商旅爲之不通,
   船業無以資生. …… 內而京兆, 外而各道, 何處何稅之緣何創設, 一一詳查,
   並卽革罷事, 令廟堂分付". 『高宗實錄』23卷, 高宗23年(1886) 9月10日.

8) "漢城府以沿江無名雜稅, 並革罷後, 所管何處, 創設之何時, 何物之捧稅幾許,

으로 인식되기도 했다.9) 급기야 대한제국(大韓帝國)이 건립된 뒤에도 이에 대한 금지가 거듭 재천명되었는데,10) 순조가 즉위한 1907년까지도 각종 세목을 열거하고 그것과 그 외의 '잡세'를 국고수입으로 하거나 폐지하도록 하는 명이 내려졌다.11)

잡세는 무엇이며 왜 금지되었는가? 금지에도 불구하고 지속된 이유는 무엇인가? 조선왕조 조정은 1894년에 '갑오개혁(甲午改革)'의 일환으로 중앙관제로서 전국의 재정을 총괄하는 탁지아문(度支衙門)을 설치했다. 이를 통한 중요한 재정정책은 첫째, 전국의 각 군현[邑]이 여러 국가기관에 분산적으로 상납하던 재원을 모두 탁지아문에 상납하도록 한 것, 둘째로 궁둔토(宮屯土)와 같은 면세특권지를 없애서 모든 토지를 국고수입으로 하는 결세(結稅), 지방경비의 주된 출처였던 호구 재원을 중앙재무기관이 일괄적으로 확보하는 호세(戶稅)로 징수를 일원화한 것, 셋째로 일체의 상납 물품을 금전으로 납부하도록 한 것이다.12)

말하자면 궁방(宮房)이나 각종 국가기관의 개별분산적인 재정운영을 차단하고 중앙재무기관의 징수, 분배로 일원화하는 최종적인 재정의 중앙집권화를 단행한 것이라 할 수 있다. 더구나 조세 '금납화'로 물류비용을 절감시킴과 동시에 지방관청의 자율적 재정운영 기반을 송두리째 중앙으로 가져가는 조치가 취해진 것이다. 재원의 관리, 징수, 운수납부,

―――詳查, 區別成册, 修報于政府啓". 『高宗實錄』23卷, 23年(1886) 10月16日.
 9) "敎曰, 爲其商民江民, 安業資生, 各浦無名雜稅痛禁, 不啻截嚴. 而挽近以來, 又設雜稅云, 豈有如許無嚴之習乎". 『高宗實錄』24卷 24年(1887) 12月10日.
10) "……至於無名雜稅, 依前日下勅, 一竝禁斷".『高宗實錄』35卷 34年(1897) 8月11日.
11) 『純宗實錄』1卷, 卽位年(1907) 12月4日.
12) 손병규, 2005, 「갑오시기 재정개혁의 의미-조선왕조 재정시스템의 관점에서-」『한국사학보』21, 고려사학회.

분배, 소비에 이르는 전 재정과정을 모두 중앙재무기관이 관할함으로써 정규의 재정수입 이외에 각종 국가기관과 지방관청이 개별적으로 시행하던 모든 징수가 부정되기에 이르렀다.

그런데 '잡세'에 대한 인식에서 본다면, 이미 갑오개혁 이전부터 이러한 비정규의 재정부분에 대한 비판이 진행되고 있었음을 알 수 있다. 유학(幼學) 주인흠(朱寅欽)은 1882년도의 상소에서 재정문제를 환곡 폐해와 잡세 징수의 상황[還弊及雜稅侵漁之狀]으로 거론한다.[13] 정규의 조세 징수 체계에서 벗어난 재정운영에 대한 개선책을 요구한 것이다. 또한 부호군(副護軍) 김영주(金永柱)는 1884년도의 상소에서 "토지세 이외에 공상의 세금은 모두 잡세[田賦之外, 工商之稅, 皆可曰雜稅也]"[14]라고 인식한다. 정규의 재정은 점차 토지세로 전환되고 있었지만, 그 외에도 수요물품을 마련하거나 조세물류를 위한 징수가 '잡세'로 존재하고 있었음을 말해준다. 중앙정부의 입장에서 '무명잡세'는 "중앙정부가 알지 못하는 잡다한 명목[朝家所不知之許多名目]"[15]으로 지칭되었다. 위와 같이 국가기관이나 지방관청이 개별적으로 시행하던 징수를 중앙정부는 '무명잡세'로밖에 알지 못했던 것이다.

이러한 비정규의 '잡세' 징수를 금지하게 되는 발단은 중앙재무기관이 이 '잡세' 수입을 중앙화할 수 있는 기반으로 상업과 시장에 대한 통제를 강화하려는 데에 있었다. 1883년에 통리교섭통상사무아문이 '무명잡세'의 금지를 주장하는 위의 사례에서 '도고'는 유통물품을 독점하는 행위나 그것을 주도하는 거상을 일컫는다. 또한 여기서 말하는 '무명잡

---

13) 『高宗實錄』19卷, 19年(1882) 12月5日.
14) 『高宗實錄』21卷, 21年(1884) 6月10日.
15) 『高宗實錄』23卷, 23年(1886) 9月10日.

세'는 한성의 궁방과 국가기관이 한강나루나 그곳에서 열리는 시장에서
유통세를 징수하여 자체의 재정부족을 보전하는 행위를 말한다.16) 국가
기무와 외교통상관계를 관장하도록 한 통리교섭통상사무아문은 개별
물류 활동을 금지하여 시장을 일률적으로 통제하고자 했던 것으로 이해
된다.

한성의 궁방과 각종 국가기관의 '무명잡세' 징수가 금지되었을 뿐만
아니라 지방의 '잡세' 징수에 대해서도 금지하는 조치가 취해졌다.17) 그
것은 단지 지방 포구에서의 지방 감영과 군영, 읍의 잡세 징수를 금지하
는 데에 그치지 않고, 지방관청 수요에 대해서 규제하는 경향을 띠었
다.18) 지방재정에도 정규의 상납재원으로 인식되는 것 이외의 부가적
징수는 금지되어야 했다.

이러한 경향의 연장선에서 갑오개혁의 일환으로 지세와 호포를 비롯
하여 중앙정부가 부과하는 과세 이외의 일체 '잡세'를 모두 소멸시키는
법률이 반포되기에 이른 것이다.19) 그와 동시에 군현마다 스스로의 지
방재정운영 내역을 파악하던 '읍사례(邑事例)'에 대신해서 전국적으로

---

16) 須川英德, 『李朝商業政策史研究』, 東京大學出版會, 1994, 第二章 十九世紀
    における商業稅徵收.
17) "議政府啓, 各道無名雜稅革罷事, 向有朝飭. 而挽近紀綱懈弛, 諸道各浦口
    無名之稅, 一倍創出. 自漁箭鹽盆及布木米豆, 以至各種物品, 無不收稅". 『高
    宗實錄』29卷, 29年(1892) 7月6日.
18) "京司各樣名色, 如非廟堂所許者, 一切革減. 不得已仍存者, 量定其數, 俾無
    增衍之弊. 巡統營所需, 從時價貿用. 該邑冗費, 以各其官庫上下, 毋得擅斂
    事也. 京司禮木筆債等名目, 今方查正, 行將頒送. 而巡統營所需之卜定列邑,
    自今更勿擧論, 從時價貿用, 邑雜費亦無敢擅加於戶結". 『高宗實錄』29卷, 29
    年 7月18日.
19) "二十五日, 法律第十三號. 地稅戶布鑛稅, 水陸通商關口, 輸出入物品稅與國
    課外에 一應雜稅並革罷件, 裁可頒布". 『高宗實錄』33卷, 32年(1895) 8月25日.

동일한 형식으로 군현별 총액을 파악할 수 있는『신정사례(新定事例)』
를 보고토록 하였다.20) 잡세로 인식되는 과외의 부가 징수를 중앙정부
가 장악하는 재원으로 전환시키고자 했던 것이다.

그러나 1907년까지도 지방경비 부분을 중앙재무기관이 일괄적으로 징
수한 국고수입에서 재분배하는 일원적인 재정운영은 실현되지 못했다.
자율적으로 지방재정운영에 대응해오던 지방 주민들의 반발로 지방재정
의 근간을 이루던 호구재원이 대한제국기 동안에 전반적으로 종전보다
적게 보고되었음을 확인할 수 있다.21) 재정운영상의 자율성을 박탈하는
방법으로 재정운영 시스템을 집권화하기는 어려웠던 것 같다. 1907년에
이르러서도, 잡세로 인식되던 재정부분이 '무슨무슨 세'라는 식으로 일일
이 세목을 갖추고 국고수입으로 전환될 것을 종용하고 있었다.22)

2) 공식화된 물류비, '잡비(雜費)'

중앙재무기관이 '알지 못하는' 비정규의 부가적 재정징수는 중앙재무
기관이 일일이 파악하지는 못했더라도, 19세기를 통해 개별 국가기관이

---

20) 김태웅, 1999,「조선후기 읍사례의 계통과 활용」,『고문서연구』15, 한국고문서학
　　회; 1995,「갑오개혁기 전국 읍사례편찬과 신정사례의 마련」,『국사관논총』제66
　　집, 국사편찬위원회.
21) 손병규,『호적, 1606~1923 호구기록으로 본 조선의 문화사』, 휴머니스트, 2007.
22) "勅令第三十五號, 經理院所管雜稅處理件. 蔘稅沿江稅竹田稅松田稅種桑稅柴
　　山稅栗木稅干田稅山麓稅鹽稅草稅燒木稅炭木稅烽臺稅小營土稅, 及其他土地
　　에 附帶혼 雜稅는 國庫收入으로 定ᄒ야 度支部에 移屬管理케 ᄒ고 庖稅銅鑛
　　稅鍮店稅水鐵稅는 國庫收入으로 定ᄒ야 農商工部에 移屬管理케 ᄒ고 鹽稅水
　　産稅船稅紙稅, 其他生産營業에 賦課ᄒ는 諸雜稅, 洑稅安邊衛翼社洑稅景祐
　　宮洑稅, 及各項殖利錢名色은 竝廢止홈. 裁可頒布".『純宗實錄』1卷, 卽位年
　　(1907) 12月4日.

나 지방관청 차원에서 공식화되고 제도화되어 갔다.23) 그러한 의미에서
'잡세'는 중앙정부가 정규의 조세와 동등한 '세(稅)'라는 개념으로 파악
하여 일률적인 재정운영을 실현하고자 한 것으로 이해할 수도 있다. '잡
세'라는 인식이 인정되기 전에 비정규의 부가적 재정의 일부를 중앙정
부가 공식적으로 인정한 용어는 '잡비'일 것이다. 오히려 지방재정운영
상, 정규의 상납재원으로 인식되는 '정공(正供)'에 대해 '과외(科外)'의
부가적인 '가봉(加捧)'은 이 '잡비'라는 용어로 이해되었다.

역시 왕조실록에 '잡비'라는 용어는 '잡세'를 가장 많이 언급하던 고
종대에도 흔히 언급되던 용어다. 고종1년(1864)의 기사에 조운창 운영에
가해진 '가곡(加斛)', '수운부비(輪運浮費)'등의 허다한 부가적 징수를
'잡비'로 이해하고 있다.24) 주로 곡물로 납부되어 조운창을 거치는 토지
세만이 아니라 군역 면포 납부에도 '잡비'가 붙었다.25) 또한 '잡비'를 비
롯하여 지방관청에서 거두는 많은 비정규의 징수가 토지세로 전환되어
감으로써 토지면적당 징수액도 증가하는 현상이 보고되고 있다.26)

이와 함께 '잡비' 징수에 대한 비판과 폐지의 의견이 분분해졌다. 고
종17년(1880)의 한 상소에서는 '잡비' 징수가 늘어나는 것이 수령과 향리
와 선주와 같은 재정운영 담당자들이 무절제하게 재정을 운영하여 적자
가 생기고 그것을 메우기 위해 서리를 잔뜩 풀어서 가징하기 때문이라
고 여겼다.27) 모든 '잡비'를 금지할 것이 요구되자,28) 정부에서도 개혁

---

23) 김덕진, 『조선후기 지방재정과 잡역세』, 국학자료원, 1999.
24) "咸平縣兩稅移屬漕倉後, 加斛濫徵也, 輪運浮費也, 許多雜費名色, 指不勝
僂". 『高宗實錄』1卷, 1年(1864) 2月3日.
25) "軍丁一簽, 誅求隨至, 使之納價布焉, 有雜費焉". 『高宗實錄』3卷, 3年 12月
17日.
26) "而近來結價, 日以增加, 古之田七畓八, 今則積爲五六十兩, 或多至七八十
兩, 駸駸然莫可捄其弊源". 『高宗實錄』11卷, 11年(1874) 7月30日.

의 의지를 보였다.29) 이후로 새로운 세목이 발생할 경우에도 '잡비'는 첨가하지 않는 정책을 시행되었으다.30) 갑오개혁의 연장선에서 1895년에 '회계법(會計法)'이 반포되어 중앙정부가 허락하지 않는 징수가 통제되면서 지방관청에서 임의로 가징하는 '잡비'도 금지되었다.31)

그러나 이 '잡비'는 본래 중앙정부에 의해서 인지되고 공식적으로 인정되던 징수 항목이었다. 좀 더 거슬러 올라가서 왕조실록의 영정조대에 '잡비'라는 용어가 많이 언급되는 것을 발견할 수 있다. '관수잡비(官需雜費)'와 같이 관청에서 사용되는 '여러 잡다한 비용'을 뭉뚱그려 표현하기도 하고 수요의 감축을 예상하여 미리 마련해두는 보전 비용과 같은 예비비나 정식의 수요를 위해 드는 부가적 비용을 가리키기도 한다. 이 경우에 정해진 것이 없어 부정이 개입될 여지가 있는 것으로 '잡비'가 부정적으로 인식되기도 했다. '잡비'를 마련하느라 수요물품의 납입이 늦어지는 일이 있었는데, 문책 과정에서 그 '잡비'를 수납 담당자에게 주는 뇌물로 인식했다.32)

---

27) "且加出吏胥甚多, 人情雜費, 比前十倍, 船主與色吏, 擧皆負逋, 而害又及民". 『高宗實錄』17卷, 17年(1880) 11月11日.

28) 『高宗實錄』24卷, 24年(1887) 閏4月3日.

29) "雜費之荐加徵斂, 果係民邑難支之瘼, 則不容無變通之道". 『高宗實錄』24卷, 24年 11月14日.

30) 『高宗實錄』25卷, 25年 11月10日. 『高宗實錄』29卷, 29年 7月18日. 『高宗實錄』30卷, 30年 5月16日. 『高宗實錄』31卷, 31年 5月14日.

31) "第十四條, 各官廳은 何名目이든지 勿論ᄒ고 法律、勅令及其他規程이 無ᄒ 租稅賦金、上納物及情費、雜費類를 賦課徵收홈을 得지 못홈. 徭役及其他勞力의 徵發에 關ᄒᄂᆫ 者도 上項과 同홈". 『高宗實錄』33卷, 32年(1895) 3月30日.

32) "湖南誕日所進方物中, 進獻殿宮物種, 愆期不進, 命問于該曹. …… 今承尙未進獻之敎, 驚悚查問, 則該吏陪進闕內, 而雜費未及周旋之際, 自致日暮.

그런데 정조18년(1794)에 편찬된『부역실총(賦役實摠)』에는 상납되는 정세와 함께 '잡비', 혹은 '태가잡비(馱價雜費)', 즉 조세납부 과정에서 발생하는 수송비등의 '중간비용'이 병기되어 있다.[33] 여기서의 '잡비'는 상납물품을 수송할 때, 가령 조운선에 함께 실어 경창(京倉)까지 가는 것으로,[34] 수송비를 포함하여 수납과정에서 소요되는 담당자들의 수수료를 말한다.『부역실총』은 납부되는 정공 세물의 액수를 징수처인 지방 군현마다 세목별 '총액'으로 공표하는 장부다. 세목별 재원 액수는 징수할 때의 액수가 아니라 수요처에서 재원을 소비할 때의 액수다.[35] 징수에서 수송, 납부에 이르는 재정과정은 지방관청의 징수활동에 위임되어 있어서, 거기에 쓰이는 비용은 원칙적으로 납세자와 지방관청이 스스로 마련해야 했다.[36] 중앙정부가 이 책자를 통해 정규의 재정 액수를 공표하면서 비정규의 재정부분을 명시하고 있다는 점에 주목하고자 한다.

『부역실총』에는 한성의 경사군문(京司軍門)으로 상납되는 '경사상납질(京司上納秩)', 지방의 감영과 군영, 진영으로 납부되는 '영진상납질

命秋曹, 嚴治該吏及索賂之掖屬, 好仁以不飭, 推考".『正祖實錄』35卷, 16年 9月23日.

33)『賦役實摠』, 1794년 간행.

34) "全羅監司李書九狀啓, 漕稅船十隻, 到古羣山三島前洋, 逢風致敗. 合米一萬一千一百九十五石, 大豆一千八百五十一石, 雜費條各樣米豆一千四百五十三石".『正祖實錄』39卷, 18年 4月27日.

35) '原額主義'라 한다. 宮澤知之,「中國專制國家財政の展開」,『岩波講座世界歷史9-中華の分裂と再生-』, 岩波書店, 1999; 손병규, 2003,「조선 후기 재정구조와 지방 재정 운영: 재정 중앙 집권화와의 관계」,『대동문화연구』44, 대동문화연구원.

36) 손병규, 2008,「조선 후기 국가 재원의 지역적 분배-賦役實總의 상하납 세물을 중심으로」,『역사와 현실』70, 한국역사연구회.

(營鎭上納秩)’ 지방관청 자체의 경비를 ‘본관봉용질(本官捧用秩)’로 기록한다. ‘잡비’는 군현으로부터 징수된 재원이 중앙과 지방의 국가기관으로 상납되는 재원에 대해서 기록될 뿐이다. 상납하는 기관마다 세목별 액수를 기재하고 동종의 세목을 몇 개씩 묶어서 ‘잡비’의 액수를 기록한다. 그러한 세목들의 재원을 수송 납부하는 데 드는 비용이 적히는 셈이다. 이 비용은 지방관청에서 징수할 때에 원납(元納) 액수에 더해서 가징(加徵)되어야 하는 부분이다. 여기에 ‘잡비’가 기재되었다는 것은 그 가징이 중앙정부로부터 인정되고 소요 비용이 보장됨을 의미한다.

『부역실총』이 편찬되는 시기에 작성된 상주의 ‘읍재정’ 회계책『상산읍례(商山邑例)』가 현존한다.[37] 이 책자는『부역실총』으로 보고하기 위하여 작성된 듯한데, 대조해 보면『부역실총』상의 원납 및 ‘잡비’ 액수가 어떻게 설정되었는가를 짐작할 수 있다. 우선 한성으로 상납되는 ‘경사상납질’ 재원을 보면, 거기에는 호조와 그 산하기관인 성혜청(宣惠廳), 균역청(均役廳) 등의 중앙재무기관에 의한 토지세 상납이 주를 이룬다. 개별 세목별 재원 액수는 양 책자에 모두 동일하게 나타난다. 그런데 토지세가 토지면적 결수(結數)당 정해진 액수에 더해서 가징되기도 하지만, 토지세 징수의 근거가 되는 토지의 결수대로 징수된 재원이 모두 상납되는 것이 아니라는 점이 눈에 들어온다.

당시 상주목에서 호조로 상납되는 전세(田稅)는 결당 미 4~5두(斗)로 16,100여량을 거두었는데,『부역실총』에 기재된 전세 미와 콩 가격은 모두 10,500여량에 그친다. 차액으로 훈련도감(訓鍊都監)의 삼수(三手)를 육성하는 ‘삼수량미(三手糧米)’ 4,200여량을 납부한다 해도 남는 액수다.

---

37)『商山邑例』, 1794년 작성.『부역실총』과의 비교연구는 권기중, 2008, 「『부역실총』에 기재된 지방재정의 위상」,『역사와 현실』70, 한국역사연구회. 참조.

이 재원들을 호조에 상납하는 '잡비'로 충당되었을 수도 있다.

대동미는 결당 12두로 미 8,000여석을 거두었는데, 7,000여석을 면포와 동전으로 바꾸어 대동포와 대동전으로 상납하고 1,000여석이 남았다. 이 재원은 상주목과 상주진영의 경비로 애초부터 정액으로 설정되어 있던 '관수미(官需米)' 390석, '사객지공미(使客支供米)' 120석, '진영수미(鎭營需米)' 84석으로 할애되고, 그 나머지 450여석은 지방관청에서 대동곡을 관리하는 '대동색(大同色)'의 지출에 맡겨졌다. 대동 상납을 위한 '잡비'는 '대동색'이 '미 364석여'를 '경대동목전(京大同木錢) 137태(駄)'를 운반하는 비용으로 지급하고 있다. 대동색으로 주어진 '대동여미(大同餘米)' 가운데 사용되었을 것으로 보인다.

균역청의 결전(結錢)은 결당 5전씩 5,400여량을 거두었는데,『부역실총』에서 결전은 3800여량밖에 상납하지 않았다. 나머지 재원으로 면세결 540량, 전세전 183량 등에 할애되고, 균역청 상납을 위한 '잡비'까지 여기서 나왔을 것으로 보인다. 이것들을 제하고도 결전은 410여량이 '여전(餘錢)'으로 남았다. 이 재원은 지방관청의 주방인 '육고(肉庫)'로 이전되어 지방경비로 사용되었다.

이와 같이 중앙으로 상납되어야 하는 국가재원 가운데 '잡비'가 할애되었을 뿐 아니라 지방경비의 지출에도 할애되었다. 다른 상납물품의 '잡비'도 가징되기 보다는 국가재원이나 거기서 할애받은 지방재원으로 충당되었을 것으로 보인다.『부역실총』의 '잡비' 기재는 지방관청의 상납업무를 위해 국가재원에서 얼마나 지원할 수 있는지를 밝힌 기록이라 해도 좋을 것이다.

더구나『부역실총』의 '본관봉용질'과『상산읍례』의 상주목 산하 통치 및 재정기구들의 재정운영 기록을 비교해보면『부역실총』으로 보고된 내용은 극히 제한되어있음을 발견할 수 있다. 지방관청에서 운영할 수 있는 재원에는 국가재정에서 할애받은 재원 이외에도 인적 재원이 높은 비율을 점한다. 지방관청은 행정기구이기 때문에 군역자를 가질 수 없지만, 한성의 각종 중앙기관들과 지방기관에 소속된 군역자와 같이 읍의 각 통치기구에 소속된 인적 재원을 확보해갔다.[38] 이 이외에도 비축재원을 활용한 지방경비 재원의 확보활동이 지방관청에서 활발하게 이루어지고 있었다. 이러한 재원들은 중앙정부가 '알지 못하여' '잡비'나 '잡세'의 가징으로 인식될지 모르나, 상납을 완수하기 위해서 묵인되는 재원이었다. 또한 지방관청에서는 내부에서 점차 공식화되어가는 재원이었다.

---

38) 18세기 후반에서 19세기 초에 걸쳐 호적상에 소위 '邑所屬'의 수치가 증가한 사실을 볼 수 있다.

2. 지방재정 운영시스템상의 '잡역(雜役)'

조선왕조 재정운영 시스템에서 재정과정 상의 중간비용이 정규의 재정부분으로 포함되지 않은 이유는 무엇인가? 그것은 지방에 있는 납세자가 한성이나 지방 도회에 있는 수요처까지 소비할 재원을 납부하는 것, 즉 중간비용을 납세자가 부담하는 것이 원칙이기 때문이다. 재정과정의 최종단계에서 중앙재무기관이 공공업무를 수행하기 위해 재분배하거나 각 기관에서 직접 납부 받아 소비하는 재원의 액수를 분명히 확보한다면 사실상 나머지 재정과정은 납세자에게 맡겨져 있는 셈이다.

단지 납부자가 개별적으로 재원을 상납하는 비용을 최소화하기 위해, 가령 '팔결작부(八結作夫)'와 같이 말단의 납세조직을 구성하여 전세 납부 대표자로 '호수(戶首)'를 선정한다든지 군포 납부자를 선정하는 방법이 취해졌다.[39] 납부 대표자로 하여금 개별 납부액을 모아 한꺼번에 납부토록 함으로써 상납 비용을 절감했던 것이다. 나아가 지방에서 중앙의 수요처까지 상납하는 일은 지방관청에 맡겨졌다. 말하자면 납세자가 상납을 청부하고 군현제의 지방행정체계 위에서 향리가 징수업무를 조직적으로 수행하게 된 것이다. 수요처까지 납부할 재원의 액수에 더해진 부가적 징수는 이러한 청부비용에 해당한다고 할 수 있다.

납세자가 중간비용을 부담하는 원칙은 '왕토사상(王土思想)'의 재정이념과 '절용(節用)'이라는 조선왕조의 유교적 재정원칙에 근거를 둔다. 왕권이 미치는 모든 영역의 토지는 왕의 소유인데, 그것을 민에게 고르게 나누어주어 생계를 꾸려나가도록 한다. 민은 그 은혜에 보답하여 각종 국역을 직접 부담하는 것이다. 조선왕조는 이렇게 모든 재원이 왕권으

---

39) 이영훈, 1980, 「조선후기 八結作夫制에 관한 연구」, 『韓國史硏究』29, 한국사학회.

로 상징되는 국가에 집중되고 재조직되어 공공업무의 수행을 위해 재분배되는 중앙집권적 재정을 이념으로 한다.

그런데 조선왕조의 재정은 국고수입을 확대, 안정화하는 방향으로 재정의 중앙집권화를 진행하면서도 공공기관에 대한 재정권 자체의 배분을 통하여 재정업무 수행에 따른 경비지출을 절감하였다. 이러한 재원의 재분배 방법은 지방관청에 징수업무를 위임하거나 각종 국가기관에 징수권을 분여하는 것을 포함한다. 전자는 징수의 현장에 설치되어 있는 지방관청의 기능으로 국역징수와 관련되는 업무를 위임한 것이며, 후자는 국가기관이나 공적 단체가 각각의 공공업무를 수행하기 위한 재원을 스스로 확보할 권리, 즉 재정권을 분배하는 것이었다. 또한 개인적인 공공업무 그 자체의 분배인 직역이 직역자의 역부담으로 수행되었다. 나아가 경비를 스스로 징수할 수 있도록 직역자에게 보인이나 면세지를 분배한 것도 이러한 재원분배 방법의 범주에 들어간다고 할 수 있을 것이다.

중앙집권적 재정과 개별 분산적 재정의 이러한 이중적 시스템은 조선왕조 재정의 이념적 특징인 '절약적 재정'을 유지하기 위한 방법이었다. 특히 재정의 중앙집권화는 지방재정의 독자적 운영에 기초하여 진행될 수 있었다. 국가재정의 중앙집권화는 각종 국가기관의 개별 분산적인 재정권을 재정업무를 수행하는 재무기관에 이전하는 과정이기도 하다. 지방관청은 국가 재정업무의 일부를 중앙의 재무기관으로부터 위임받아, 주로 징수업무를 그 기능으로 하였다. 지방재정에서 비정규의 추가적·부가적 재정부문은 정액의 국가재원을 징수하기 위한 비용을 충당하는 것으로 묵인되었던 것이다.

조선후기에는 중앙집권적인 국가재분배 체제를 강화하면서 이 중간비용에 대해서도 통제가 가해졌다. 그러나 그 통제는 지방의 납부부담을 경감하는 방향으로 추진되었다. 17세기 이후로 수요물품 자체의 납부로 부담이 컸던 공납을 토지에 부과하면서 미(米)·포(布)·전(錢)으로 납부하게 함으로써 수송비용의 부담을 경감시켰다. 더구나 공납품 상납에 동원되는 요역(徭役) 부담과 수요기관이 공인(貢人)을 통해 시전(市廛)에서 수요물품을 조달하는 비용이 정규의 토지세인 '대동(大同)'에 포함되어 책정되었다 -토지세화가 납세자에게 유리할지 어떨지에 대해서는 논란의 여지가 있다-. 이 대동세 수입의 일부는 다시 지방관청의 상납 비용으로 할애되었다.

그런데 조선왕조는 재원이 국역으로 징수되거나 전국적 범위에서 요역이 일반화하여 시장의 물류를 대신했다는 점을 상기할 필요가 있다. 시장의 미발달 상황에서 대동법이 시행되었다는 점에 주의를 요한다는 것이다. 어쩌면 시장이 미발달했다기보다 국가의 재정운영상의 필요에 한하여 국가재원 수요를 위해 통제되는 시장을 형성했다고 해야 할지 모른다.

대동법은 대동세를 은(銀)이나 동전으로 일원화하지 않고 미곡과 포에 의존하여 중앙재정과 도성 주민의 수요에 대응하며, 기타 물품에 한해서 시장물류를 이용하고자 했던 것으로 이해된다. 대신에 현물의 수송비용은 시장에서 해결토록 전가되었지만, 시가보다 높은 공가의 책정으로 시장의 물류비가 상쇄되었다. 그것도 요역에 대신해서 공인과 시전에 역제(役制)를 적용하는 형태로 수요물품이 공급되었다.[40] 양적인 측면에서도 상납되거나 시장을 통하여 서울로 이입된 재화가 지방으로

---

40) 박기주, 「貢人에 대한 경제제도적 이해」, 이헌창 편, 『조선후기 재정과 시장: 경제체제론의 접근』, 서울대학교 출판문화원, 2010.

회수되지 않고 어떻게든 서울 시장에서 모두 소비될 물자들이라면 재정제도가 공납제에서 대동법으로 전환된다 하더라도 물류의 총량은 크게 변하지 않았을 것으로 보인다. 다만 재화의 수납과 수요물품 공급에 대한 통제를 통해 국가재분배의 재정시스템이 급격히 중앙집권화해 갔음을 확인할 뿐이다. 대동법은 공납의 중앙집권화임과 동시에 왕도의 시장을 집권적으로 통제하기 위한 수단이었다고 할 수도 있다.

17세기는 고려이후 발달해온 해외무역에 대해서도 폐쇄적 경향을 보일 뿐 아니라 국내의 시장도 중앙정부의 통제가 체계화된 듯이 여겨진다. 아직 현상을 뚜렷하게 파악할 수는 없으나, 시장 자체의 변화라는 측면에서 바라본다면 조선전기를 통하여 민간의 상업적 거래가 위축되고 재정의 중앙집권화 과정에서 더욱 억제되어 간 것은 아닐까 여겨진다는 것이다.[41] 집권적 재원의 출납도 모두 중앙재무기관으로 일원화되지는 않았는데, 이후 중앙재정에 대해서도 역제(役制)에 의거한 분산적 재원 징수가 존속한다. 이것은 재정의 중앙집권화 경향으로 인한 수송비용의 국가부담 증가를 피하려는 조치에 지나지 않는다.

조선왕조 재정시스템의 속성으로 역제를 제외할 수 없는 이유는 무엇인가? 역제란 국가의무에 기초한 노동력 동원으로, 노동력 재원의 납부자가 스스로 공공업무를 수행하는 것을 말한다. 원칙적으로 재정과정에서 발생하는 비용이 들지 않으며, 재정규모 확대를 억제하는 국가재분

---

41) 시장의 발달에 의한 경제통합을 주장하는 논지는 대동법을 상품화폐경제 발전의 단서를 제공하는 것으로 이해하는 기존의 연구시각과 어떻게 다른지 분명하지 않다. 定期市에 대해 날마다 돌아가면서 장이 서며 하루에 장을 볼 수 있는 정도로 시장이 발전한 측면을 언급하고 있으나, 당시 농촌의 생활수준으로 시장을 통한 소비를 일상적으로 할 필요도 없고, 또한 상설시가 아닌 이상, 정기시의 존재는 오히려 상품화폐경제 미발달의 증거라는 사실을 부정할 수 없다.

배의 한 방법이다. 오히려 역역(力役) 수행을 하는 개인에게 그의 결원에 따른 가계손실을 메우거나 부역 자원을 마련하기 위해 봉족(奉足)이나 보인(保人)이 주어졌다. 이것도 정역자에게 공공업무를 수행하기 위한 재원의 징수권이 배분된 것으로 이해할 수 있다. 조선왕조는 병농일치(兵農一致)의 중국 고대적 군제를 지속시켰는데,[42] 이것도 재정운영상으로는 중간비용을 절감하는 방안으로 이해할 수 있다.

한편, 각 수요기관의 납부 재원을 정액화한 위에 중앙재무기관을 거치지 않고 직접 납부토록 함으로써 수송비용의 증가를 억제했다. 육로를 통해 상납되는 지역에는 납부 세물의 품목을 동전으로 대납토록 하여 상납 비용을 경감하는 등, 중간비용의 지역적인 부담 경중을 조정하는 조치도 취하고 있었다. 상납 부담의 지역간 할당이 고르게 시행되도록 중앙정부가 항상적으로 개입해갔다. 조세 물류를 담당하는 시장에 대한 통제도 지속적으로 이루어졌다.

상납되는 중앙재정만이 아니라 주로 비정규의 재정에 기초하여 운영되는 지방재정의 경비도 공식화하는 경향을 띠었다. 토지재원의 파악과 징세실결의 결정에는 재지의 담당자에 의한 부가적 징수가 존재하고 있었다. 이 개별적인 재원획득이 지방관청 단위로 공식화되고 각 통치조직의 업무와 관련한 비용뿐만 아니라, 실무자 구성원의 수당으로 지급되는 회계로 바뀌어 갔다. 토지조사를 행하는 서원(書員)에 의해서 감추어진 '은결(隱結)'은 중앙재정수입이 감소하는 최대의 원인이었으므로, 중앙정부로부터 그에 대한 조사와 수색이 시도되었다. 따라서 일부 '은결'은 수세실결로 전환되었다. 그러나 지방 통치조직의 수요나 실무자 가족의 생

---

42) 李榮薰, 1993,「朝鮮前期·明代の戶籍についての比較史的檢討」, 中村哲編, 『東アジア專制國家と社會·經濟-比較史の視点から-』, 靑木書店.

계를 지탱해온 재정이었기 때문에 이것을 전부 몰수하지는 못하고 그것
에 대신해서 다른 재원으로 충당하도록 지방관청에 일임하였다.

지방관청은 이러한 일종의 재정권 분배로 말미암아 공정화된 국가재
원과 함께, 그 이외의 재원 출처를 스스로 확보해 가지 않으면 안 되었
다. 그것은 국가재정의 중앙집권화와 마찬가지로 지방 내부의 재원 총
량을 지방재정으로 집권화하는 방향으로 행해졌다. 지방재정은 지방관
청과 주민 사이에 재무를 공유하고 납세민 스스로가 납세조직을 형성함
으로써 성립되었다. 유동적인 인적 재원에 대해서도 납세자의 공동체적
인 이해관계에 근거하는 납부 방법이 공동납 등으로 개발되고 재원의
근거가 확실한 토지에 대하여 부가하는 지세화가 진행되었다. 19세기
전반에는 지방에 따라 모든 과세를 전결에 일괄 부과하는 '도결(都結)'
의 징수방법이 제기되기도 했다.

이러한 재무는 지방관청 산하의 각종 통치조직의 업무로 분배되어 지
방관청으로 통일되는 과정이 진행되었다. 그것은 중앙정부에 의한 재원
의 중앙집권화 방향에 순응하여 지방재정의 수요 증대에 대응하는 재원
확보 방법이었다. 지방재원의 공식화와 가능한 한의 정액화는 지방관청
스스로의 재정 일원화로 행해졌으며, 궁극적인 목표는 지방재정을 총괄
하는 재무조직을 형성하고 각종 통치조직으로 재원을 분배하는 것이었
다. 각종 통치 및 재무조직의 업무는 많은 부분 개별적인 노역 재원의
확보에 의존하고 있었지만, 재화로 징수하여 노동력을 고용하는 방향으
로 공식화하는 방향으로 지방재정 총괄이 진행되었다.

지방에서는 재원파악과 징수업무의 증가에 수반하여 지방관청산하의
재무기구가 창설되고 재무실무자의 증가를 가져왔으며, 그 유지비용의
증가가 요구되었다. 지방관청의 재무기구와 그 실무자인 향리들은 납세

자로부터 수요처에 이르는 재정과정을 대행하면서 부가적인 징수를 행
하고 지방재정운영상의 비축물자로 영리활동을 하여 스스로의 자금융
통을 실시했다. 이 과정에서 사적인 중간횡령의 우려도 증대하였다.

재정의 중앙집권화 과정에서 중간비용의 징수를 위임받은 수령과 향
리에게는 그러한 재정운영 상의 자율성을 보장받은 만큼, 자의적 운영
에 대한 경계도 심화되었지만, 결국 지방재정 책임자와 실무자의 도덕
성을 강조하는 데에 의지할 수밖에 없었다. 당시의 유교지식인과 관료
는 조선왕조 초기부터 선언되었던 중앙집권적 재정체계를 조선후기에
들어 더욱 더 현실화해가는 과정을 목격한 것으로 보인다. 중간비용에
대한 그들의 비판은 집권적 통치체제의 강화를 찬성하면서 중간비용을
둘러싼 수령과 향리를 비롯한 부세 납부 담당자들의 자의적 징수를 경
계한 것으로 이해된다.

재정의 중앙집권화는 전제국가 재정의 발달과정으로 이해되어왔다.
거기에는 각종 부세의 토지세화, 재원의 화폐화, 지방재원의 중앙화 등
을 들 수 있다. 조선왕조에서는 공납과 일부 요역을 지세화한 대동법,
군역부담의 반을 지세화한 균역법, 그리고 지세로 정액화한 각각의 재
원을 수납하고 분배하는 업무를 맡는 선혜청, 균역청 등, 중앙재무기관
의 창립이 이에 해당할 것이다. 지방재원의 중앙화는 단지 재원의 이동
을 말하는 것이 아니라 '비정규 재원의 정규화'를 포함하여 지방 소재의
중앙재원에 대한 중앙정부의 일률적인 파악과 처리가 가능해진 것을 말
한다.

그런데 조선왕조 재정에 국역체계와 그로부터 연유하는 부세가 여전
히 주요한 부분을 이루고 있었다. 단지 정규재원의 원액을 재확인하고
고착화시켜 중앙재정을 고정화하고 지방재정의 자율성을 묵인하며, 시

장의 물류를 국가가 주도하여 오히려 시장발달을 억제하는 것으로도 보
였다.

3. 지방재정 운영상의 대응; 납세조직의 활동 사례

1894년 7월1일에 군국기무처는 지방에 소재하는 군현을 비롯하여 감영 및 군영에 소속된 '서역군졸안부총액(胥役軍卒案附總額)'과 '각양상납명 목실수(各樣上納名目實數)', '각해공용지방사례(各該公用支放事例)'를 일 일이 성책(成册)하여 보고토록 했다.[43] 지방재정의 내역을 일괄적으로 파 악하고자 함이었는데, 1895년에 걸쳐 각 군현의 읍사례(邑事例)['신정사 례(新定事例)」]와 읍지(邑誌)가 감영에서 취합되어 중앙으로 보고되었 다.[44] 그와 동시에 7월12일 전국규모의 향회제도가 '향회설립(鄉會設立) 에 관한 것'으로 공포되었다.[45] 향회는 군단위 자치회로 각 면 대표로 구 성되고 이들에게 의결권이 부여되었다.

그해 8월에는 지방소재 상납 재원이 모두 전국의 재정을 총괄하는 탁 지아문으로 귀속됨을 공표하였는데, 그것은 토지[結錢]와 호구[戶布]에 대한 일원적인 파악을 동반했다. 우선 토지에 대해서는 8월27일, 궁방과 아문과 역의 둔토를 지세 대상인 실결총수에 포함시키도록 하는 '갑오 승총(甲午陞摠)'을 시행하였다. 이것은 지방재정의 토지수입 근간을 구 성하던 아록전(衙祿田), 관둔전(官屯田), 공수위전(公須位田) 등도 모두 수세실결로 승총됨을 의미한다. 숨겨진 지방재원의 출처인 제역촌(除役 村)도 응역하도록 하는 등, 지방재정을 중앙정부의 수중에 파악하고자

---

43) 『高宗實錄』, 고종31년 6월 28일. 손병규, 2005, 「갑오시기 재정개혁의 의미-조 선왕조 재정시스템의 관점에서-」, 『韓國史學報』제21호, 高麗史學會. 참조.

44) 金泰雄, 1997, 「開港前後~大韓帝國期의 地方財政改革 硏究」, 서울大學校 大學院 博士學位論文; 1999, 「朝鮮後期 邑事例의 系統과 活用」, 『古文書硏 究』15, 韓國古文書學會.

45) 손병규, 2005, 앞의 논문.

했다. 여기에 10월에는 조세수납을 화폐로 일원화하는 '결호전봉납장정 (結戸錢捧納章程)'을 공표하면서 향회의 향원들로 하여금 향리들을 대신해서 조세징수-면향원(面鄕貟)이 실시-와 지방재정 지출업무를 담당하게 했다. 향회를 자치체로서 인정하기보다는 지방재정의 중앙집권화에 이용하려 한 것이다.

지방재정의 중앙이전이 본격화하는 것은 1895년 9월에 군경비(郡經費)를 획정하여 지방경비를 중앙에서 배정하는 작업이 진행되면서부터다. 정부는 '각군세무장정(各郡稅務章程)'에 의거하여 각 군에 세무과를 설치하고 세무행정을 전담토록 했다. 세무행정을 중앙에서 일원화하여 지방의 독자적인 재정운영을 차단하려 한 것이다. 이에 반해 10월에는 '향회조규(鄕會條規)'를 제정하여 군수가 참가하는 군회(郡會)와 면집강 (面執綱)이 주관하는 면회(面會), 존위(尊位)가 주관하는 이회(里會)를 두어 군의 교육, 호적, 위생으로부터 제반 세목과 납세, 구휼에 이르는 제반 문제를 논의하게 했다. 이 또한 지방행정체계에 기존의 향리에 대신해서 향회를 흡수시켜 공공업무를 수행하게 하는 것일 뿐이었다.

갑오개혁 이후 대한제국기의 지방재정 개혁정책이 그대로 실현되지는 않았다. 특히 향리를 비롯한 관속들의 반발이 심했으며, 이들에 의한 지방경비의 추가적 징수가 지속되고 있었다. 중앙정부가 파악하는 지방재정의 액수는 기존의 반에 지나지 않았다.[46] 그러면 이들과 함께 지방관의 협의처로 존재해온 향회의 존재형태와 활동상황은 어떠했는가? 구례군의 사회조직 문서에는 1894년 갑오개혁이 시작되기 전부터 이미 면회와 동회(洞會)를 산하조직으로 하는 향회가 지방관의 지시에 의해 형

---

46) 김태웅, 『한국근대지방재정연구-지방재정의 개편과 지방행정의 변경-』, 아카넷, 2012.

성된 사례를 찾을 수 있다.[47)

1894년 12월에 전라감사가 각 군현에 전주에서 간행한「향약장정(鄕 約章程)」을 내렸다. 군현단위 향약조직을 재정비하여 동학에 대응하려 한 것이다.[48) 그런데 이미 그 전 1893년에 전라감사와 수령의 지시에 따 라 구례군 유생들이 모여 향약－봉성향약(鳳城鄕約)－을 실시하고 있었 다.[49) 전라도 내에 일률적으로 군현 단위의 향회를 결성해두고자 하는 기획이 그 전부터 진행되고 있었던 것이다. 더구나 구례군은 1893년 향 약이 실시될 때에 읍, 면, 동 단위로 군현 산하 행정조직을 망라하여 각 각 개별적인 향약을 결성하도록 했으며, 그것이 실현되고 있었음을 확 인할 수 있다.

1893년의 구례군 향약이 시도될 때에 구례군 토지면에는 면 단위의 향약이 곧바로 실현되었는데, 주목되는 점은 토지면은 이전부터 자치적 인 조직화의 시도를 경험하고 있었다는 것이다. 구례군 토지면에는 19 세기 초부터 면 단위의 군역운영 비용을 처리하기 위해 자치조직 형성 이 시도되고 1871년에는 군역가 부담을 동리에 할당하는 일이 수행되었 으며, 1887년에는 면을 단위로 하는 재정회계가 성립되어있음을 발견하 게 된다.

---

47) 이종범, 1994,「19세기말 20세기초 향촌사회구조와 조세제도의 개편－구례군 토지면 오미동「유씨가문서」분석－」, 연세대학교대학원 박사학위논문; 박석두, 『한말-일제초 농촌사회구조와 사회조직에 관한 연구－전남 구례군 토지면 오미 동 사례－』, 한국농촌경제연구원, 1996, 30～58쪽. 이에 대한 서술은 손병규, 2016,「18～19세기 지방재정운영에 있어 자율적 납세조직의 활동」,『韓國史學 報』65, 高麗史學會.의 일부에서 재인용되었다.

48)「鄕約章程」,『求禮郡 사회조직 문서; 1871～1935』, 한국농촌경제연구원, 1991.

49)「鳳城鄕約籍(爻周冊)」(1893),『求禮郡 사회조직 문서; 1871～1935』, 한국농촌 경제연구원, 1991.

「토지면약절목(土旨面約節目)」은 1814년에 중수된 면약인데, 면의 '상하노소(上下老少)'가 모두 모이는 것을 전제로 하며, 조직의 장-면수(面首)-과 임원-도정(都正), 부정(副正), 장의(掌議)-, 그리고 실무책임자로 '도유사(都有司)'와 '유사(有司)'등을 구성하고 있다.50) 그러나 이 면약의 중수자로 면수 유응한(柳應漢)의 이름만 올리고 있어 이 자의 개인적인 구상에 의거하는지도 모른다. 자치적인 형태로 면조직을 결성하고자 한 계기는 군현으로부터의 군역운영 비용이 할당된 데에 있었다. 그 서문에는 중수 이전인 1812년경에 현감 이억보(李億甫)가 각 면에 '군정사출전(軍丁査出錢)' 10량씩을 분급하여 취식해서 근 100량이 됨으로써 '면약(面約)'을 결성한다고 밝히고 있다. 19세기 초의 구례군에서는 군역자를 파악하는 '세초(歲抄)'의 업무가 산하의 행정면에 위임되어 면 단위의 군역운영이 시행되고 있었는데, 그 운영비의 자체적인 회계가 '면재정'의 형태로 운영될 필요가 있었던 것이다. 단지, 실제로 면 주민들의 자치적인 형태로 '면약' 조직이 결성되어 활동을 했는지는 명확치 않다.

18세기 중엽에 군역이 군현별 일정 액수로 정액(定額)되어 읍단위의 '군총(軍摠)'을 얻게 됨으로써 개별 군역자를 대상으로 군역 징발이나 군포 징수를 수행하는 일은 점차 의미를 잃어갔다. 번을 서는 정군(正軍)의 경우는 형식적으로라도 개별적인 징발이 계속되었지만,51) 19세기에는 호적 본문에 군역을 직역명으로 등재하는 자가 현격히 감소하여 중앙정부가 인지하는 직역자 통계-도이상(都已上), 이상(已上)-의 그것과 심한 괴리를 보인다.52) 특히 19세기에 군역징발에 대신하는 군포

---

50) 「土旨面約節目」(1814), 위의 『求禮郡 사회조직 문서』.
51) 「善山軍案」(동경대학문과대도서관 소장).
52) 손병규, 2001, 「戶籍大帳 職役欄의 軍役 기재와 '都已上'의 통계」, 『大東文化研究』39, 成均館大 大東文化研究院.

납부의 경우에는 개별 군보에게 일일이 징수되지 않는 경향이 있었다. 군현별 군총에 따른 군역가의 총액이 군현에 부과되고 그것이 군보의 거주지와 관계없이 산하 면리 행정단위로 할당이 되었던 것이다. 군역가의 할당은 위의 단성현과 같이 호적상의 면리별 호구수에 의거하는 방법이 있을 것인데, 이것이 19세기 후반 호구파악에 의거하여 군역가를 징수하는 '호포제(戶布制)' 실시의 전거가 된다.

1871년에 호포제 실시와 관련하여 구례현의 역종별 군액과 군역가를 제시하고 그 총량을 면별로 할당하는 「구례현각군정균포성책(求禮縣各軍丁均布成冊)」이 발송되었다.[53] 각 면에는 동리별로 '거지' '무의탁' '공용물품의 납부' 등을 이유로 호포를 질 수 없는 호를 가려내고 실호수에 따라 면의 역종별 부담을 호당 동일 액수로 분담하였다. 지방 군현의 군역 부담과 관련하여 면리단위의 할당이 이루어지고 그것에 상응하는 면약 조직의 결성이 종용되었던 것으로 보인다.

구례현에서 단순히 재원징수의 면리별 할당이 아니라 동 단위의 공유 전답을 보유하고 재정회계를 수행하는 사례를 1880년의 「오미동각공전유무본파정기(五美洞各公錢有無本播定記)」에서 발견할 수 있다.[54] 회계의 내용은 군역징수인 '기패(旗牌)' '영포(營砲)' '마관(馬關)' 등과 함께, 지방관아 땔감인 '소목(燒木)'과 노역동원인 민역(民役)을 덜어준다는 명목으로 지방재정을 보전하는 '보민(補民)', 재정보전을 위한 관아 출자의 '관혜구폐(官惠求弊)', 향교와 서원 수요인 '흥학전(興學錢)' 등등, 지방경비에 해당하는 것들이다. 이 재원들은 동 내부 각 호를 대상으로 하는 취식 운영과 매입한 동답(洞畓)의 수요로 충당되었다. 지방재정 충당을

---

53) 「求禮縣各軍丁均布成冊」(1871년 7월), 위의 『求禮郡 사회조직 문서』.
54) 「五美洞各公錢有無本播定記」, 위의 『求禮郡 사회조직 문서』.

위한 동 단위의 재원마련은 동계(洞契)의 자발성에 연원을 갖지만, 면리
별 할당에 대응하는 형태로 관례화한 감이 없지 않다.

구례현에서 면을 단위로 재정회계가 1887년에 진행된 사실을 「토지면
신구구재책(土旨面新舊鳩財冊; 1892년 2월)」에서 발견할 수 있다.55) 여기
서는 면단위의 '면전(面錢)' 확보가 호포전과 같은 군역부담의 충당과
관련되어 있음을 알 수 있다. 그러나 「토지면각공전배하도합책(土旨面
各公錢排下都合冊)」은 1890년부터 면 단위로 지방재정 수요인 공전(公
錢)에 대해서도 면단위로 어떻게 충당했는가를 기록하고 있다.56) 1892년
에는 면단위의 재정 운영을 위하여 '면수' 및 '존위'를 면내의 유력자로
선출하고 그들로 하여금 면행정 담당자인 '면임(面任)'을 선출, 그에게
사무를 시행토록 하는 운영체계를 세웠다. 그 해로부터 이들에 의한 '면
전'의 운영이 실현되고 있다.

이와 같은 과정에 힘입어, 1893년에 군현단위의 향회 결성이 지방관
의 주도하에 추진될 때에 '면회[면약회(面約會)]' 및 '동회[동약회(洞約
會)]'가 향회의 산하 기구로 재편되었다. 면회와 동회를 단위로 지방재정
수요에 대응하는 회계가 시행됨은 물론, 각각의 활동이 관가에 보고되
기에 이르렀다.57) 면약회의 다양한 공전 회계는 '광무개혁'이 시행되기
직전 1896년까지 활발하게 진행된 이후로 보이지 않는다. 다만 취식을
하던 면전의 운영만이 1904년까지 나타난다.

반면에 동회의 공전 회계는 호포(戶布), 사환미(社還米) 운영을 포함하
여 1909년까지 진행되었으며,58) 지방재정과 관련 없는 동네 자체의 상

---

55) 「土旨面新舊鳩財冊」(1892년 2월), 위의 『求禮郡 사회조직 문서』.
56) 「土旨面各公錢排下都合冊」, 위의 『求禮郡 사회조직 문서』.
57) 「土旨面鄕約籍」, 「土旨面鄕約任司案」, 「洞約讀法」, 「土旨面美洞鄕約錢邑
    面條播殖冊」등, 모두 1893년 작, 위의 『求禮郡 사회조직 문서』.

호부조 재원의 운영은 이후 1922년까지도 지속되었다.[59] 구례군 오미동
의 재정회계는 그 마을에 세거하던 문화류씨 일족이 주관해왔다. 문화
류씨 일족의 족계를 별도로 운영하면서, 오미동에 할당된 지방재정 보
전에 대응할 뿐 아니라 동 단위의 자치적 운영을 주도했던 것이다.[60] 여
기서 면회와 동회 활동의 지속성에서 보이는 차이는 자치적 전통의 차
이에서 유래한다고 할 수 있다. 면 단위 자치조직은 관측의 요구에 응하
여 생성되는 경험을 가지는 반면, 유력자의 주도와 그 영향력에 의지하
여 오래전부터 일상적으로 활동하던 동계 차원의 자치조직은 이후에도
지속성을 가지고 있었던 것이다.

---

58) 「戶布分配冊」(1907~1909년), 위의 『求禮郡 사회조직 문서』.
59) 「五美洞錢穀冊」(1916~1922년), 위의 『求禮郡 사회조직 문서』.
60) 「文化柳氏大宗契案」(1878년), 「文化柳氏重本券正案」(1913~1925년), 위의 『求
    禮郡 사회조직 문서』.

[보론 4] 국가재분배체제상의 '시장'에 대하여

조선왕조의 시장과 국가의 관계를 생각할 때에 먼저 자본주의의 자유시장과 자유무역에 대한 이론적 기초를 제공한 아담 스미스의 생각을 재고할 필요가 있다. 국가가 시장경제에 간섭하지 않는 자유 경쟁 상태에서도 '보이지 않는 손'에 의해 사회 질서가 유지·발전한다는 점이 아담 스미스가 생각하는 자본주의 인식의 전부는 아니기 때문이다. 아담 스미스는 개인의 이기심이 시장 경제의 잠재력을 최대화하지만, 그것이 무자비한 경쟁과 자신만의 이익 추구로 이루어져서는 안 된다고 생각한다.[61] 그것은 이기심이 아닌 타인에 대한 배려, 이타심에 의해 제어되는데, 단지 인간의 도덕심, 양심이라는 추상적이고 애매한 기준에 의거하는 것은 아니다. 사욕의 비합리적인 확대에 대한 대중의 분노, 즉 '공분'이 공적인 처벌의 근거가 되며, 그 처벌은 제도화되고 사법기구, 혹은 국가에 의해 시행된다.

자유시장의 핵심적인 기능은 상품 거래를 통한 소득의 고른 분배이다. 노동력을 팔아 상품을 생산하고 임금을 받은 노동자는 그 돈으로 다시 소비할 상품을 구매하여 자본가에게 이윤을 돌려주고 자본가는 그것을 다시 생산비에 투여함으로써 모두 소득을 고르게 나누어갖는 현장이 시장인 것이다. 그러나 이러한 시장의 기능은 무한한 경쟁과 독점으로 소득 불균등을 일으키고 양극화를 재촉하게 된다. 이러한 시장기능의 실패에 대해 국가적인 통제가 가해져서 재정운영을 통하여 소득이 재분배되기에 이른다. 따라서 시장과 재정은 상호 대립적인 관계에 있으면서도 소득 재분배라는 기능을 위해서는 상호 부조적인 역할을 할 수도 있다고 여겨지고 있다.

그러나 자본주의적 시장과 재정의 관계를 형성하기 이전 단계에서 이러한 상품화폐경제 시장이 미발달하고, 오히려 정부의 경제활동을 위하여 국가에 의해서 주도되는 경우를 상정할 수 있다. 국가재분배체제가 중심에서 작동하여 조

---

61) 아담 스미스 저, 유인호 역, 『국부론; An Inquriry into the Nature and Causes of the Wealth of Nations』, 동서문화사, 2008; 아담 스미스 저, 김광수 역, 『도덕감정론; The Theory of Moral Sentiments』, 한길사, 2016.

세물류를 위해 집권화함으로써, 며칠을 건너 정기적으로 열리는 민간의 시장은
납부할 세물을 마련하거나 기껏해야 생계와 관련된 생산자간의 물물교환을 중
심으로 문화적 의례를 갖추기 위한 수요와 약간의 생필품을 구매하는 데에 그
쳤다. 상기한 바와 같이, 민간에서 오히려 더 많은 물건들이 시장을 통하지 않
고 교환되는 소위 '선물경제'—혹은 '증답경제(贈答經濟)'—가 근간을 이루는
사회도 있다.

'선물경제'의 원리는 인류학자이자 사회학자인 마르셀 모스에 의해서 제안되
었다.[62] 이기적인 목적에 의한 '뇌물'과 구별하여, '선물'은 주는 쪽이나 받는 쪽
이나 즐거운 마음으로 주고받을 수 있다. 단지 주는 쪽에 대해 존경심을 가짐과
동시에 권위를 인정하게 되며, 그것 때문에 경쟁적으로 주는 쪽의 입장에 서려
고 한다. 선물에 대해서 등가로 즉시 답례를 한다면, 시장의 교환과 다를 바가
없어져서 한 번 주고받는 거래로 끝이 난다. 그러나 선물은 반드시 답례를 요하
지 않으며, 답례의 가치도 계산되지 않으므로 답례를 할 때에 그것은 다시 선물
이 된다. 이렇게 선물을 주고받는 순환이 계속되면서 서로 간에 유대관계도 긴
밀해진다.

단지 여기에는 사회적 규제가 작동하기도 한다. 서로 주고받는 사이에 이기
심이 발동하게 되면 그자는 도덕적으로 비난받고 사회로부터 소외될 수도 있
다. 사회적 경제적 위상이 높은 자들의 선물행위는 같은 계층이나 그러한 신분
으로 상승하기를 원하는 자들을 자극하여 선물을 베푸는 경쟁에 뛰어들게 하는
데, 선물의 정도에 따라 평가받기도 한다. 높은 수준으로 증대된 선물은 바로
'사치적 소비'가 되지만, 모두에게 분배될 때에는 존경이 남고 사회불평등의 양
극화가 저지될 수 있다. 선물의 사회화는 사회조직 내부의 상호 호혜를 통해 사
회보장적 기능을 가지게 되며, 상품을 무상으로 분배하는 국가의 복지에까지
이른다.

조선왕조는 전기부터 민간에서 시장을 통하지 않는 교환이 일반적으로 존재
했다.[63] 양반들의 서간문에는 친지와 교우들의 안부인사와 함께 그들 사이에 주

---

62) 마르셀 모스 저, 이상률 역, 『증여론; Essai sur le don』, 한길사, 2011.
63) 李成妊, 2001, 「16세기 李文楗家의 收入과 經濟活動」, 『國史館論叢』97, 國史

고반은 선물에 대해 기록이 보편화되어 있었다. 이러한 선물경제는 조선후기 서간문에도 지속적으로 발견된다. 양반관료층은 그들 사이의 네트워크를 통한 유대관계를 유지하려는 목적성이 있어서 '뇌물'과 구별하기 어려운 것이 현실이었으나 의례로서 관례화되어 시장을 통하지 않는 물류가 빈번하게 이루어졌다.

한성에 거주하는 양반관료는 지방의 수령으로 가는 자에게 그곳의 친지에게 선물을 전달해주도록 부탁했는데—칭념(稱念)— 관료사회의 유대관계 유지를 기하는 것이었다. 수령은 조력과 향리들의 실무능력과 함께 향촌사회에 거주하는 유력자 양반의 보좌와 향리들에 대한 감시 없이는 통치하기 어려웠으며, 지방관 근무의 업적에 근거하여 다시 중앙관료로 귀경할 때의 네트워크가 필요했다. 이것은 점차 관례화되어 실제로는 지방관아의 향리들이 신임 수령을 위해 지방재정에서 이 선물을 마련했으며, 일정 액수의 낮은 수준으로 고정되는 경향이 있었다. 지방재정 지출 부담을 최소화하여 의례를 지키는 선에서 '선물'이 '뇌물'과 같은 것으로 변질되는 것을 억제했던 것으로 이해된다.

조선후기의 선물경제는 양반들 사이의 교류에서 물품 교환과 접빈객(接賓客) 때의 대접과 전별금, 노잣돈 지급 등으로 지속될 뿐 아니라, 지역공동체 내부의 하민들에 대한 재화의 분배도 시행되었다. 양반으로서의 사회적 위상을 지키기 위해서는 '관혼상제(冠婚喪祭)'와 같은 양반문화의 의례를 '재화를 독식하여 베풀 줄 모르는 째째한 양반'이 되지 않을 정도로 모두 불러 성대히 치를 필요가 있었다. 상층신분의 경제력이 하향평준화되어 가는 가운데에서도 이러한 '사치적 소비'를 지속할 수밖에 없으며, 그것은 신분의 평등지향적인 현상에 일익을 담당했다. 성장하는 중하층민의 '양반지향적' 경향은 경쟁적으로 이러한 선물경제를 지속하도록 했다. 소농경영에 있어 농민 일반의 지역공동체적인 상호부조가 노동력이나 물력의 협동으로 이루어졌다. 이것도 상호호혜의 유대관계를 전제로 하는 일종의 선물경제여서 선물과 답례가 의례를 불비하여 '무례'한 경우에는 그 사회로부터 배척된다.

編纂委員會; 2004, 「조선 중기 양반관료의 '稱念'에 대하여」, 『朝鮮時代史學報』 29, 朝鮮時代史學會; 2005, 「16세기 양반사회의 '膳物經濟'」, 『韓國史研究』30, 韓國史研究會.

소농경영의 안정화를 위한 조선후기 재정제도의 핵심은 납부부담의 억제에 있다. 17세기에 전국으로 확대되어간 대동법은 각종 지방 특산물의 공납에 대신하여 미곡과 면포나 엽전으로 일괄 징수, 중앙으로 납부시키면서 조세물류를 위해 시장을 통제했다. 농민들을 공납을 위한 특정 세물의 채집, 제작, 운송에 동원하는 대신에 미곡 및 면화의 생산과 면포제작에 집중시키는 한편, 농민이 부담하던 유통비를 격감시키고 그것을 국역체계나 국가재정으로 감당했다.[64] 소농민에게 시장[오일장]은 생산자간의 물물교환이나 약간의 생필품 구매에 더해 납부할 세물을 마련하는 데에도 기능했을 것으로 여겨진다. 국가는 징수비율을 낮게 유지하고 사치적 소비를 억제하여 시장의 물류량을 최소화했다. 뿐만 아니라 조선왕조는 지방에 납부업무를 위임하여 국가재정지출을 최소화했던 것이다.

대동법 이후로 동전 사용이 증가했지만,[65] 그것은 미곡을 비롯한 조세현물을 절약하고 물류량을 억제하기 위해 동전으로 유통, 저장하고자 한 결과임이 제기되었으며, 민간에서는 현물의 가치환산으로 동전이 사용되는 사실도 확인되었다.[66] 엽전을 주조하기 위한 일본으로부터의 동 수입이 급격히 감소하였지만,[67] '국가지불수단'으로의 적정한 수준으로 동전량이 보유되면 되었다.[68] 동

---

64) 須川英德, 「市廛商人과 國家財政: 河合文庫 소장의 綿紬廛 文書를 중심으로」, 이헌창 편, 『조선후기 재정과 시장; 경제체제론의 접근』, 서울대출판문화원, 2010.
65) 정수환, 2007, 「17世紀 銅錢流通의 政策과 實態」, 한국학중앙연구원 한국학대학원 박사논문.
66) 김한빛, 2017, 「17세기 조선의 동전 통용정책과 활용양상」, 서울대학교 국사학과 석사논문.
67) 엽전 주조를 위한 왜관의 銅 수입과 그 운영에 대해서는 다음 논문들이 참조된다. 이효원, 2008, 「17세기후반~18세기 對日關係 研究―倭館을 통한 銅 輸入을 中心으로―」, 성균관대학교 동아시아학과 석사논문; 김경란, 2011, 「19세기 對日 公貿易의 추이와 倭銅의 운용」, 『大東文化研究』76, 대동문화연구원; 2009, 「조선후기 동래부의 公作米 운영실태와 그 성격」, 『역사와 현실』72, 한국역사연구회.
68) 김재호, 「조선후기 중앙재정과 銅錢 ―『賦役實摠』을 중심으로」, 이헌창 편, 2010, 앞의 책.

전만이 아니라 은(銀)의 유통이나 은광(銀鑛) 개발도 제한되었다.[69] 이는 무역에서 은으로 지급해주기를 원하는 중국의 요구를 피하고 조선이 중국의 은본위 경제에 편입되는 것을 꺼려한 때문으로 이해되고 있다. 은이나 동전을 이용한 시장유통이 조선왕조의 집권적 재정시스템을 견지하기 위해 오히려 통제, 억제되었음을 짐작할 수 있다. 현단계의 연구성과에서는 공인과 시전의 수요물품 교환 활동과 관련되지 않은 민간의 자유로운 시장, '사상(私商)'이 발달했다는 어떠한 구체적 증거도 제시되지 못했음도 지적되었다.[70]

시장과 관련하여 조선왕조에 대한 역사인식은 극단적으로 다음의 두 가지로 대비된다. 근대사회로의 전환에 있어 특히 조선후기를 사회경제 및 정치적 폐단이 극에 달하여 봉건적 체제가 해체되어가는 시기로 인식하는 시각이 여전히 역사학계에서 통용되고 있다. 상품화폐경제의 발달에 기초한 자본주의적 맹아가 전근대 경제체제의 붕괴와 근대사회로의 전환을 촉진한다는 것이다. 반면에 역사발전의 아시아적인 특질에 기초한 사회체제의 자기 변용이라는 관점이 제기되어 왔다. '군주제라는 특성에 기반을 둔 국가재분배의 경제체제'가 확인되고 있는 것이다. 중국과 한국의 전근대 왕조국가를 전제국가로 인식하는 것은 그것을 서구 봉건사회에 대조적인 구조로 이해하기 때문이다.

전제국가는 국가와 민 사이의 중간적 집단이 그 결집력의 약함으로 인해 방해 받지 않고 권력이 중앙으로 집중될 수 있는 통치체제를 말한다.[71] 동아시아 사회는 중국 고대사회부터 근대사회에 이르기까지 호적을 작성하여 최소단위의 사회집단인 가족을 일률적인 호구 형식으로 파악해 왔다.[72] 나아가 과거제

---

69) 권내현, 2014, 「17세기 후반~18세기 전반 조선의 은 유통」, 『歷史學報』221, 歷史學會; 2017, 「17-18세기 조선의 화폐 유통과 은」, 『민족문화연구』74, 고려대학교 민족문화연구원. 대한제국기에 은광 개발이 중앙정부에 의해서 일원적으로 관리되지 못한 상황과 대조된다.

70) 須川英德, 「시전상인과 국가재정: 가와이[河合]문고 소장의 綿紬廛 문서를 중심으로」, 이헌창편, 2010, 앞의 책.

71) 足立啓二, 『專制國家史論 - 中國史から世界史へ』, 栢書房, 1998. 第二章 專制國家と封建社會.

72) 손병규, 『호적, 1606~1923 호구기록으로 본 조선의 문화사』, 휴머니스트, 2007,

를 통한 공무원의 선발, 지방관을 통해 지방 주민에게 황권이 일률적으로 미칠 수 있는 군현제의 실시는 중간적 집단의 분권적 권력발휘를 약화시켰다. 뿐만 아니라 호구를 기반으로 하는 노역 및 재원의 징수로부터 공공업무 수행을 위한 재원의 분배와 호등(戶等)에 따른 구휼의 실시가 지방관을 통해서 '국가재분배'로 시행되고 있었다.

조선시대 국가재정도 전제주의적 경제활동으로써 소위 '국가재분배'에 운영 상의 목적이 있었으며, 그 자체가 하나의 경제체제로 시대적 특징을 갖는다. 전 제국가는 왕권이 미치는 모든 영역으로부터 중앙으로 권력이 집중되고 왕권 하에서 조직된 관료제를 통하여 권력이 실현되는 정치형태를 말한다. '국가재분 배'란 국가단위로 재원이 총괄적으로 파악되고 중앙정부의 인지 하에 일괄적으로 징수, 축적되며, 공공업무의 수행이나 농업재생산을 보장하기 위해 국가기관으로부터 민에 이르기까지 재원이 '재분배'되는 이념에 근거한 경제활동이다.

조선후기 재정시스템을 이상과 같은 국가재분배체제로 이해할 때, 시장과의 관련성을 어떻게 생각할 것인가? 국가재분배체제와 시장체제가 병립한다고 보는 기존의 연구들은 국가재정과 시장의 경제통합체제에 대한 이해방식, 그러한 국가재분배체제의 시장경제로의 전환의 시점과 그것에 대한 인식에 있어 논자에 따라 약간의 차이를 보인다.[73] 우선 경제통합방식이 시장 발달의 대세를 막지 못하고 타협책 모색의 결과로 재정비된 것인지,[74] 아니면 오히려 상인에 대한 의존을 극력 회피하고 국가재정의 운영을 위해 시장통제를 견지하거나 시장 발달을 억제해온 것인지, 견해가 서로 다르거나 불분명하다.[75]

Ⅳ호적의 변화와 가족, 5. 가족의 변화.

73) 이헌창편, 『조선후기 재정과 시장; 경제체제론의 접근』, 서울대출판문화원, 2010. 손병규, 2012, 「조선왕조 재정과 시장의 관계 재론」, 『경제사학』53, 경제사학회. 에서 이 책에 대해 비평한 바가 있다.

74) 이헌창, 「조선왕조의 경제총합체제와 그 변화에 관한 연구」, 이헌창편, 2010, 위의 책.

75) 대동법으로 인하여 한편에서는 재분배경제로부터 "재분배와 시장이란 양대 배분 체제로 통합된 경제"로 전환하였다고 보는 반면, 다른 한편에서는 재분배체제 가운데, 그 주도하에 물자조달을 위한 시장의 물류가 존재할 뿐으로, 조선왕조 국가 재분배 체제의 완성을 낳았다고 평가하는 것도 같은 맥락이다.

　여기에 조선왕조 재정과 명·청 재정과의 차이가 이 문제를 가늠할 수 있는 하나의 제시가 될 것이다. 명대는 재정에 기반한 물류로부터 시장에서의 물류에 기반한 재정으로 전환하는 시기라고 알려져 있다.[76] 중국은 일찍이 상업이 발달함으로써 염철(鹽鐵)의 전매, 공채(公債)나 기부금에 의한 재정운영 등, 재정이 시장에 의지하는 현상을 확인할 수도 있다. 그러나 지방에서 중앙으로의 원거리간 물류가 중앙재정과 관련하여 큰 역할을 했을지 몰라도 지방에서는 재정운영상의 요역동원이 지속적으로 시행되고, 증가하는 추세마저 보였다.[77]

　조선왕조의 경우는 재원이 국역으로 징수되거나 전국적 범위에서 요역이 일반화하여 시장의 물류를 대신했다. 조선전기에 양반들의 상행위가 발견되지만 언급했듯이 민간의 물류에는 시장을 통하지 않는 '선물경제'가 일반적이었다.[78] 그것은 또한 지방관을 통하여 지방재정의 일환으로 관례화되기까지 한다. 조선왕조는 중국에 비해 이러한 시장의 미발달 상황에서 중앙집권적 재정운영상의 필요에 따라 관주도적인 시장을 형성하고자 한 것이다. 따라서 시장물류를 위한 비용이 국가재정에서 지불되어야 했다. 역제(役制)의 일환으로 운영함으로써 재정지출을 억제하려했지만, 왕조 재정시스템의 집권화를 위한 비용이 증대하는 것을 막기는 어려웠을 것이다. 국가재정 규모 증대를 억제하면서 재정 중앙집권화를 완수하기 위한 방안이 지방관청의 재정운영권 보장에서 찾아졌다.

　재정의 중앙집권화는 전제국가 재정의 발달과정으로 이해되어왔다. 거기에는 각종 부세의 토지세화, 재원의 화폐화, 지방재원의 중앙화 등을 들 수 있다. 조선왕조에서는 공납과 일부 요역을 지세화한 대동법, 군역부담의 반을 지세화한 균역법, 그리고 지세로 정액화한 각각의 재원을 수납하고 분배하는 업무를 맡는 선혜청, 균역청 등, 중앙재무기관의 창립이 이에 해당할 것이다. 지방재원의 중앙화는 단지 재원의 이동을 말하는 것이 아니라 '비정규 재원의 정규화'를

76) 足立啓二, 1990, 「專制國家と財政·貨幣」, 中國史硏究會編, 『中國專制國家と社會統合:中國史像の再構成2』, 文理閣.

77) 岩井茂樹, 『中國近世財政史の硏究』, 京都大學學術出版會, 2004, 第八章 一條鞭法後の徭役問題.

78) 이성임, 2005, 「16세기 양반사회의 膳物經濟」, 『한국사연구』130, 한국사연구회.

포함하여 지방 소재의 중앙재원에 대한 중앙정부의 일률적인 파악과 처리가 가능해진 것을 말한다.

그렇다면 일찍부터 시장이 발달하고 재정에서 지세화와 화폐화의 진전이 빨랐던 명청(明淸)과 비교해서 조선왕조 재정은 전제국가 재정으로의 발달수준이 낮은 것일까? 반드시 그렇게만 판단할 수는 없다. 앞에서 이미 서술했듯이, 중국의 경우에도 요역 및 지방재정을 비롯한 비정규 재정부분의 병행, 정규 재정부분과의 이원적 구조 자체를 전제국가 재정의 특성으로 이해하는 견해가 제시된 바 있다.79) 국가권력기관들의 '관치분급주의(官治分權主義)'를 극복하기만 하면 전제국가 재정에서 중앙집권화의 마지막 단계를 넘어 곧바로 근대재정으로 전환될 수 있다는 중앙재정 중심의 이해80)와는 다른 측면이 제기된 것이다. 조선왕조 재정에 국역체계와 그로부터 연유하는 부세가 여전히 주요한 부분을 이루고 있는 것도 이러한 관점에서 이해될 수 있다.

단지 정규재원의 원액(元額)을 재확인하고 고착화시킨 점, 시장의 물류를 국가가 주도하여 오히려 시장발달을 억제하기까지 한다는 점이 중국의 경우와 다르며 상대적인 후진성으로 지적될 수 있다. 중앙재정을 고정화하고 지방재정의 자율성을 묵인하는 것은 중앙정부가 재원에 대한 현실적 파악능력의 한계를 드러낸 것으로 보이기 때문이다. 그러나 근대재정으로의 전환을 목적으로 하는 시각을 잠시 접어둔다면, 그것은 수준의 문제가 아니라 전제국가 재정의 하나의 다른 유형으로 이해하는 방안도 있다.

이 문제는 시장에 대한 이해의 연장선에서 국가재분배체제의 시장경제로의 전환 시점과 그것에 대한 인식과 관련되어 있다. 경제체제론으로 조선후기 재정과 시장 문제에 접근한 일련의 공동연구는 그 시점에 대해 여러 가지 관점을 제시한다.81) 이 연구에 따르면, 시장경제로의 전환, 즉 국가재분배체제의 붕괴

---

79) 岩井茂樹, 1994,「徭役と財政のあいだ-中國稅·役制度の歷史的理解にむけて」,『經濟經營論叢』第28卷第4號, 京都産業大學.

80) 足立啓二, 1990,「專制國家と財政·貨幣」, 中國史硏究會編,『中國專制國家と社會統合:中國史像の再構成2』, 文理閣, pp119~146.

81) 이헌창편,『조선후기 재정과 시장; 경제체제론의 접근』, 서울대출판문화원, 2010.

는 빠르게는 1860년대 말의 통화인플레이션, 혹은 1880년대 이후의 인플레이션과 국가재정 위기를 지적하기도 하나, 대체로 1894년 갑오개혁 이후를 결정적인 전환시기로 든다. 광범위하게 19세기 후반부터 20세기 초까지를 그러한 전환기로 상정하기도 한다. 한편 시장경제로의 전환보다는 그 이후 1900년대까지도 시장에 재분배체제의 관례가 사라지지 않고 있었다는 점에 주목한 연구가 논에 띤다.82) 시장의 전통적 관계가 식민지기를 거쳐 '20세기 후반기의 개발주의로 지속된다'고 하는 지적이 한국사의 '다양한 근대'를 생각하게 하기 때문이다.

그런데 위의 다양한 관점에도 불구하고 조선왕조의 경제체제에 대한 논의들이 결국 시장경제로의 전환으로 귀결되고 있다는 점은 공통된다. 자본주의 사회로 일원화되는 것이 세계사의 어쩔 수 없는 귀결일지 모르나, 상품화폐경제의 발달에 근거한 자본주의 사회의 시작부터 시장경제체제에 대한 의문점이 제기되어왔다는 점을 돌아봐야 한다. 근대경제학에서 재정은 '보이지 않는 손'에 의해 소득이 재분배된다는 시장의 기능이 실패한 것에 대한 '복지정책' 차원에서 거론된다. 시장에 국가권력을 개입시키고 시장과 재화물류에 대한 국가통제에 기초하여 부의 재분배가 이루어지는 것이다. 그러한 국가의 시장통제, 조세징수의 균등성 견지, 재화의 복지적 분배라고 하는, 경제적으로 비효율적인 정책이 조선왕조에 시행되고 있었고 19세기에도 계속 유지된 점을 상기할 필요가 있다.

가령 19세기 환곡운영의 실상이 국가재분배체제 붕괴의 증거로 거론될 수 있다. 환곡은 국가가 민에게 춘궁기에 곡물을 분급하고 추수후에 운영비조로 10%의 이자를 붙여서 회수하는 구휼정책의 일환이다. 주지하다시피 18세기말 이후 정해진 분급곡물 원곡(元穀)이 감소함에도 불구하고 회수되지 않는 환곡이 늘어나고, 분급된 본곡에 10%의 모곡(耗穀)을 더하는 복식이율 적용으로 장부는 허부화(虛簿化)하여 농가부채는 늘어만 갔다. 그러나 낮은 이율로 인하여, 혹은 구휼재원이라는 소비적 속성으로 인하여 환곡 분급의 요구는 이후에도 지속되었다.83) 19세기 중반 환곡의 '도덕경제적 이념에 입각한 재량적 규제체계'가 제

---

82) 須川英德, 「시전상인과 국가재정: 가와이[河合]문고 소장의 綿紬廛 문서를 중심으로」, 이헌창편, 2010, 앞의 책.

대로 작용하지 않아 환곡제도가 총체적 위기에 빠지게 되지만,[84] 환곡운영 등으로 발생한 지방재정의 적자 부분은 지방세 징수와 같이 지역주민에게 고르게 분담되었다.[85] 환곡운영의 불합리성이 확실해진 뒤에도 왕조가 끝날 때까지 환곡제도를 폐기하지 않았는데, 그것은 국가재분배의 재정목표를 파기할 수 없는 것과 같은 이유였다.

반드시 시장체제로의 근대적 전환을 지향하지는 않는다면 어떠한 관점이 가능할 것인가? 이 문제는 후술하듯이 전제국가의 중앙집권적 발달과정과 관련하여 오래전부터 진행되어 온 봉건제와 군현제(郡縣制)의 대비로부터 현대사회의 지방자치제에 이르기까지의 다양한 비판과도 무관하지 않다. 중앙정부의 지방통치를 직접적으로 실현하기 위해 실시된 군현제 하에서 오히려 각 지역의 행·재정상의 자율성, 내지 자치성이 확보될 수도 있다. 가령 행정구획이 확정되어 외적으로는 중앙 및 인근지역과의 재정적 거래관계가 안정화되고, 내적으로는 관할구역 내의 인적·물적 재원에 대한 관리를 지방관청이 총괄적으로 시행할 수 있게 되는 점이 그러하다.

그것은 향촌사회의 자치적 조직이 지방관청의 행·재정 업무에 협력하고 있다거나, 중앙재무기관에서 행해져야 할 재정업무의 일부를 지방관부나 해당지역 주민이 위임받았기 때문만은 아니다. '타율적 자치'라는 모순적 용어사용이 아니라 특권에 대한 통제가 일반의 자율성을 보장하는 것과 같은, 필요에 의해서 서로 존재를 인정하는 집권과 자치라는 말이다. 중앙집권과 지방분권이 상호 대립적 측면에서만 이해될 필요는 없다. 이것은 현대사회 지방자치제하의 지방재정의 자립이 중앙재정의 집권성과 반드시 배치되지만은 않는 것과도 관련된 문제다.

---

83) 文勇植, 『朝鮮後期 賑政과 還穀運營』, 경인문화사, 2000.

84) 박이택, 「17, 18세기 환곡에 대한 제도론적 접근: 재량적 규제체계의 역할을 중심으로」, 이헌창편, 2010, 앞의 책.

85) 慶尙道 丹城縣에서는 면리마다 戶數에 기준하여 '饒戶錢'을 징수하였는데(『句漏文案』), 환곡으로 인한 적자를 충당하기 위한 것이었다. 김건태, 2002, 「조선후기 호의 구조와 호정운영―단성호적을 중심으로」, 『大東文化研究』40, 대동문화연구원. 참조.

동아시아사회는 오래전부터 전제주의의 중앙집권적 재정체제를 지향했으며, 그것은 서구 근대적 경제체제와는 다른 방법을 구사해왔다. 그 가운데 조선왕조의 재분배체제는 재정의 분권적인 자치성이 용인되는 중앙집권화를 견지한다는 특성을 거론할 수 있다. 조선왕조 재분배체제는 '절용이애인(節用而愛人)'이라는 유교 이념을 표방하는 절약적 긴축재정 위에서 성립하였다. 그러한 조선왕조 건국기의 재정이념에 입각하여 재정규모의 확대를 최대한 억제하는 방법으로 재정의 중앙집권화가 진행되었다. 일종의 '안민(安民)' 이념이 이렇게 국가적 차원에서 집권적으로 일어나는 것은 관료제나 군현제만큼이나 혁신적이다.[86] 다만, '안민'을 위한 '절용'은 국가와 사회 스스로가 도덕적으로 지켜야 할 명분이었으며, 반드시 조선사회에서 현실적으로 근면성에 기초한 농업생산의 증대가 실현되는 것만을 말하는 것은 아니다.

국가재분배체제는 시장의 소득재분배 기능의 실패로 인한 독점, 비도덕적 이윤추구, 사회공익의 훼손 등으로 연결되는 것을 막기 위해 국가가 시장에 적극적으로 개입하는 사회복지적 재정체계와 유사한 지향성을 가지고 있다. 거기에는 사회집단을 위한 개인의 희생, 의무수행과 함께, 공동체 내부의 재분배, 즉 집단 이익이 개인의 이익으로 전화될 것이라는 신뢰가 전제된다. 이제 조선왕조에서 경험한, 개인의 이익보다 공동체의 재원배분을 우선시하는 행동과 그러한 시스템은 개인에게 도덕성과 집단주의적인 획일성을 강요하는 근대적 속성과 어떻게 다른지에 대해 고민할 필요가 있다. 예를 들어 칼 폴라니가 제안한 '사회적 경제'의 사고방식이 조선왕조 재정시스템상의 시장에 대해 이해하고 한국의 현대 및 미래의 대안을 생각하는 데에 유효할 수 있다.[87]

---

86) 관료제가 갖는 '근대적 선진성'에만 그치지 않는, 무언가의 전통적 운영방안이 갖는 혁신성이 거론될 수도 있다고 본다. 조선시대의 근대적 선진성에 대해서는 김재호, 1997, 「甲午改革이후 近代的 財政制度의 形成過程에 관한 硏究」, 서울대학교 박사학위논문. 참조.

87) 정승진, 2016, 「폴라니(K. Polanyi)의 복합사회론- 한국사 연구에 대한 몇 가지 단상 -」, 『역사와 담론』80, 호서사학회.

제5장

중앙집권적 재정시스템의 성패

1. 갑오개혁의 재정사적 의의

전라도 영암(靈光) 지역의 '민장(民狀)'을 분석한 연구에 따르면, 1870
~2년의 6,612건 소송 가운데 부세갈등에 관한 것이 2,224건－33.6%－으
로 가장 많고, 경제적 다툼이 2064건－31.2%－로 다음을 차지한다.[1] 부
세와 경제에 관한 이 두 부류의 문제가 사회적 다툼, 청원(請願), 보고
등의 기타 문제들보다 월등히 많은 비중을 차지한다. 민장에서 제기되
는 부세문제는 전정(田政), 군정(軍政), 환정(還政)의 삼정(三政)과 호역
(戶役), 잡역세, 간리횡침(奸吏橫侵), 거납(拒納), 족징(族徵) 등을 포괄한
다. 경제적 다툼은 토지소송, 산송(山訟), 경작소송, 채송(債松), 수쟁(水
爭)등을 포함한다.

부세문제 가운데 군역가 징수를 위시한 군정문제가 615건, 구폐전(救
弊錢), 각종 역가와 같은 지방경비와 관련된 잡역세가 426건 순으로 많
다. 그리고 호단위의 요역인 호역도 213건이나 되는데, 잡역세의 한 종
류라 할 수 있다. 결세(結稅)나 재감(災減)과 같은 전정문제는 282건이었
다. 말하자면 부세가 토지세화하는 경향에도 불구하고 여전히 주로 호
구파악에 기초하는 군역, 호역, 잡역 등, 지방재정 운영상의 문제가 갈등
을 불러오는 최대의 원인이 되었던 셈이다. 그런데 갑오·광무개혁을 거
치고 난 이후 1897년에 같은 영광지역의 민장 679건 가운데 부세갈등은
112건－16.5%－, 경제적 다툼은 343건－50.5%－으로 1870년대에 비교해
서 경제적 다툼이 증가하는 대신에 부세갈등은 상대적으로 감소했다.
갑오·광무개혁은 지방재정 운영과 관련된 부세문제에 대해 어떠한 개

---

1) 정승진, 『韓國近世地域經濟史; 全羅道 靈光郡 一帶의 事例』, 경인문화사,
    2003, 「사회적 모순의 제양상; 영광 『民狀置簿册』의 분석」.

혁을 감행한 것인가?2)

1894년 동학농민전쟁을 빌미로 청과 일본의 군대가 조선에 들어오고 일본국특명전권공사 오오토리 케이스케[大鳥奎介; 원래는 '圭']가 내정개혁을 요구하는 상황에서도 조선정부는 관제개혁을 주체적으로 시행하고자 노력하고 있었다.3) 이러한 과정에서 6월25일 군국기무처를 설치하면서부터 시작된 첫 번째 재정개혁은 중앙관제로서 전국의 재정을 총괄하는 탁지아문(度支衙門)의 설치였다.4) 이어서 중앙 각사의 관원·이서 및 재정상황의 조사, 지방소재 행정, 군사기관의 재정상황 조사, 아직 지불하지 않은 각관리록과(各官吏祿科)·각공가(各貢價)의 실수 조사, 각 도의 각양 부세·군보 등 일체의 상납 곡물 및 포목의 화폐납[代錢], 공전(公錢)의 획급을 위한 은행의 설립, 도량형 개정과 신식화폐장정의 공표5) 등등, 개혁의 주요 골자가 근 이 주만에 일거에 제기되었다. 이후 이와 관련된 재정개혁들이 1895년에 이르기까지 지속되었다.

세물의 상납시기에 즈음해서 중앙재무기관인 탁지아문은 각도에 지방소재 상납 재원이 모두 탁지아문에 귀속됨을 알렸다.6) 도내 각읍이

---

2) 이하는 손병규, 2005,「갑오시기 재정개혁의 의미-조선왕조 재정시스템의 관점에서-」『한국사학보』21, 고려사학회.를 재구성하였다.

3) 김태웅, 1997,「개항전후～대한제국기의 지방재정개혁 연구」, 서울대학교 박사학위논문, 3장 갑오개혁기 지방재정개혁안과 지방제도개혁.

4)『日省錄』고종31년 6월28일.

5)『日省錄』고종31년 6월29일; 7월1일; 7월4일; 7월10일; 7월11일.

6) "나라의 모든 재부가 탁지아문에 속하니 도내각읍의 소납은 신식에 따라 수납하라".『公文編案』5, 1894년8월6일 함경도에. "신구미수 미태전목포는 내년부터 탁지아문에 상납하라".『公文編案』5, 1894년8월6일 전라도. "호조가 이제 탁지아문으로 이름을 바꾸니 나라의 재부는 모두 본아문에 속한다. 도내 각읍에서 납부하는 각아문 신구 미수 미태전목포는 모두 본아문에 납부하되 내년부터는 신정식에 따를 것이다. 신식화폐를 구식화폐에 맞추어 시행하고 각국 은화도 함께 행용하

여러 국가기관에 분산적으로 상납하던 재원은 모두 탁지아문에 상납하
며, 누적된 미수(未收) 상납물은 내년부터 탁지아문으로 상납하라는 것
이다. 그런데 상납 재원에 대한 일원적인 수납은 그 재원의 출처가 되는
토지와 호구에 대한 일원적인 파악을 동반한다.

　우선 궁방·아문·역의 둔토에 대해서는 우선 둔토의 소재지와 결수 등
을 조사하게 하고[7] 그 둔토를 지세 대상인 실결총수에 포함시키도록 하
는 '갑오승총(甲午陞摠)'을 시행하였다.[8] 국고수입으로의 조세 대상에서
벗어나 있던 토지들이 모두 국가재원으로 파악되고 수조권이 탁지아문
으로 귀속된 것이다.[9] 둔토의 지세는 둔토 소재지인 지방관청에서 감관
을 별정하여 수취하였는데, 이외에도 소유지로서 소작수입은 궁방전은
해당 궁방의 궁예(宮隸)가 수취하나 아문둔토는 탁지아문이 둔감을 파
견하여 수취토록 하였다.[10]

　그런데 둔토에는 현실적으로 소유권이 불분명한 경우가 많아 궁방·아

　　다 등의 관을 받음". 『公文編案』5, 1894년9월1일 황해도; 『公文編案』5, 1894년9
　　월8일 경상도.

7) 『公文編案』5, 1894년 8월15일 함경도에.

8) 『官報』1894년8월27일.

9) 여기에는 토지 자체가 부여되거나(궁방이 매입하여 조세가 면제된 제1종 유토면
　　세지, 영작궁둔) 수조권만이 주어진 토지(민유지 위에 설정된 제2종 유토면세지),
　　수조권 대상지가 3, 4년마다 바뀌는 토지(무토면세지. 관에서 징세하여 각궁에 수
　　납함)가 모두 포함된다. 이 문제에 관해서는 宮嶋博史, 『朝鮮土地調査事業史
　　の硏究』, 東京大學東洋文化硏究所報告, 1991, 第四章 光武年間の量田事業
　　と國有地問題. 참조.

10) "둔토수세를 신정식에 따라 모두 탁지아문에 직납할 것인지에 대해 경기감영 소
　　관 둔토는 당연히 그대로 경기감영에 속한다고 답함". 『公文編案』5, 1894년10월
　　3일 경기도에. "각종 유토면세는 내사, 각궁, 각영, 각사를 막론하고 유토결은 모
　　두 승총하여 출세할 것. 각종 복호는 결전 중 절반을 上下할 것". 『公文編案』5,
　　1894년11월8일 충청도에.

문과 민간 사이에 분쟁이 발생하고 있었다. 정치권력에 입각한 수조권적 토지지배가 사라지고 모두 같은 지세수취지로 바뀌면서 둔민이 둔전을 사유지라 주장하여 소작납부를 거부하는 경우가 발생했다.11) 여기에는 주로 소유권 분쟁에 소재지 관청이 개입하는 경우가 많았다. 민결의 결전은 1결당 30량인데 둔토인 경우는 그 반에도 미치지 못하므로, 지방관청은 민결로 수세하여 그 여분을 경비로 사용하고자 했기 때문이다.12)

토지에 대한 지세 징수권이 부여되거나 유용할 수 있는 권리를 궁방 및 개별 국가기관으로부터 중앙재무기관으로 이전하는 것은 재정권 자

---

11) 이러한 사례를 들면 다음과 같다. "재령으로 간 둔감관의 보고에 의하면, 둔민이 순영의 新節目과 감결을 얻어 私庄이라하여 행패를 부려 수확할 수 없다고 한다. 그 둔토는 공토임이 분명하다. 모든 둔토를 탁지아문에 소속키로 한 결정에 따라 순영과는 아무런 관계가 없다". 『公文編案』5, 1894년9월5일 황해도에. "둔토는 별정감색이 양안을 조사하여 정확하게 수세하고 파원을 기다려 조치하라는 관칙이 있었는데, 광주부에서 수어둔은 자기 소관이라 하여 원주와 횡성에 있는 둔토에 둔감을 파견하여 해당 읍과 마찰을 빚고 있다. 題; 그대로 해영에서 수봉토록 할 것". 『公文編案』5, 1894년9월17일 강원도에. "각역의 위전은 공전인데 사토로 팔린 경우가 많으므로 경작자 성명과 면적을 조사보고함". 『公文編案』5, 1894년11월18일 경기도. "용동궁의 둔토를 절수기간한 작인들이 무토를 칭하고 납부를 거부함. 題; 국세는 승총하나 용동궁에서 도조를 받는 것은 당연하다고 작인에게 알릴 것". 『公文編案』10, 1895년6월9일 錦山. 주로 궁방아문의 소유지로 확인하고 있으나 둔세를 폐지하고 민결로 확정한 경우도 있다. "둔세를 폐지하고 민결과 같이 매결 30량씩 수납함". 『公文編案』11, 1895년9월10일 狼川郡에.

12) "둔감관의 수확에 대해 순영에서 감관을 차송하여 방해하는데 아무 관계없는 감영이 왜 그러는지 모르겠다. 京監을 捉囚했다고 하니 이는 필시 吏校輩의 奸弄이다". 『公文編案』5, 1894년9월9일, 14일 과천현에. "시흥현 소재 양향청 둔토의 마름을 吏廳에 부속시켜 부족한 경비를 마련해 왔는데 이제 탁지아문에 승총되어 어려움이 많으니 전례에 따르게 해달라". 『公文編案』5, 1894년9월14일 경기도. "교동부 吏奴등이 둔에서 거두는 세결을 이용하게 해주기를 호소하니 부사에게 신칙하여 그대로 하라". 『公文編案』5, 1894년12월16일 경기도에.

체의 배분을 부정하고 국고를 통한 재원의 배분으로 일원화됨을 의미한
다. 또한 모든 성격의 경작지가 지세 대상지로 파악되는 데에 힘입어 은
결(隱結)과 같이 정치권력에 의해 수세실결로 파악되지 않던 토지를 신
결(新結)로 파악해가는 정책을 진행시켰다.[13]

다음으로 호구에 대해서는 1894년 6월에 탁지아문(度支衙門)을 설치
하기에 앞서, 그달 13일에 의정부는 호적법을 구례대로 다시 새울 것을
고종에게 제의한 바 있다.[14] 중앙정부는 현실적인 호구파악이 구례의
호적법에 근거하여 시행되지 못한다고 인식하고 조선왕조가 법제로서
재확인해 온 호구파악의 원칙을 그대로 적용시키는 것이 당시 호구정책
의 최선이라고 여겼던 것이다. 그러한 인식에 기초하여 1895년 10월에
내부대신(內部大臣) 유길준(兪吉濬)은 내각총리대신(內閣總理大臣) 김홍
집(金弘集)에게 '향약규정급향회조규청의서(鄕約規程及鄕會條規請議書)'
를 제출하였다.[15]

여기서 그는 향회를 리단위까지의 자치조직으로 구성하여 스스로 호
구와 산업을 조사토록 할 것을 제안하였는데, 그 세목은 첫째, 종래에
정액화된 원호수가 얼마이던지 간에 실제의 수치로서 호를 파악할 것,
둘째로 인구는 '고용(雇傭)' 및 '기구(寄口)' 한 사람이라도 놓치지 말 것,
셋째로 지방관청의 '공역(公役)'은 각 면의 호수에 준하여 동원하고 면
의 공역은 각 리의 호수에 준하여, 동리의 역은 각호의 장정 수에 준할

---

13) "稅簿에 기록되어 있지 않은 結들을 1894년부터 올리도록 각읍에 지시하라". 『公
    文編案』9, 1895년3월11일 畿營.
14) 『高宗實錄』 고종31년 6월13일. 갑오·광무시기 호구정책에 관해서는 손병규,
    2005, 「대한제국기의 호구정책-단성 배양리와 제주 덕수리의 사례」, 『대동문화연
    구』49, 대동문화연구원. 참조.
15) 『內部請議書』2(奎17721), 二百五號 請議書, 開國五百四年十月十六日.

것 등이었다.

호구는 지방관아가 자체적으로 조사하고, 중앙에 보고되는 호구수는 일정액수로 한정되는 것이 관례였다. 갑오시기에는 호세 수취를 중앙재무기관이 일률적으로 파악하게 됨으로써 지방의 총호수를 최대한으로 확보하려 하였던 것이다. 1896년 9월에 반포된 '호구조사규칙(戶口調査規則)'과 곧이어 반포된 '호구조사세칙(戶口調査細則)'은 이를 위한 호구 파악의 원칙을 더욱 상세히 천명한 것이다.[16] 그러나 이후 전국규모의 호수는 오히려 그 이전보다 낮은 수준에서 파악되는 데에 그쳤다.[17]

상납 재원에 대한 일원적인 파악은 조선왕조 재정의 지향점이기도 하였다. 그러나 지방재정의 자율성을 무시하는 일원화는 역작용을 불러왔다. 징수업무를 수행하기 위해서 상당한 재정권이 보장되던 지방재정이 재정권 확보의 정당성을 잃어갔던 것이다. 상납이 탁지아문으로 일원화 되면서 지방경비의 자율적 조달이 어려워졌음을 호소하는 경우도 있었다. 진위(振威) 현령은 "경장 이후 본현의 상납이 탁지아문에 속하게 되어 1895년부터 영문에서 획하한 순변(巡弁), 순졸(巡卒)의 삭료전(朔料錢)을 마련할 길이 없다"[18]고 호소하였다. 탁지아문은 지방재정이 비상시에 사용하려고 비축해둔 재원[不恒費]에서 충당할 것을 권했다.

다음으로 부세, 군보등 일체의 상납 물품을 화폐로 환산[代錢]하는 것은 수세 대상을 토지와 호에 집중시켜 각각 결전과 호포전으로 징수하

---

16) 建陽 元年(1896년) 9월1일에 勅令 第61號로 戶口調査規則이 발령되었으며(『官報』건양원년 9월1일), 戶口調査細則은 그해 9월3일에 반포되었다(『官報』건양원년 9월8일).

17) 손병규, 2005, 「대한제국기의 호구정책-단성 배양리와 제주 덕수리의 사례」, 『대동문화연구』49, 대동문화연구원.

18) 『公文編案』5, 1894년12월30일 경기도에.

는 방법과 병행되었다.[19] 특히 부세의 지세화는 각급 국가기관의 개별 분산적인 징수권을 제한하고 중앙재무기관에 의한 일원적인 재원의 수취·배분을 지향하는 것이었다. 조세 금납화는 지방으로부터 각 기관에 분산적으로 행해지던 상납물품의 납부를 탁지아문이라는 중앙재무기관으로 일원화하여 재정 중앙집권화의 최종 단계에 접근하는 방안이었다.

그런데 중앙정부는 대전납이 민의 납세부담을 경감한다는 인식하고 있으나 이러한 상납 물품의 대전을 반대하고 본래 정해진 바대로의 현물, 즉 '본색(本色)'으로 납부하기를 원하는 경우가 있었다. 황해도는 결전 1결당 30량 정도는 벼 1석에 15량정도로 책정된 것인데, 상납시에 1석 6, 7량을 하며 추수후에는 더욱 떨어질 경우에는 대전이 어렵다고 탁지아문에 호소하고 있다.[20] 현물가가 대전 책정가 보다 낮은 경우이나, 당오전이 아니라 엽전으로 납부하는 것이 부담이 된다고 호소하는 경우도 있었다. 이미 금납을 시행하고 있으면서 물가의 상승경향에 따라 엽전보다 5배나 헐한 당오전으로 계산하여 납부하다가 모두 엽전으로 납부하게 되어 부담이 커졌다는 것이다.[21] 이에 대해서 정부는 대전가의

---

19) "결가 책정은 경기도부터 시작하며 모든 회계를 탁지아문에서 의정한 신식으로 시행한다". 『公文編案』5, 1894년8월26일 경기도에. "結戶錢捧納章程을 보냄". 『公文編案』5, 1894년9월9일 경기도에. "육운 및 출미읍은 매결 30량, 산군은 25량, 양주와 고양은 陵寢所在邑이니 특별히 20량으로 減定한다".『公文編案』5, 1894년9월24일 경기도에.

20) 『公文編案』5, 1894년10월6일 황해도에. 또한 예로 경상도는 거창, 함양, 산청, 안의 등은 군포를 마포로 상납하는 것으로서 매필 2량씩 수봉하는 것인데 이제 목가의 예에 따라 매필 6량으로 하면 3배가 되어 문제가 있다고 하였다(『公文編案』5, 1894년11월5일 경상도).

21) "당오전이 아니라 엽전으로 수봉하면 5배 가봉하는 것이 된다. 題; 20문을 1량으로 하는 것은 당오전을 행용하면서 잘못된 사례이다. 당오전이라는 이름을 없애려고 하는 것이니 엽전으로 수봉할 것". 『公文編案』5, 1894년10월6일 황해도.

책정은 본래 부가적 징수를 포함하는 것으로 정세의 실제수가 아님을
이해시키고[22], 대전납이 휼민의 뜻으로 시행하는 것이니 민이 원하는대
로 하도록 융통성을 보였다.[23]

조세 금납화 경향은 납부부담의 경감이라는 차원에서 진행되어 왔다.
특히 현물로 납부할 때보다 재원의 파악·징수·수송·납부에 이르는 재
무비용 부담이 경감될 수 있었다. 상납 물품의 대전에는 부가적 수취 부
분이 함께 계산되어 있으나 그에 더해서 가렴할 수 있는 여지가 줄어들
었으며 궁극적으로는 부가적 수취도 최소화할 수 있다고 보았다.[24] 부

"음죽현감의 보고에 의하면, 戸布를 당오전으로 수봉하였는데 이제 엽전으로 계
산하여 상납하면 5배로 늘어서 곤란하다 함". 『公文編案』5, 1894년12월15일 경
기도. "4개 고을 진자로 사용한 당오전을 충당하기 휘해 강원도 미수 공전 중 엽
전 4000량을 당오전 20000량으로 하여 해읍에 이획. 당오 환전 34000여량은 탁지
아문에 수송한 후 각 고을의 환총 중에서 計減하라". 『公文編案』5, 1894년9월11
일 강원도에.

22) "영저읍, 작목읍의 결가 25량은 전과 비교해서 늘어난 듯하지만 경장 이전의 官
需米 등 각종 부가세를 합한 것으로 상납의 실수가 아니다. 민서의 불만이 없도
록 할 것". 『公文編案』5, 1894년11월5일 경상도.

23) "쌀이든 돈이든 민원에 따라 시행하라". 『公文編案』2, 1894년12월8일 大興郡;
1894년11월17일 온양군; 1894년12월25일 沔川郡에. "부세를 대전으로 수봉하는
것은 휼민을 위함인데 쌀로 납부하기 원하는 읍은 편한대로 시행하라)". 『公文編
案』5, 1894년12월13일 전라도에.

24) "10월부터 포보는 매필 7량, 군보는 매필 6량, 장악원의 교서원은 매필 5량으로
하고 情費와 駄價는 절대 가렴하지 말며 태가는 아예 제하라". 『公文編案』5,
1894년10월14일 경상도에. "金川 거민의 소장에 의하면, 해읍이 구습에서 벗어나
지 못하고 가렴을 행하여 1결 45량까지 排斂한다하니 이는 부당하다". 『公文編
案』5, 1894년12월27일 황해도에. "인천부에서 결전 매결 30량 정가 외에 분작이
라는 명목으로 1결에서 거두는 것이 40량이 넘는다고 하는데 잡비를 징렴하는 것
은 국법에 없는 것이니 해읍의 수리를 탁지아문으로 이송하고 엄하게 조사하라".
『公文編案』5, 1894년11월24일 경기도에. "公作米 명목은 거론치 말고 모두 元

세의 현물 상납으로 인한 부가적 징수를 최소화하여야 징수업무 수행을
빌미로한 지방관청의 자의적인 재정권 발휘를 제어할 수 있었다.

중앙정부는 재정부족의 원인을 부세의 불납(不納)과 재원의 포흠에
있다고 보고 그 근원은 무엇보다 방백 수령의 지나친 재정지출[加下]에
있다고 보았다.[25] 포흠이라 하는 것은 사적인 횡령일 수도 있으나 지방
재정 운영상의 재정적자를 메우지 못했을 때 발생하기도 한다. 특히 19
세기 지방재정운영에는 지방관청의 역할 증대로 인해 재정지출이 증대
하고 있었다. 중앙정부는 이것을 자의적인 운영으로 보고 먼저 감사와
수령의 가하조를 모두 조사해 보고하도록 하고 공곡을 유용한 자를 엄
징토록 했다.[26] 일찍이 동학농민전쟁의 발발 계기가 된 고부군수 조병
갑의 범포에 대해 징봉한 것은 이러한 조치의 상징적 의미를 갖는다.[27]
그와 함께 탁지아문에서 상납의 미납과 범포를 조사하기 위하여 주사
(主事)를 지방에 보내 순회시켰다.[28]

賦稅例에 따라 출미 정가 輸納하라". 『公文編案』5, 1894년10월14일 경상도에.
"연일현 북면 8동의 염민의 호소, 元定 경세와 읍세 이외에 1871년, 1883년, 1884
년에 각각 잡세가 신설되어 감당하기 어렵다고 하니 이를 영구히 혁파하고 보고
하라".『公文編案』5, 1894년12월20일 경상도에. "각종 잡세를 혁파하라했는데 도
내 북어세를 본영에 소속시켜 軍需로 삼고 각읍이 이를 빙자하여 어민을 침색하
니 본영의 군수 이외는 모두 탁지아문으로 수납하고 횡렴치 말 것".『公文編案』
5, 12월1일 남병영. "경장후 결가가 감정되고 횡령잡세의 폐가 혁파되었는데도 잡
세를 받는다는 민의 소가 있다".『公文編案』11, 1895년4월12일 淮陽. "新令을
따르지 않는 호포 외의 무명징렴을 혁파하라".『公文編案』11, 1895년5월27일 홍
천에.

25) 『公文編案』5, 1894년9월5일 경기도에.
26) "연천 下吏의 소장에 의하면, 그의 포흠 2만여량중 전관이 가하하고 갚지 않은
    공전이 6,618량 있음".『公文編案』9, 1895년2월10일 畿營.
27) 『公文編案』5, 1894년8월19일 충청도.
28) 『公文編案』5, 1894년9월9일 전라도; 1894년12월6일 충청도.

중앙정부는 재원에 대한 개별 국가기관의 징수·수납권을 중앙재무기
관에 집중시킴과 더불어 지방에 소재하는 국가재원의 전반적인 파악이
가능해졌다. 나아가 조선 재정에서 필연적인 지방재정의 자율적 운영을
제어하여 궁극적인 재정의 중앙집권화를 바라볼 수 있었다. 중앙정부는
지방에 소재하는 재원과 지방경비의 운영을 파악하기 위해서 1894년 8
월에 전국적으로 읍사례를 새롭게 작성하여 「신정사례(新定事例)」로 보
고토록 하였다.

현존하는 「신정사례」는 중앙에서 제시된 정례가 있음에도 불구하고
지역마다 조금씩 다른데,29) 그 형식과 구성에서 다음과 같은 측면을 찾
아볼 수 있다.30) 첫째는 지방에서 개별적으로 작성된 읍사례에서 보는
지방관청 산하 통치조직별 회계정리와 『부역실총』을 전형적인 예로 하
는 재원의 납부처별 구분[秩]이 함께 짜여져 있다.31) 둘째로 재원의 근
거가 별도의 항목으로 설정되어 있으며 토지재원에는 면부세결, 면세갑
오승총을 포함한 모든 재원을 망라하는 경우가 있다. 셋째로 읍 산하 통
치조직들의 경비지출이 몇 개의 항목으로 합산되어 있다.

이러한 형식의 일부는 19세기에 전국·도단위로 작성되는 사례에서도
찾아 볼 수 있으나, 갑오개혁에 이르기까지 진행되어 온 재정의 중앙집
권적인 수준과 함께 지방재정의 통일적 파악을 읽을 수 있다. 이것은 이
전의 읍사례에서 보듯이 통치조직마다 관리·징수를 담당하는 재원이

---

29) "기영신정사례에 대해 구실을 바칠 때 비공식적으로 이원에게 잡비를 주는 것을
폐지하는 등의 수정 사항을 보내니 각읍의 거행 상황을 보고하라". 『公文編案』9,
1895년2월24일 畿營.

30) 김태웅, 1995, 「갑오개혁기 전국 읍사례편찬과 신정사례의 마련」, 『국사관논총』
제66집, 국사편찬위원회.

31) 김태웅, 1999, 「조선후기 읍사례의 계통과 활용」, 『고문서연구』15, 한국고문서학회.

분산되어 있으면서 주요 재원이 하나의 재무조직에 의해 통괄되어 가는 경향의 결과적인 표현이다.

1895년 9월에 군경비를 획정하여 지방경비를 중앙에서 배정하는 작업이 진행되었다.[32] 여기서 주목되는 것은 이 작업이 동년 3월에 과세·징세업무를 일괄적으로 수행하고자 도에 설치되었던 관세사(官稅司)와 각 읍의 징세서(徵稅署)·부세소(賦稅所)를 폐지하고, 세무를 각군수가 주임(主任)하며 단지 세무 감독을 위해 세무사찰관 주사가 파견되는 징세체제의 변경[33]을 동반하였다는 점이다. 군수의 관장 하에 세무서를 설치하고 세무주사 1인을 두게 했다.

3월에 설치된 징세기구는 중간단계의 관세사가 있으나 지방재무조직이 중앙정부와 직결되는 체제였다. 기왕의 향리로 구성된 재무조직을 온존시킨 위에 상납재원이 중앙재무기관으로 납입되는 것이다. 중앙재정 내부의 분산적 재정권이 일원화된 상태에서 상납재원의 납부가 일원화되는 단계의 조치라고 할 수 있다. 그에 반해 변경된 세무체제는 지방관청 산하 통치조직의 분산적 재무를 세무주사 1인에게 통폐합하면서 징수권이 읍단위의 장인 군수에게 다시 돌아가는 형태를 띠었다. 지방재정 내부의 분산적 재무를 일원화하지 않고는 국가재정의 중앙집권화가 어려움을 겪었기 때문이다.

이미 8월에 각읍에 이속된 각 섬의 세납 처리 방침을 지시하는 훈령을 내어[34] 각도와 각읍 간의 재원 이속을 청산, 정리하는 작업이 진행되었다. 지방재정 내부의 복잡한 거래가 다수의 세무 인원을 필요로 하고

---

32) 김태웅, 1997, 「개항전후~대한제국기의 지방재정개혁 연구」, 서울대학교 박사학위논문, 3장 갑오개혁기 지방재정개혁안과 지방제도개혁.
33) 『公文編案』12, 1895년 9월 20일, 탁지부에서 각부로.
34) 『公文編案』12, 1985년 8월 2일 탁지부에서 나주부·전주부·남원부로.

있었으며, 지방경비의 절감을 방해하고 있었다. 세무기구의 단일화는 지방재정 경비의 절감이라는 효과를 노릴 수 있었다. 당시까지 면리단위로 자진 납세가 이루어지고 있었는데, 4월에 발표된 '수세조규(收入條規)'로 그러한 납세조직을 공식적으로 인정하고 세무에 활용함으로써 관청의 재무 인원과 비용의 절감에 대신하려 했다고 할 수 있다.

즉, 군경비의 중앙 획정은 재정지출을 지방재정단위까지 중앙이 담당하여 세무기구를 최소화하면서 지방관청의 징수권 보유와 지방자치적 운영이라는 종래의 형태를 유지시킨 것이다.

2. 대한제국기의 호구정책이 말하는 것

중앙정부는 18세기 말의 『호구총수(戶口總數)』에서 보는 바와 같이 각지의 호적대장에 '도이상'조나 면별 '이상'조로 기재된 호구통계를 수합하여 전국규모로 호구수를 파악하고 있었다.[35] 중앙의 인구조사는 호적작성을 통하여 지방에서 시행되는 호구파악에 전적으로 의지하고 있었다. 따라서 누호(漏戶), 누구(漏口)는 물론, 호구통계의 허위기재에 대해서 가혹한 처벌규정을 제시하여 자의적인 호구파악을 경계하였다. 그러나 지방의 현실은 그 지역의 호구총수를 적정선에 두고 그로부터 감소하지 않도록 하는 데에 만족하고 있었다.

주지하다시피 19세기 초 이후 전국 호구수는 18세기 말보다 하향하여 19세기 말에 이르기까지 거의 일정한 수준을 유지하였다.[36] 이 시기의 호적에 대한 연구는 호적대장 본문의 호구성이 조선전기의 이상적 호구형태로 일률화하는 경향이 있으며, 호구 통계인 '도이상(都已上)'조에서도 개별인구의 직역별 통계수치가 매 식년마다 고정되었음을 지적한 바 있다.[37] 중앙정부 차원의 고착적 호구정책이 호적대장의 형식화를 초래하였던 것이다.

그러나 삼정문란을 죄목으로 하는 19세기 후반의 농민운동과 그에 대응한 호포제 등의 개선책 실시에 이르러서 전국규모의 호구수도 변동하기 시작했다. 1870~80년대의 전국규모 호구수의 변화는 구수에서보다

---

35) 『戶口總數』(1789년 편찬), 서울대학교 규장각 영인, 1996.
36) 김건태, 2002, 「조선후기 호적대장의 인구기재 양상」, 『역사와 현실』45, 한국역사연구회.
37) 손병규, 2001, 「호적대장 직역란의 군역 기재와 도이상의 통계」, 『대동문화연구』 39, 대동문화연구원.

호수에서 상대적인 요동을 나타내었다. 김건태는 18세기 중엽 이후 이 시기에 이르기까지 전국규모 호구수로부터 산출한 호당구수가 4.1~4.2로 거의 균일한 수치를 보인다는 사실을 제시하고 호당구수가 호구편성의 하나의 기준이 되었음을 지적한 바 있다.[38] 그런데 1879년부터 1890년대 사이에 호당구수는 이 수준으로부터 하락하거나 다시 회복하는 반복을 거듭하고 있어 호구조사가 불안정하게 되는 당시의 상황을 그대로 표출하고 있다.

그런데 이 수치는 전국 각지의 호구수를 통합한 것으로 각 지역마다 호구수의 변화는 다양했음을 인식할 필요가 있다. 전국 호구총수 자료를 확보할 수 있는 연도에 지방의 호구수를 보여주는 곳은 제주도 대정현 각 지역의 호적중초이다. 정진영은 조선시대 호의 편제 원리를 설명하기 위해서 19세기 제주도 하모슬리와 하원리의 호구수 변화를 제시한 바 있다.[39] 여기서는 제주도 덕수리의 호구수 변화를 전국규모 호구수의 변화와 비교해보도록 하자.

19세기 초부터 호당구수 4.2~4.3명을 유지하며 전국 호구수와 호당구수가 고정화되어 이러한 현상이 1870년대까지 지속되었다. 제주도의 덕수리도 1806년에는 호당구수 4.2를 기록하며 전국적 일반성을 가지나, 이후로 호수는 광무시기 직전까지 고정적인 반면, 구수는 19세기 중엽까지 두배로 증가하여 호당구수가 7명에 이른다. 제주도는 19세기 전반기를 통하여 이미 호총에 비해 구총을 월등히 많이 확보해왔던 것이다.[40] 한편, 단성 8개면의 경우에는 1820년대와 1860년대에 호당구수가

---

38) 김건태, 2002, 「조선후기 호의 구조와 호정운영」, 『대동문화연구』40, 대동문화연구원.

39) 정진영, 2002, 「조선후기 호적 호의 편제와 성격」, 『대동문화연구』40, 대동문화연구원. 하모슬리와 하원리의 호구수 변화는 덕수리의 호구수 변화와 대동소이하다.

모두 4.0명으로 전국규모의 호당구수와 크게 차이가 없다.

또한 전국의 호수가 등락하면서 호당구수가 3.4명, 3.7명으로 하락하는 경우가 보이는 1880년대 전후에 단성의 6개면은 호구수가 동시에 감소하는 좀 다른 현상을 보이나, 호당구수는 3.6명으로 전국규모의 변동에 동행하고 있다.41) 이에 비해 덕수리의 경우에는 19세기 중엽의 호구수 및 호당구수의 수준을 광무시기 직전까지 지속적으로 유지하였다. 제주도는 전국규모의 호구수 변동에 영향을 받지 않고 지방 나름대로의 관례대로 호적을 작성해갔다고 할 수 있다. 호적이 제대로 보고되지 않고, 호적에 기재되는 인구수를 그대로 둔 상태에서 호수를 증가시키려는 시도가 각지에서 벌어지고 있었으나, 그것이 전국 일률적인 현상은 아니었던 것이다.

이 시기 전국 호구수의 변화는 지방의 호구파악 상황에 전적으로 흔들리는 취약한 구조를 가지고 있음을 의미한다. 이 시기는 호구파악에 대한 중앙정부의 대책을 일깨워줄 수 있는 시기였다고 할 수 있다. 그러나 중앙정부가 전국적인 범위에서 호구정책이 소홀함을 인식하는 것은 갑오농민전쟁을 경험한 뒤이다.42)

1894년 6월25일에 군국기무처를 설치하고 중앙관제로서 전국의 재정을 총괄하는 탁지아문을 설치하기에 앞서,43) 그달 13일에 의정부는 호

---

40) 정진영은 제주도가 높은 직역부담이 존재하는 대신에 호역의 부담을 낮추어 책정한 것으로 이해하고 있다. 이것은 제주도가 관방이라는 지역적 특수성에서 기인하는 것이다(정진영, 2002, 위의 논문). 그러나 호역부담을 낮춘 것인지에 대해서는 재고의 여지가 있다.

41) 1880년대의 단성현 호적은 8개면 가운데 6개면의 중초로만 남아있는데, 6개면 전체의 호수는 1,292호, 구수는 4,655명이다.

42) "17日에는 東徒 數千名이 靈光郡에 突入하여 軍器庫에 불지르고 戶籍을 태워버리며 郡衙를 破碎하고 還去하였는데, ...". 『承政院日記』高宗 31年 4月 24日.

적법을 구례대로 다시 새울 것을 고종에게 제의하였다.

> "호적을 식년(式年)마다 반드시 고쳐 작성하는 것은 백성의 수를 알고
> 나라의 근본을 소중히 하기 때문인데 근래에 호적법이 해이되어 이 해도
> 벌써 절반이 지나갔으나 아직 일제히 올라오지 않았다고 하니 나라의 규율
> 로 보아 매우 해괴한 일입니다. 이제부터는 중앙과 지방의 호적을 『대전회
> 통(大典會通)』에 실려있는 그대로 실지대로 작성하여 보고하게 하여 옛 규
> 례를 거듭 강조하도록 각별히 엄하게 신칙하는 것이 어떻겠습니까."44)

중앙정부는 현실적인 호구파악이 구례의 호적법에 근거하여 시행되
지 못한다고 인식하고 조선왕조가 법제로서 재확인해 온 호구파악의 원
칙을 그대로 적용시키는 것이 당시 호구정책의 최선이라고 여겼던 것이
다. 이러한 인식은 갑오개혁기의 재정정책에서도 관철되고 있었다.45)

실제로 전국 호구총수의 급격한 변화는 대한제국이 성립하는 1897년
과 통감부 시기가 시작하는 1906년에 나타난다. 앞 시기에는 호당구수와
함께 전국 호구수가 감소하고 이후로 호당구수를 18세기 중엽이후로 예
년대로 일정하게 유지하면서 그 수준을 유지하다가 뒷 시기에 양자 모
두 유례없이 격증하고 있다. 앞 시기의 변화는 1896년 9월에 반포된 칙
령(勅令) 제61호의 '호구조사규칙'과 곧이어 반포된 '세칙'에 영향을 받
았으며,46) 뒷 시기의 변화는 1906년의 '관세관관제(管稅官官制)'의 제정
에서 시작하여 국가재원의 근거를 현실적으로 파악하고자하는 시도에

---

43) 『日省錄』고종31년 6월28일.
44) 『高宗實錄』 고종31년 6월13일.
45) 손병규, 「대한제국의 재정, 그 이념적 굴절에 대하여」, 서중석편, 『새로운 질서를
    향한 제국 질서의 해체-역사-』, 청어람미디어, 2004.
46) 『官報』 건양원년 9월1일, 『官報』 건양원년 9월8일.

제5장 중앙집권적 재정시스템의 성패 257

영향을 받은 듯하다.47)

1896년에 반포된 '호구조사규칙'에는 "원호(原戶)를 은닉하여 누적(漏籍)하거나 원적(原籍) 내의 인구를 고의로 누탈(漏脫)하는" 행위를 처벌하겠다고 하고, 나아가 '호구조사세칙'에는 "호주의 부모·형제·자손이라도 각호에 분거하여 호적이 별유(別有)한 때에는 해당 호적내에 기재치 말아 인구가 첩재(疊載)치 않게" 하라고 하여 실제의 인구들을 모두 호적의 호구로 기재해야 할 듯이 말하고 있으나, 이것은 조선왕조를 통해 줄곧 강조되어온 호적작성의 원칙론이었다.

그러나 구래의 호구편성 관례로 본다면, '호구조사규칙'의 언급은 실제의 인구를 모두 호적에 등재하라는 말이 아니라 '호적대장에 오를 수 있을만한 자들에 대해 호를 구성하여 호적에 등재치 않거나, 호적에 올리더라도 호당구수를 맞출 수 있는 적정선의 인구구성을 하지 않는 행위' 이상으로 이해되지 않았다. '호구조사세칙'의 분호 규정은 1870~80년대에 경험한 바와 같이 호당 구수를 줄이는 데에 역할을 하였다. 더구나 이러한 과정에서 제주지역과 달리 호구수가 모두 줄어드는 현상이 각지의 호구파악에서 대세를 이루고 있었다.

지방관청은 중앙으로부터 새로운 규정이 적용될 때에는 항상 낮은 수준에서 재원의 양을 책정해두는 것이 현명한 일임을 오랜 경험을 통하여 익혀왔다. 또한 갑오개혁 이후, 지방재정을 중앙으로 일원화하려는 시도에 대해 지방사회는 갈등을 일으키고 있었다. 그 갈등은 무엇보다도 중앙재무기관이 토지와 호구를 일률적으로 파악하고 결호전(結戶錢)으로 수취를 일원화하는 재원의 중앙집권화에 있었다. 특히 호구는 읍재정 운영을 위하여 부과할 수 있는 가장 주요한 재원이었으나, 이제 중

47) 『官報』 광무 10년 9월28일.

앙재무기관으로 이관해야 할 상납재원에 지나지 않았으며, 호수의 증가
는 바로 호세의 증가로 이어질 수 있었다.

1897년 당시 예안지역의 호구파악은 지방사회의 자치조직인 향회가
주도하고 있었다. 1896년 가을에 시작된 새로운 호구조사가 이듬해에도
지속되었는데, 새로운 호구파악과 함께 호구에 대한 과세문제가 동시에
거론되고 있었다. 이만도(李晚燾)는 『향산일기(響山日記)』에서 1897년 6
월4일조에 다음과 같이 말하고 있다.

> "향회에서 듣건대 호전을 배분하는 것이 많으면 매호마다 9량이나 된
> 다 하니 도대체 무슨 명목인지 모르겠다. 새로운 법이라고 말하면서 백성
> 을 부리는 것이 이와 같으니 술렁이는 민심을 어찌하려나".48)

그러나 호전 책정에 대한 우려는 그해 9월8일의 향회에서 조금 완화
된 듯하다. 즉, 새로운 호구조사에 따라 파악된 신호가 1100여호에 이르
는데, 호전 배분은 구래의 호구수인 402호로 시행하여 일년에 매호 9량
식만 내면되는 것으로 결정이 났던 것이다.49)

1897년의 호구조사로 파악된 신호가 모두 중앙으로 보고되지는 않은
듯하다.50) 그러나 지역에 따라서는 호수가 두 배 이상 증가하는 곳도 드

---

48) "聞鄕會, 每戶排錢, 多至九兩, 未知何名色也, 以謂新法, 欲以使民者, 又如
   是, 嗷嗷民情, 奈何". 李晚燾, 『響山日記』, 국사편찬위원회 영인, 1985, 1897년
   6월4일조.

49) "鄕會, 新戶一千一百餘戶, 以舊戶四百二戶施行, 每戶九兩式, 一年應納耳".
   李晚燾, 『響山日記』, 국사편찬위원회 영인, 1985, 1897년 9월8일조. 손병규,
   2005, 「대한제국기의 호적정책 -丹城 培養里와 濟州 德修里의 사례-」, 『大東文
   化硏究』49, 대동문화연구원.에서 재인용.

50) 조석곤은 순창의 사례를 들어 광무시기 호포전 납입시의 호구수는 구호적(특히 18
   세기 중엽)에 기초하고 있으며, 중앙에서 설정한 호수는 실제 지방에서 파악한 호

[표 1] 1897년과 1899년의 전국 도별 호구수 및 증감율 　　　　단위(호/명)

지명	1897년			1899년			증감율	
	호수(A)	구수(a)	a/A	호수(B)	구수(b)	b/A	호수	구수
漢城府5署	45,350	219,815	4.8	44,329	205,906	4.6	-2.3%	-6.3%
京畿	167,230	644,230	3.9	168,415	654,749	3.9	0.7%	1.6%
忠淸北道	72,313	269,702	3.7	73,517	272,473	3.7	1.7%	1.0%
忠淸南道	114,793	386,927	3.4	116,996	396,846	3.4	1.9%	2.6%
全羅北道	97,815	340,122	3.5	98,164	341,668	3.5	0.4%	0.5%
全羅南道	104,918	36,6090	3.5	111,187	395,867	3.6	6.0%	8.1%
慶尙北道	149,950	549,813	3.7	152,998	579,353	3.8	2.0%	5.4%
慶尙南道	126,970	461,032	3.6	128,545	466,966	3.6	1.2%	1.3%
黃海道	93,550	335,515	3.6	93,225	342,123	3.7	-0.3%	2.0%
平安南道	96,406	367,241	3.8	98,832	372,899	3.8	2.5%	1.5%
平安北道	86,888	357,192	4.1	90,858	370,138	4.1	4.6%	3.6%
江原道	75,853	254,100	3.3	77,388	260,861	3.4	2.0%	2.7%
咸鏡南道	59,074	385,452	6.5	59,298	412,993	7.0	0.4%	7.1%
咸鏡北道	41,187	250,797	6.1	43,772	268,059	6.1	6.3%	6.9%
總計	133,2501	5,198,248	3.9	1,357,037	5,340,901	3.9	1.8%	2.7%

* 출전 : 1897년은 독립신문 광무원년 12월16일자, 1899년은 독립신문 5월16일자.

문 일은 아니었던 것 같다. 제주지역은 이 때에 이미 확보된 많은 구수를 현상유지하면서 구호적보다 두 배가 넘는 호수를 확보하였다. 제주도의 이러한 호수 진행은 타 지역과 다른 제주지역의 특성으로 말미암은 듯하다.

1987년 당시의 호구조사를 도별로 살펴보면 호당구수가 지역마다 다양함을 알 수 있다([표 1]). 여기서 주목되는 것은 함경남북도와 한성부가 전국평균을 훨씬 웃도는 호당구수를 보이며 평안북도가 다소 많은 호당구수를 나타낸다는 점이다. 호당구수가 많다는 점은 1897년 직전까지의

수와 다름을 지적하였다. 조석곤, 1990, 「광무년간의 호정운영체계에 관한 소고」, 김홍식외, 『대한제국기의 토지제도』, 민음사.

제주지역에서도 볼 수 있었다. 물론 제주도는 1897년에 기왕의 구수를 유지한 채로 호수가 급증하여 호당구수가 전국규모의 호당구수로 떨어지지만, 여전히 호당구수가 많은 지역이 있었던 것이다. 호수에 비해 구수가 많이 확보되었던 이러한 지역의 공통된 특징은 무엇인가? 이들 지역은 바로 부세 가운데 토지세의 비중이 적은 지역이었다는 점이다.

제주도는 토지세를 징수하기 어려운 대신에 호구에 대한 수취가 발달된 지역이었다. 특히 환곡운영이나 군역면제에 대응한 수취 등이 호수와 구수의 확보에 기초하여 시행되었다.[51] 또한 호구에 대한 이러한 과세에는 호적과 통기(統記)가 이용되었다. 그런데 '요호전(饒戶錢)'을 수취함에 있어 호마다 부담 액수가 일정했던 단성의 경우와는 달리,[52] 제주도는 호마다 구수의 크기에 따라 차등을 두는 호등제로 부세운영이 실시되기도 했다.[53] 제주도에 호등제가 실시된 기록은 구수를 이전의 두 배로 확보해 가는 19세기 중엽까지 나타나며 두 배의 구수가 고정되는 그 이후로는 호등의 기록이 보이지 않는다.

제주도에서는 호구수취를 위하여 호등제와 구총의 확보라는 호구파악 방법을 구사하고 있었다. 이에 대한 더 구체적인 천착이 필요하나 여기서는 호구파악 방법이 지역에 따라 시기에 따라 다양하였다는 점, 그리고 그것은 중앙정부에 의한 일원적 호구 파악과는 별도로 지방에서 주도하는 호구운영이 존재했기 때문이라는 점만을 확인해 둔다.

---

51) 허원영, 2007, 「19세기 후반 제주 호구중초에 등재된 호의 경제적 성격: 제주도 대정현 사계리의 사례를 중심으로-」, 『古文書硏究』30, 한국고문서학회.
52) 김건태, 2002, 「조선 후기 호의 구조와 호정운영-단성호적을 중심으로」, 『大東文化硏究』40, 대동문화연구원.
53) 허원영, 2007, 「19세기 후반 제주 호구중초에 등재된 호의 경제적 성격: 제주도 대정현 사계리의 사례를 중심으로-」, 『古文書硏究』30, 한국고문서학회.

그런데 1897년에 제주지역은 호수의 고정적 유지와 구수 파악의 강화에 근거한 기존의 호구파악으로부터 일거에 호수의 증가를 가져왔다. 이것은 호로 일원화된 중앙정부의 호세 수취에 대응하여 호구파악을 호수의 파악으로 일원화한 것이라 할 수 있다. 제주지역은 이미 19세기 초에 비해 두 배 이상의 구수를 확보한 상태여서 호당 구수를 전국의 평균적 수치에 맞추어 호구를 편성하여도 호수를 충분히 확보할 수 있었던 것이다.

1897년 이후 제주지역은 이렇게 증가된 호수 수준에 기초하여 1905년에 이르기까지 호수가 점감하는 현상을 보이고 있다. 이것은 1897년에 급락한 전국의 호구수가 1905년에 이르기까지 회복하지 못하는 추세에 부응한 현상이었다.[54] 그러나 이 광무시기의 호구파악 현상도 전국이 일률적이지는 않았다.

1897년으로부터 2년 뒤인 1899년의 호구조사에서 도별 호구수의 증감율을 계산해보면, 한성부에서는 호구수가 모두 감소하였으나, 함경도와 평안북도는 여전히 높은 수준으로 호구수가 증가하였다. 그러나 그러한 증가는 도내 여러 지역의 종합적 결과이고 지역마다 또 다른 현상이 전개되었다. 1898년 평안북도의 보고에 의하면 도내 21군 가운데 6군은 호구가 감소한 것으로 보고되고 있다.[55] 중앙정부는 이러한 호구감소가 여러 해 거듭되면 그 지역 수령에게 벌금을 물리고 수령을 그만둔 뒤에도 추징하는 등 호구증가를 위한 노력을 지속시켰다.[56]

---

54) 전국 호구총수의 호당구수가 3.9명으로 저하되었다가 1900년대에 들어 다시 4.1명으로 회복되는 데에 맞추어 덕수리의 호당구수는 3.1로 저하되었다가 이후 1900년대 전반기를 통해 4.0까지 회복되어 갔다(손병규, 2005, 「대한제국기의 호구정책-단성 배양리와 제주 덕수리의 사례」, 『대동문화연구』49, 대동문화연구원).

55) 『外各府郡公牒摘要』(奎18022), 내부 판적국 편, 平安北道 光武二年七月十五日.

그러나 같은 해에 함경남도의 삼수와 갑산은 호구수가 점차 늘고 있으나 궁박하여 구휼을 해야하는 지역이므로 이전의 호구수대로 응역하도록 하였다. 갑산은 원호 수가 3,947호이나 호역 응역호는 전대로 2,000호로 하고, 삼수는 원호가 1,119호이나 응역호는 전대로 700호로 시행함을 보고하였다.[57] 이런 보고는 다음해에도 그대로 시행되어 1905년까지 똑 같은 형태로 지속되었다.[58]

한편, 1899년 당시 전국 도별 호구수를 보도하는 독립신문은 "한국이 이천만 동포라고 하는데 조사된 호구수는 천오백만 가까이 부족하니 인구가 이렇게 과다히 부족한 이유는 지방관들의 직무태만"이라고 비난하고 있다.[59] 또한 같은 해 7月17日자 독립신문 사설에서는 '급선무'라는 제하의 사설에서 호수가 3,480,900이며 인구가 '천육백만'이라는 외국인의 조사를 인용하였다.[60] 이 수치는 1906년 이후에 급증하여 1909년의 민적법 시행 이후 더욱 증가한 1910년대의 호구수보다 많은 수치이다.

이러한 호구 수치가 현실에 가깝다면, 대한제국기의 호구정책이 '실호실구(實戶實口)'의 호구조사를 지향했는지조차 의심스럽다. 전국의 호구파악이 기존의 호구편제 방식에서 완전히 벗어나 '실호실구'의 호구조

---

56) 『外各府郡公牒摘要』, 내부 판적국 편, 平安北道 報告 三十號 光武四年五月五日.

57) "甲山郡籍戶元數가 雖爲三千九百四十七戶이오나 應役則以在前二千戶로 施行ᄒᆞᆸ고 三水郡籍戶元數가 雖爲二千一百十九戶이오나 應役則以在前七百戶로 施行...". 『外各府郡公牒摘要』, 내부 판적국 편, 咸鏡南道 報告 三十七號 光武二年七月三十日.

58) 『外各府郡公牒摘要』, 내부 판적국 편, 咸鏡南道 報告 七十二號 光武三年八月三日; 報告 二十四號 光武九年七月三日.

59) 『독립신문』 1899년 5월16일자.

60) 『독립신문』 1899년 7월17일자.

사를 실현하기 시작하는 것은 1906년 이후의 일이다. 그러나 한 가지 지적해 두어야 할 것은 이 이후 민적법에 의한 호구조사가 시행되는 1909년까지의 3년 사이에 전국적인 호구수의 급증을 이루어내었다는 사실이다. 이후 1910년대까지 민적부의 호구파악은 1909년 수준으로부터 그다지 진전되지 못했다.

전국적 호구수의 급증은 지방에서 파악되고 중앙정부로 보고된 호구수가 급증하였다는 것을 말한다. 이미 지방차원에서는 호구파악이 상당한 수준에서 이루어지고 있었다. 1904년, 1905년의 단성지역에서는 중앙정부에 호구총수로서 보고되는 것과는 별도로 호구가 파악되고 있었다. 또한 제주지역은 이미 19세기 중엽에 1800년대의 두 배로 구수를 파악하고 있었다. 이것은 전국의 호구수가 1800년대에 비해 두 배가 되는 1909년 단계의 수준을 이미 파악하고 있었다는 말이 된다. 지방재정 운영상의 필요에 의해, 그리고 지역사회 내부의 조정을 위하여 지방차원의 호구파악이 시행되고 있었는데, 제주지역의 경우는 이것이 호적에 표면화되었을 뿐이다. 단지, 지역의 모든 인구가 공식문서로 파악된 것은 아니다. 남녀인구연령분포도 등에서 보듯이 기록에서 누락된 인구들이 여전히 존재했다.

3. 대한제국기 재정개혁의 이념적 굴절

1) 갑오 재정개혁의 이념적 위상

조선왕조 재정시스템의 19세기 상황과 관련하여 갑오 재정개혁에서 주목할 만한 사항은 첫째로 재원의 근거에 대한 일원적 파악, 둘째로는 그에 대한 일률적인 징수와 일률적인 재원배분 체제의 수립, 셋째로는 중앙에서 파견하는 지방재무조직의 성립이다. 이러한 일련의 재정개혁은 조선왕조 재정시스템의 19세기 상황을 전면적으로 바꾸어놓는 제안일 뿐 아니라 조선왕조 재정에서 장기에 걸쳐 진행되어온 중앙집권화 과정의 보다 진전된 단계를 제시한 것이기도 하다.

갑오 재정개혁의 이념적인 근거는 조선왕조 재정시스템에 대한 당시 조선인민들의 일반적인 인식에서 마련되었다. 그 대표적인 예로서 갑오 재정개혁의 직접적인 계기가 되었던 동학농민군의 요구에서 그 단서를 찾을 수 있다. 재정개혁과 관련한 동학농민군의 요구는 궁방전을 위시한 특권적 토지의 폐지와 '경자유전(耕者有田)'적 토지소유관계의 수립, 지방재정의 부가적 재정부문에 대한 정리와 그에 기초한 지방재정의 자립적 운영을 중심 내용으로 한다. 여기서 자립적 재정운영이란 지금까지 수령과 향리가 개별적·자의적으로 시행하던 재정운영에 대해 지방 주민의 협의체가 통제하는 기능이 회복됨을 의미한다. 그리고 그러한 요구의 이념적 기초는 왕토사상의 궁극적인 실현에 있었다.[61]

---

61) 배항섭, 2016, 「1880~90년대 동학의 확산과 동학에 대한 민중의 인식 - 유교 이

동학농민군은 왕권에 대한 두 가지 인식을 상기시켰는데, 그것은 '공 (公)'으로서의 왕권과 '사(私)'로서의 왕권이다. 왕 개인과 왕과의 개인적 인 관계에 기초한 왕실은 왕의 사적인 부분이다. 그런데 이러한 '사'로서 의 왕권이 국가재정에서 완전히 분리, 소멸되는 것이 애초의 재정이념인 왕토사상을 온전히 한다는 것이다. 바로 '인군무사장(人君無私藏)'[62]이라 는 재정이념에 서서 모든 토지를 '공'으로의 왕권 하에 두고, 그 땅을 경 작민이 소유하고 국가에 세금을 내는 '민전(民田)'으로 일원화하자는 것 이다.[63]

갑오 재정개혁의 결과, '갑오승총(甲午陞總)'으로 인하여 궁방전과 같 은 각종 특권적 토지가 소멸해간 것은 조선왕조 전기부터 진행되어 오 던 이들 토지에 대한 통제와 소멸 과정을 거쳐, 동학농민군의 이러한 요 구의 결과라고 할 수 있다. 국가재정에 대한 19세기 유학자들의 다기한 주장도 이와 깊은 관련성을 갖는다.[64] 그들의 주장은 건국초의 재정이 념을 실현하고자 하는 노력으로 비치는 것이다. 그리고 국가재정과 왕 실재정이 혼윤된 '가산제적' 경향은 본래 조선왕조의 재정이념에 위배 되는 것이었다.

념과의 관련을 중심으로 -」, 『朝鮮時代史學報』77, 朝鮮時代史學會.

62) 김재호, 1997, 「갑오개혁이후 근대적 재정제도의 형성과정에 관한 연구」, 서울대 학교 박사학위논문.

63) 이것은 개인이나 개별기관에 관리, 징수권을 맡겼던-토지자체를 분여하거나 수조 권을 부여했던- '私田'에 대해 징수재원이 국고로 수렴되는 '公田'=민전이라고 하는 조선초기의 '公田' 개념으로 돌아가자는 주장이다. 따라서 동학농민군의 요 구를 '王政復古'를 주장하는 '봉건적 유제'로 이해하는 논리는 재고를 요한다. 오 히려 근대국가의 재정이념과 근본적인 차이를 찾기 어려운 '왕토사상'의 실현을 주장한 것이라 할 수 있다.

64) 김태웅, 1997, 「개항전후~대한제국기의 지방재정개혁 연구」, 서울대학교 박사학 위논문, 3장 갑오개혁기 지방재정개혁안과 지방제도개혁.

갑오 재정개혁은 토지와 호구라는 재원의 근거를 국가가 일원적으로 파악한 위에 그에 대한 일률적인 징수를 제기했다. 그리고 그 실현을 위하여 조세 금납의 조치가 취해졌다. 종전까지 조세와 같은 정규의 재정부문에 대해 개별 국가기관이나 지방관청이 운영하던 비정규의 재정부문을 운영하기 위한 다양한 징수가 존재했다. 갑오 재정개혁에서는 이것을 잡세로 규정하고 기존의 조세에 그것을 포함시켜 결세와 호세로 징수를 일원화시켰다. 이것은 장기에 걸친 부세의 지세화 경향과 주로 지역행정구역내의 호구수로 책정되는 공동납 경향의 결과라 할 수 있다. 그런데 종전까지의 이러한 징수·납부의 경향은 징수체제의 중앙집권화를 나타냄과 동시에 상납부담의 경감이라는 차원에서 진행되던 것이었다.

18세기 후반이후 각종 상납재원은 조세탕감을 요할 때마다 수시로 현물을 금전으로 작전(作錢)하여 대납하는 조치를 취해왔다. 19세기에 들어서는 상납재원의 미납현상이 일상화되고 그에 대해 장기분할의 금납으로 상환할 기회를 주기도 했다.[65] 19세기후반의 물가상승에 대응하여 납세자는 현물 상납량을 시가보다 낮은 공시가(公示價)로 작전하여 납부하기를 원하였다. 이에 대해 중앙정부와 국가기관은 본래 정해진 현물—즉, '본색(本色)'이다—로 납부하기를 고집하였으나, 현물로 상납될 때의 부담 일부를 지방재정의 비축재원에서 충당하거나 부세탕감으로 해결하는 방책을 제안할 수밖에 없었다.

갑오정권은 재정운영상의 경직성을 허물고 조세 금납화를 추진했던 것이다. 그러나 조선왕조는 일찍부터 재정을 통해 시장유통에 대해 통

---

65) 손병규, 2003, 「19세기 나주지역의 재정운영과 권력관계」, 『대동문화연구』44, 성균관대학교 대동문화연구원.

제를 가해왔으며,66) 이로 말미암은 시장경제의 저급성이 조세의 원활한 수취를 방해했다. 중앙정부는 부가적 징수 및 재정비용을 경감시킴으로써 지방재정 규모를 축소하고 지방관청의 재정권을 중앙으로 이전시키는 데에 조세 금납화의 효과를 기대했던 것이다.

갑오 재정개혁은 결국 재원에 대한 파악과 징수, 그리고 재원 배분은 중앙의 재무기관에 의해서 일원적으로 수행하는 중앙집권적 재정을 표명하였다. 개별 국가기관이나 지방관청이 운영하던 비정규의 재정부문을 일소하고 모든 재정부문을 정규화하였던 것이다.

'각사자판'의 원리로 이루어지던 개별 국가기관이나 왕실 각처의 경제운영은 조선왕조 전기간을 통하여 억제되어 왔으나, 갑오시기까지 지속되고 있었다. 오히려 그러한 억제로 말미암아 19세기에는 계속해서 '무명잡세(無名雜稅)'를 창출하여 새로운 수입을 확보해갔다.67) 그에 반해 지방재정에 대해서는 중앙재정을 안정적으로 확보하기 위해 지방에 소재하는 모든 재원을 지방관청이 관할토록 하고, 지방경비 충당을 위해 정규의 재정부문인 대동미나 중앙기관구관의 환곡에서 할애해왔음은 이미 언급한 바이다. 조선왕조 재정시스템은 이렇게 지방재정 운영의 독자성을 제고하는 방식으로 비정규의 재정부문을 일정정도 유지시킴으로써 국가재정에서 '절약재정'의 원리를 유지할 수 있었다.

궁극적인 재정의 중앙집권화는 중앙재무기관과 지방 재무지소의 설립, 재무 담당자에 대한 급료의 지급을 포함하여 국가재원의 파악, 징수, 납부에 이르는 제비용의 지출 등, 국가재정 운영을 위한 많은 경비를 필

---

66) 須川英德는 조선의 상업을 '官主導的'이라 인식한다. 須川英德,『李朝商業政策史研究 -十八·十九世紀における公權力と商業』, 東京大出版會, 1994, 第1篇 開港前における國內商業政策の推移.

67) 須川英德, 1994, 위의 책.

요로 한다. 더구나 세물이 현물로 납부되고 시장이 소득 재분배의 역할을 하지 못하는 시기에는 상대적으로 더욱 큰 부담이 예상된다. 갑오 재정개혁은 토지와 호구의 증대에 기초하여 저액 균일한 일률적 부과를 시행하려 했으나, 지금까지 지방재정에서 해결하던 부가적 재정부담을 일소함에 따르는 재정확보를 실현하지는 못했다.

각종 부세의 금납화는 향리등 세무자에 의한 중간횡령을 막아 민의 부담을 경감하고자 하는 것이기도 했다. 또한 조선후기를 통해 지속적으로 제기되어온 중간비용 절감의 문제를 일거에 해결함으로써 조선왕조의 중앙집권적 재정체계를 완수하려 한 개혁방안이었다. 그러한 점에서 갑오재정개혁은 조선시대 재정의 중앙집권적 재정이념 및 그 지향점과 연속선상에서 이해될 수 있다. 그러나 지방재정의 일률적인 통제는 지금까지 지방에서 자율적으로 시행되던 재정운영의 독자성을 완전히 무시하는 조치이기도 했던 것이다.

2) 대한제국기 재정정책에 대한 평가

대한제국기에 들어 갑오시기에 제기된 재원의 파악과 징수, 그리고 재원 배분의 일원화 방안을 실현하고자 하는 재정정책이 시도되었다. 소위 '광무개혁'이라는 정책이 그것이다. 토지에 대해서 광무양전이 실시되고 호구에 대해 광무호적이 작성되었으며, '사창법(社倉法)'[68]으로 환곡운영의 개선이 시도되었다. 그러나 재원파악의 시행과정은 의도한 바대로 실효를 거두지 못할 뿐만 아니라, 오히려 전통적 재정시스템이

---

68) 송찬섭,『朝鮮後期 還穀制改革研究』, 서울대학교 출판부, 2002, 제4장 19세기 말 還穀制의 변동과 社還制의 시행.

나 갑오 재정개혁의 공적 지배이념에 정면으로 배치되는 방향으로 진행
되었다.[69]

　1897년 10월 3日(음력 9월8일), 문무백관들이 고종에게 '제호존칭(帝號
尊稱)'을 거듭 청하였으며, 고종은 '육군(六軍) 만민(萬民)의 원(願)'으로써
이 청원을 받아들였다.[70] 이어 10월12일에 '황제(皇帝)'에 등극하여 국호
를 '대한(大韓)'이라 하고 이 해로써 광무원년(光武元年)을 삼았다.[71] 그
러나 당시의 재정제도는 1894년부터 실시된 갑오개혁시의 재정개혁을 실
현하는 단계에 있었으며, 대한제국의 형성에 따른 재정정책의 변화는
1899년 8월에 전제군주제를 정체로 하는 '대한국국제(大韓國國制)'를 반
포하면서 구체화하기 시작했다.[72]

　제국의 재정정책은 갑오개혁으로 인한 기존의 재정제도에 기초하여
취해졌는데, 러일전쟁에 이르기까지 시행된 재정정책의 결과로서 가장
커다란 변화는 재원 및 그 운영권이 내장원(內藏院)으로 집중되어 황실
재정이 확대되었다는 점에 있다.[73] 왕실재정을 관리하던 내장원이 국가
재원에 대한 지배권을 장악하고 나아가 황실재정의 관리를 통해서 상
업, 무역, 광업 등에 개입함으로써 왕권강화와 '부국강병(富國强兵)'을

---

69) 대한제국기의 재정이념에 대해서는 손병규, 2004, 「대한제국의 재정, 그 이념적
　　굴절에 대하여」, 서중석편, 『새로운 질서를 향한 제국 질서의 해체-역사-』, 청어
　　람미디어.의 일부를 재구성하였다.
70) 『高宗實錄』光武元年 10月3日; 『日省錄』光武元年 9月8日.
71) 『高宗實錄』光武元年 10月12日.
72) 『高宗實錄』光武3年 8月17日; 『日省錄』光武3年 7月12日.
73) 이윤상, 1996, 「일제에 의한 식민지재정의 형성과정-1894～1910년의 세입구조와
　　징세기구를 중심으로-」, 『한국사론』14, 서울대학교국사학과; 김재호, 1997, 「근대
　　적 재정제도의 성립과 징세기구의 변화」, 서울대학교 박사학위논문; 김태웅,
　　1997, 「개항전후～대한제국기의 지방재정개혁 연구」, 서울대학교 박사학위논문.

위한 물적 기반을 확보해나갔던 것이다.

대한제국의 재정정책은 대외적인 자주성을 유지하면서 이루어진 광무개혁을 수단으로 진행되었다. 광무개혁은 특히 광무양전과 지계사업이라는 토지제도 개혁의 성격을 둘러싸고 논란이 있어왔는데, 소유권의 법인이 이루어진 근대적인 토지조사사업으로 평가되기도 하는 반면,74) 결국 구래의 토지파악 방법인 결부제(結負制)에 기초하여 시행되었다는 한계가 지적되고 일제의 토지조사사업으로 근대적 토지소유제도가 성립했다는 견해가 제기되기도 했다.75) 또한 지세제도에 있어서도 황실재정의 확대가 갑오개혁의 근대성으로부터 후퇴하여 재정제도의 근대화를 저해했다고 지적되었다.76)

이에 대해 황실재정 자체의 역사적 성격으로부터 대한제국의 재정정책을 논한 괄목할 만한 연구가 김재호에 의해서 제기되었다.77) 김재호는 근대국가가 관료제적·합리적 속성으로 인하여 중앙집중적인 재정제도를 지향하게 되는데, 한국의 경우에는 조선왕조가 군현제로 인해 조기에 재정의 중앙집권이 실현되어 있었으나, 조선의 국가적 수취가 왕토사상에 의해서 정당화되고 왕실재정이 국가재정으로부터 분리되지 않는 가산제적 성격을 지녔다고 전제하였다. 이러한 입장에서 갑오재정

---

74) 한국역사연구회 근대사분과 토지대장연구반, 『대한제국의 토지조사사업』, 민음사, 1995.
75) 이영훈, 1989, 「光武量田의 歷史的 性格-忠淸南道 燕岐郡 光武量案에 관한 事例分析」, 안병직외편, 『근대조선의 경제구조』, 비봉출판사; 宮嶋博史, 『朝鮮土地調査事業史の研究』, 東京大學東洋文化研究所, 1991, 第七章 土地調査事業の實施.
76) 이윤상, 1996, 「1894-1910년 재정제도와 운영의 변화」, 서울대 박사학위논문.
77) 김재호, 1997, 「갑오개혁이후 근대적 재정제도의 형성과정에 관한 연구」, 서울대학교 박사학위논문.

개혁이 공납제도의 폐지와 궁내부 설치에 의한 왕실재정의 제도화로 왕실재정을 국가로부터 분리시켜 사경제의 존재를 제도적으로 인정하였다고 보는 것이다. 그런데 대한제국의 재정정책으로 인한 황실재정의 팽창은 국왕이 국고와 별도의 재원을 독자적으로 보유하게 되고 정부재정을 지배하게 된 것으로 그것은 왕권의 강화가 정부의 수취능력을 제고시키지 못한 결과라고 하였다.

　대한제국의 재정정책은 갑오재정개혁에서 단서를 제공한 정부재정과 왕실재정의 명확한 경계를 이어받으면서도 인민의 재산권에 기초한 과세동의권이 확보되지 못하였다는 점에서 근대국가의 중앙집권적 재정을 수립하지 못했다는 결론에 이르고 있다. 이러한 김재호의 시각은 대한제국의 재정을 평가하기 위해서는 갑오재정개혁의 성격, 나아가 조선시대 재정과의 관련성을 재고해야 함을 시사하고 있다.

　그런데 대한제국의 재정은 조선재정의 지향점으로서의 이러한 갑오재정개혁과 대비되는 측면을 발견할 수 있다. 왕실재정을 지지해오던 특권적 재원근거가 소멸하지 않고 부활하여 도리어 제국 재정의 기초가 되었으며, 다시 지방재정에 대한 중앙화를 강화하는 방향으로 진행되었기 때문이다.

　갑오개혁에서 호조의 국고 관리, 내장원의 왕실재산 관리라는 국가재정과 왕실재정의 분리는 왕의 사적인 재정운영권을 부정하여 왕권을 국가의 공적 존재로 순화시키는 이념적 성격을 띠고 있었다. 그러나 제국의 재정정책은 왕의 사적인 부분으로 왕권을 행사하려는 시도에 지나지 않았다. 이러한 전환은 갑오개혁 과정에서 국가재정의 역할을 왕실기관으로 설립된 궁내부가 끝까지 방기하지 않은 것으로부터 어느 정도 예견되었다고도 할 수 있다.

1895년 4월2일에 '궁재부관제(宮內府官制)'를 반포하였는데, 궁내부는 왕실의 일체사무를 주관함과 더불어 '궁내부대신은 수시로 칙령을 받거나 혹은 예규(例規)에 의하여 구휼·포상·증사(贈賜)하는 일을 시행'[78]함을 규정하고 있다. '금고(金庫)=국고'의 관리를 도지부대신이 관리토록 하는 칙령,[79] 세전 징수와 관공서 업무수행을 위한 지출을 담당하는 국고의 출납업무를 규정하는 칙령[80]에서 국고의 역할로 규정되어 있지 않던 '구휼의 업무'를 궁내부대신이 담당하고 있다.

국가재정의 궁극적인 목적은 재원의 재분배 기능이며, 조선시대 재정의 역할로서 왕은 그 시혜의 상징적 존재였다. 갑오재정개혁 과정에서 국가재정의 가장 중요한 역할을 왕권으로 상징되는 국가가 일원적으로 시행하지 못하고 왕의 사적인 부분으로서의 왕실에 그것을 부여하고자 하였다. 갑오 재정개혁은 왕권의 사적인 부분을 배제하고 재정이념을 왕토사상으로 순화시키는 실현을 이루어내지 못하였으며, 도리어 대한제국의 재정에 정책상의 방법만을 제공하게 된 것이다.

조선왕조의 근대적 재정개혁 방안은 재정이념의 측면에서 완결점을 찾지 못했다고 할 수 있다. 뿐만 아니라 거대한 재정규모를 요구하는 '부국강병'의 시대적 상황에서 대한제국의 재정은 현실적으로 그러한 '왕토사상'의 절약적 재정이념을 견지하기도 어려웠을 것이다.

이와 관련하여 중국재정사의 관점을 살펴봄으로써 갑오·광무시기 재정개혁의 한국사적 위상을 재음미해보기로 한다. 중국 전제국가의 중앙

---

78) 『高宗實錄』高宗 32年 四月二日 ; 『官報』開國 504年 五月二十日, 閏五月二日.

79) 『高宗實錄』高宗 32年 四月七日 ; 『官報』開國 504年 四月八日 勅令第七十五號 金庫規則.

80) 『高宗實錄』高宗 32年 四月七日 ; 『官報』開國 504年 四月八日 勅令第七十六號 出納官吏規則.

집권적 재정에 대한 아다치 케이지[足立啓之]와 이와이 시게키[岩井茂樹]의 논쟁은 이미 앞에서 소개한 바 있다.[81] 그러면 근대적 재정으로의 전환에 대한 이들의 견해는 어떠한가.

전제국가의 중앙집권적 재정이 명청시대를 통하여 확립되어 갔다고 하는 아다치의 견해에 따르면, 이것은 '전제'라는 정치성만 배제하면 역사적으로 재정의 중앙집중 정도가 가장 강한 근대적 재정으로 바로 전환될 수 있다고 하였다. 마치 가산제(家産制)의 존재를 유지하는 왕권이 배제되고 예산결정권이 국민에게 부여되면 근대적인 재정으로 전환된다는 것과 같은 이해이다. 그러나 이와이의 견해와 같이 전제국가의 재정이 본래 분산적 재정과 중앙집권적 재정의 결합이라고 한다면, 그러한 결합방법의 역사적 과정이 문제시될 뿐이다. 마치 중국의 전제주의적 재정시스템에서 중국의 '다양한 근대'를 발견하는 듯한 문제제기라 할 수 있다.

이와이에 의하면 현재 중국재정에서 표방하는 중앙정부로의 재정일원화 그 이면에는 지방 및 개별적인 재정조직의 자의적 활동이 만연하고 있으며, 이것이 최대의 재정 문제로 드러나고 있다.[82] 그것은 재정시스템의 역사적 과정이 연속됨을 의미함과 동시에, 전제주의적 재정시스템 자체에 전통과 근대의 구분이 어려움을 말한다. 전제국가에서 각 재정부문이 결합하는 방법의 역사적 과정에서 이미 중국근대 재정이 제시되고 있었다고 볼 수 있다.

---

81) 본서의 '[보론 3] 조선왕조의 군현제; 중앙집권과 지방자치의 관계'를 참조.
82) 岩井茂樹, 『中國近世財政史の研究』, 京都大學學術出版會, 2004, 第五章 現代中國の請け負い財政; 附篇 中國の近代國家と財政.

[보론 5] 재정시스템의 '전통과 근대', 그 단절과 연속의 시각

조선왕조는 왕토사상에 입각하여 왕권으로 상징되는 국가에 모든 재원 및 재원의 근거가 집중되는 중앙집권적 재정을 이상으로 하였다. 이러한 재정이념으로 왕권 하에 수렴된 재원은 공공업무를 수행하는 개인 및 기관에게 왕권의 이름으로 재분배되는 것이다. 그러나 현실적으로 조선시대 재정에는 중앙의 재무기관에 의해 국고 수입으로 취득되고 중앙재무기관을 통하여 국가기관에 배분되는 중앙집권적 재정부문이 확대되어가는 반면에, 여전히 공무수행자 개인이나 통치기구 스스로가 재원을 관리하고 징수하며 자신의 고유한 업무수행을 위해 소비할 수 있는 분권적 재정부문이 병존하고 있었다.[83]

이렇게 개인이나 개별 기관에게 재정권이 주어진 것이 수조권적 토지분여, 비정규의 재원에 대한 징수, 동원이다. 조선후기를 통해서 이러한 분권적 재정부문을 중앙집권적 재정부문으로 일원화하고자 하는 시도가 계속되었다. 부세의 지세화와 재원의 정액화(定額化)가 그것인데, 이것은 조선초기부터 시도되었으나 17세기 에서 18세기 중엽에 이르는 시기에 체계적으로 추진되었다. 각종 부세를 토지에 부과하여 중앙재무기관이 일괄 수취하고 공공기관에 배분하거나, 재원의 근거를 중앙정부가 파악하여 공공기관이 자의적으로 재원을 확보하지 못하게 하는 정책은 이후로도 계속되었다. 그러나 이것은 주로 조세나 군역 등의 정규의 재정부문에 있어서 그러했으며, 지방재정에 존재하는 부가적 재정부문에 대해서는 제한적으로밖에 실시되지 못했다.

재정 중앙집권화의 진행은 각종 국가기관들의 분산적 재정권을 제한하는 반면, 지방관청에 대해서는 지방재정을 독자적으로 운영할 수 있도록 보장하는 것이기도 했다. 각 기관들은 전국 각지에 스스로의 재원을 개별적으로 확보하는 활동을 벌이고 있으므로 지방은 이들의 요구에 응하면서 정규의 조세와 군역을 상납하기 어려운 상황에 있었다. 중앙정부는 상납에 방해요소가 되는 요소를 제거하고 상납을 위한 제 비용의 일부를 정규의 재정부문에서 할애하기도

---

83) 손병규, 2003, 「조선후기 재정구조와 지방재정운영-재정 중앙집권화와의 관계-」, 『조선시대사학보』25집, 조선시대사학회.

했다.

그러한 조치는 조선왕조의 재정의 특징에서 기인한다. 조선왕조는 상납 분량을 정규의 재정부문으로 확정하고 상납과 관계된 재원을 파악, 징수, 납부하기에 이르는 일련의 재정업무를 지방관청의 주된 기능으로 위임하였다. 그리고 그 업무를 수행하기 위한 경비지출을 지방재정의 부가적·추가적인 징수와 자체의 비축재원으로 완수하도록 하였던 것이다. 이로서 국가재정의 규모에서 지출비용을 최소화할 수 있었다.

조선왕조의 재정은 국고수입을 확대, 안정화하는 방향으로 재정의 중앙집권화를 진행하면서도 공공기관에 대한 재정권 자체의 배분을 통하여 재정업무 수행에 따른 경비지출을 절감하였다. 이러한 이중적 재정은 조선왕조 재정의 이념적 특징인 절약적 재정을 유지하기 위한 방법이었다.[84] '절약재정(節約財政)'의 원리를 유지하면서 재원의 수취와 배분을 왕권으로 집중시키는 재정의 중앙집권화는 지방재정의 독자적 운영에 기초하여 진행될 수 있었다.

그런데 18세기 말 이후 국가재정의 중앙집권화 경향은 재원 총량의 고정화, 재정운영의 고착화로 나타나는 반면에 지방재정은 비정규의 추가적·부차적 재정부문을 확대시켜가고 있었다. 18세기 후반 이후에 보이는 지방재정의 정비과정은 조선왕조 재정의 법제화·공식화를 확대하면서[85] 지방 재정규모의 팽창을 초래하였다. 그러나 동시에 조선 재정의 긴축적·절약적 재정원리를 지방재정운영에 활용함으로써 재정위기를 극복하려 한 측면도 주목할 필요가 있다.

19세기는 긴축적인 국가재정을 유지하면서 더구나 정규의 재정부문이 정액으로 고정되어 징수·배분의 운영을 더욱 고착화시켰다. 따라서 지방마다 다양한 운영방법을 고안해가는 지방재정에 대해 국가의 일률적인 대응이 곤란해져

---

84) 손병규, 2001, 「李朝後期地方財政史の研究」, 東京大學博士學位論文, 第一編 第一章 李朝財政の概要.

85) 김덕진, 『조선후기 지방재정과 잡역세』, 국학자료원, 1999. 김덕진은 지방재정이 단지 문란한 것이 봉건제 해체의 징후라고 하는 일반적 견해에 대해 오히려 지방재정이 공식화되고 법제화되어 가는 것이 그 징후의 하나라고 한다. 그의 견해는 조선왕조의 재정이 봉건적인가 아닌가를 떠나서 18세기 후반이후 지방재정의 운영과정이 봉건적인 것과는 이질적인 것임을 지적한 점에 시사하는 바가 크다.

갔다. 19세기 지방레벨에서의 부세 금납화 경향은, 특히 운송비를 비롯한 요역·잡역적 성격의 부가적 징수를 절감하는 효과를 가지면서 진행되고 있었다. 납세자의 입장에서 금납화는 시가의 등귀에 비해 낮은 수준에서 현물 조세의 가격을 책정할 수 있고 조선재정의 구조적 특질의 하나인 '중간적 수취'를 배제하는 점에서 납부부담을 경감하는 것이었다.86) 그러나 이에 대해 중앙정부 및 상부기관은 고정된 세액을 규정대로의 '본색(本色)'으로 상납토록 했다.87) 재정규모의 확대가 요구되는 상황에서 그나마 고정된 조세수입을 줄일 수 없었으므로 사용가치의 취득과 배분이라는 전통적 재정을 고수할 수밖에 없었던 것이다.

지방관청은 민으로부터 징수된 화폐를 시가의 현물로 바꾸어 '본색'으로 상납하기에는 적자재정을 면하기 어려웠다. 그 사이에 발생하는 차액은 지방재정의 독자적 운영으로 비축되는 지방재원이나 지역주민과의 합의에 의한 추가적 징수로 보전되었다.88) 부세의 금납화 경향에도 불구하고 국가재정의 원액주의(原額主義) 고수가 지방재정운영의 액외징수 및 추가적 요역을 유지시켰던 것이다. 그러한 지방재정의 액외징수가 정규의 부세로 국세화하거나 지방세로 고정화하는 경향이 저지되는 가운데, 지방재정은 그나마 조선의 합리적 재정시스템이 발휘해온 유효성에 의지하여 융통·완화되었던 것이다.

그러나 곧이어 중앙정부에 의한 원액주의의 경직성이 지방재정에서도 표출하는 단계에 이르러서 농민전쟁이 발발한 것이다. 또한 재정의 중앙집권화는 징수업무의 수행을 위해 국고에서 모든 징수비용을 지출하여 지방재정운영상의 '중간적 수취'를 배제함으로써 궁극적인 완성을 볼 수 있는 것이다. 그러나 지방재정은 지역마다 독자적이고 다양한 운영방법을 고안하고 재정운영 안건마다 지역주민 내부의 합의를 요구하고 있었다.89) 이러한 19세기 후반의 상황

---

86) 이영훈, 1980, 「조선후기 八結作夫制에 관한 연구」, 『韓國史硏究』29, 한국사연구회.

87) 손병규, 2000, 「조선후기 상주지방의 역수취체제와 그 운영」, 『역사와 현실』38, 한국역사연구회.

88) 단성의 예로 면리의 호수에 기준하여 '요호전'을 수취하였다(『句漏文案』참조). 김건태, 2002, 「조선후기 호의 구조와 호정운영-단성호적을 중심으로」, 『大東文化硏究』40, 대동문화연구원. 참조.

이 당시의 지배자들에게 재정운영상의 극도의 '문란(紊亂)'으로 비치었을 지도 모른다.

조선왕조 정치체제의 혁신을 구가하며 1894년부터 갑오개혁이 시행되고 그 과정에서 1897년에 대한제국이 성립하였다. 갑오개혁은 조선왕조와 대한제국의 시대상을 갈라놓는 역사전환의 접점에 위치하고 있다. 갑오시기의 여러 가지 정책 가운데에서도 국가경제정책, 즉 재정에 대한 개혁은 조선왕조의 재정에서 근대적 재정으로 전환하는 첫 번째 단계로 주목되어 왔다. 그럼에도 불구하고 갑오개혁에 대한 평가는 그리 높은 편이 아니다.[90]

갑오시기 재정정책에 대한 평가를 주저하게 하는 이유는 그것이 정책상의 시도에 그쳤을 뿐, 역사적 전환을 담보할 만큼 현실화되지는 못했다는 점, 그래서 갑오시기 재정정책의 성패 여부가 대한제국기 재정의 성과로 넘겨졌다는 점에 있다. 갑오시기 재정정책을 대한제국기 재정정책의 일환으로 이해하여 서로 구분하지 않는 것이다. 여기에는 갑오시기 및 대한제국기 재정에 대한 평가는 물론, 그것과 관련하여 조선왕조의 재정을 이해하는 데에도 크게 두 가지 관점이 대립하고 있다.

하나는 갑오시기의 재정정책은 자본주의의 내재적 발전에 근거한 것으로 대한제국기 광무개혁의 초석이 됨과 동시에 일본에 의한 초기의 식민지화 정책과 대립하는 구조로 이해하는 관점이다. 조선왕조의 조세수탈에 동반하는 잡세를 폐지하여 지방의 중간적 수탈을 방지하며, 상품화폐경제 발달의 결과로서 조세의 금납화를 완수하는 것이 조선왕조의 봉건적 재정으로부터 탈피하고자 하는 갑오 재정개혁의 지향점으로 여겨졌다.

이에 대해 다른 하나는 갑오시기 재정개혁에도 불구하고 대한제국의 재정은

---

89) 井上和枝, 1990,「丹城民亂期における在地士族の動向」,『朝鮮後期の慶尙道丹城縣における社會動態の研究 (1)』, 學習院大學 東洋文化研究所.

90) 이윤상은 갑오개혁과 광무개혁의 개혁사업 및 성과에 대해서 평가를 접어둔다고 하면서도 '개혁'이라는 용어를 쓴다고 해서 그것을 긍정적으로 평가하려는 것은 아니라고 한다. 이윤상, 1996,「일제에 의한 식민지재정의 형성과정-1894~1910년의 세입구조와 징세기구를 중심으로-」,『한국사론』14, 서울대국사학과, 주2. 참조.

근대재정으로 전환되지 못했다고 보는 관점이다. 여기서 갑오 재정개혁의 성과
는 왕실의 경제를 지탱하던 공납제도가 최종적으로 폐지되어 왕실재정이 국가
재정으로부터 분리되었다는 점, 왕실재정을 관장하는 궁내부를 설치하여 왕실
재정의 사경제적 존재를 제도적으로 인정하였다는 점에 있다고 본다. 따라서
갑오시기 재정개혁은 '인군무사장(人君無私藏)'이라는 전통적인 이념을 부정하
기에 이르렀으며, 재정 근대화의 과제를 수행하지도 못했다는 것이다.[91] 즉, 조
선왕조의 재정은 모든 재원이 왕권으로 귀속된다는 '왕토사상(王土思想)'에 의
해서 정당화되고, 왕실재정이 국가재정으로부터 분리되지 않는 가산제적 성격
을 가지고 있다고 여겨졌다.

위의 두 가지 관점은 조선왕조의 재정이 근대재정을 수립하기 위한 개혁의
대상이 되었다는 점에서는 동일하다. 그러나 개혁의 대상으로 들고 있는 구체
적인 재정요소뿐만 아니라 조선왕조 재정 전체에 대한 이해에서 현격한 차이를
보인다. 특히 두 번째 관점은 '근대국가는 관료제적·합리적 속성으로 인하여 중
앙집권적인 재정제도를 지향하게 되는데, 조선왕조는 군현제로 인해 일찍부터
재정의 중앙집권이 실현되어 있었다'는 점을 지적하고 있다. 조선왕조의 재정을
단순히 서구의 봉건사회 재정과 비견하지 않고 전제국가 사회의 특징으로 인식
하며, 그곳에서 근대재정과의 접점을 발견하고 있다.

조선왕조 재정에 대한 이러한 문제제기는 갑오시기 재정정책안이 어떠한 근
대재정을 지향했는가를 생각하기에 앞서 조선왕조의 재정 그 자체에 대해 재고
할 필요성을 느끼게 한다. 단지 두 번째 관점은 왕실재정과 중앙집권적 재정에
관심이 편중됨으로써 기타 재정부문과의 관계를 포함한 조선왕조 재정시스
템[92]의 전체상을 시야에 넣지는 못했다고 여겨진다.

---

91) 그 양자가 경계를 명확히 하는 동시에 인민의 재산권에 기초한 과세동의권이 확
보되어야 하는 것이 재정 근대화의 과제라고 하는 것이다. 김재호, 1997, 「갑오개
혁이후 근대적 재정제도의 형성과정에 관한 연구」, 서울대학교 박사학위논문;
2001, 「근대적 재정제도의 성립과 징세기구의 변화」, 안병직편, 『한국경제성장사-
예비적 고찰-』, 서울대학교출판부.

92) 여기서 '재정시스템'이라 한 것은 공적으로 분명한 체제 속에서 순경제적으로 운
영되는 듯이 설명해온 '재정구조'라는 용어와 구별하기 위해 사용하였다. 조선시

지방재정에 관한 연구성과는 조선왕조의 중앙재정과 지방재정의 관계로부터 정규적 재정부문에 대한 비정규적 재정부문의 존재를 발견하고 그 양자가 통일적인 재정시스템으로 조직되어 있음을 밝혔다.[93] 조선왕조의 여러 국가기관이 자체의 독자적인 재정을 운영하고 그에 대한 재정의 중앙집권화와 병행하여 지방관아가 독자의 재정권을 가지고 자율로 지방재정을 운영해 왔음에 주목한 것이다.

특히 갑오시기 지방재정개혁에 관한 연구는 재정개혁의 두 가지 방안을 제시한 바 있다.[94] 그 하나는 지방재정의 분립적인 운영방식을 불식하고 통일구조를 갖는 전통적 개혁방안이며, 또 하나는 국가법체제에 입각하여 중앙정부의 재원과 지방관청의 재원을 구분, 국가의 지방재정에 대한 부담을 지방과 분담하는 지방세제 방안이 그것이다. 두 가지 방안은 모두 근대재정을 지향하는 것으로 이해되고 있기는 하나, 이미 그것은 조선왕조 재정시스템의 특징으로 내재되어 있었음을 시사하고 있다.

갑오 재정개혁은 중앙재무기관에 의해서 재원을 국고수입으로 일괄 수취하고 각 국가기관의 공공업무 수행을 위해서 재분배하는 중앙집권적 재정을 지향했다. 조선왕조 재정이념으로서의 왕토사상은 사적 토지지배권의 광범위한 존재를 제약하는 것으로 발생하였으며, 그러한 특권적 토지지배권을 배제하는 방

대 정부의 경제활동은 정치권력과 분리해서 설명할 수 없으며, 국가의 '公'과 개인의 '私'가 분리되지 않는 상황에서 운영되기 때문이다.

93) 손병규, 2003, 「조선후기 재정구조와 지방재정운영-재정 중앙집권화와의 관계-」, 『조선시대사학보』25집, 조선시대사학회; 권내현, 2003, 「朝鮮後期 平安道 財政 運營 硏究」, 고려대학교 박사학위논문.

94) 김태웅, 1997, 「개항전후~대한제국기의 지방재정개혁 연구」, 서울대학교 박사학위논문. 김태웅의 재정개혁에 관한 인식에서 한 가지 간과할 수 없는 점은 그것이 실학적 관점과 연계되어 있다는 것이다. 그런데 이 실학적 관점이 일반적으로 이야기 하듯이 주자학에 대한 사상체계의 근대적 변환인지에 대해서 확실한 언급을 하지는 않는다. 실학은 어쩌면 건국 초부터 제시된 이상적인 정치이념의 실현을 주장하는 것인지도 모른다. 또한 여기에는 갑오시기에 제기된 두 가지 실현 방안이 모두 포함되어 있다.

향성을 지향해 왔다. 둔토가 지세 대상지로 변하여 수조권적 지배가 소멸함으로써 모든 토지가 왕토로 순화되고 재원의 근거에 대해 왕권으로 상징되는 국가의 일원적 지배가 지향되었다. 갑오기의 재정개혁은 이러한 왕토사상의 순화를 결실점으로 진행되었음을 알 수 있다.

그런데 갑오 재정개혁은 화폐납으로 인한 지방재정 축소의 가능성을 제기하였으나 비정규의 부가적 재정부문을 중앙재원으로 일원화하지는 않았다. 비정규의 부가적 재정부문이 존재하는 데에는 현물 납부 부담을 절약하기 위한 지방의 징수업무 수행에 일차적인 원인이 있었다. 이에 대해 배분될 재원의 원액에 더하여 납부를 위한 잡비수요를 정규의 재원으로 포함시킴으로써 재원의 중앙화를 추진하였다. 그러나 지방재정은 19세기를 통해 그 기능을 징수업무에 한정하지 않고 재원의 관리와 재생산에까지 확대해가고 있었다. 정규의 재원과 비정규의 재원이 병행하는 전통적인 절약재정에 기초하여 지방재정의 자립적 운영을 유지시킨 것이다.

중앙집권과 지방분권을 상호 대립적인 관계에서만 보고 지방분권의 소멸로 인한 최종적인 중앙집권화를 최선의 방법으로 이해할 수만은 없다. 중앙재정과 지방재정이 상호 보완 관계를 갖는 절약적 재정의 전통이 하나의 개혁 과제가 될 수 있다고 보기 때문이다. 갑오 재정개혁과 함께 제기된 동학농민군의 개혁 요구는 지방재정의 부가적 재정부문에 대한 정리와 그에 기초한 지방재정의 자립적 운영을 중심 내용으로 한다. 중앙재정의 고착화와 지방재정의 자의적 운영이라는 양자 사이의 괴리가 19세기 재정의 문제점이라 보았던 것이다. 물론 이러한 재정개혁의 방안은 왕토사상의 재정이념을 배경으로 하고 있다.

조선왕조 재정의 지향이라는 관점에서 갑오 재정개혁은 동학군의 재정개혁 안과 상반되는, 정부에서 수행한 관제개혁으로만 이해될 수는 없다. 갑오기의 재정개혁과 그것을 둘러싼 개혁논의를 전근대 재정에서 근대 재정으로의 전환으로 인식하거나 단절과 계승이라는 양 측면에서 관찰한다하더라도, 그 성격을 평가하는 기준은 서구 근대사회의 재정개혁 방안에 두어졌다고 여겨진다. 그것을 '근대'의 보편적인 원리로 전제함으로써 전통적 개혁 방안을 '전근대적'인 것으로, 갑오 재정개혁을 '한계'로 인식할 수밖에 없었다. 갑오 재정개혁에 서구의 근대개혁 방안이 적극적으로 고려되었을 것이나 왕토사상의 순화라는 조선

재정개혁의 지향점이 갑오 재정개혁의 과제로서 또 하나의 근대적 개혁 방안이었다고 할 수는 없을까.

대한제국기의 재정개혁에 대한 평가는 근대성 여부와 관련하여 논의되어 왔다. 그러나 그 재정개혁의 이념은 조선왕조 전 시기를 통해서 진행되어온 재정의 중앙집권화를 궁극적으로 실현하고자 하는 것이었다. 자율성이 용인되는 지방재정 운영의 현실 또한, 조선왕조의 '소정부주의적' 특성, 말하자면 '절약재정'의 속성을 그대로 유지하고 있었다. 조선왕조의 재정운영은 '군현제'의 중앙집권적 통치체제를 통해서 실현되는 것인데, 그러한 집권적이고 복지적인 국가단위의 재정운영이 소규모의 절약재정으로 가능했던 것은 동계(洞契)에서 군현단위 향회(鄕會) 조직에 이르는 자치적 운영체계를 수용한 데에 원인이 있다. 어느 것이든 유교적 재정이념이 근거가 될 수 있는데, 그 자체가 한국적인 근대의 모습일지도 모른다.

대한제국 광무개혁시의 지방행정체계는 주로 한성과 개항장을 제외하고 차등적인 군현을 동등한 체계로 획일화하는 방향으로 개편하면서 지방의 재정권을 중앙으로 이전하는 정책을 감행했다. 본격적인 지방행정개편은 통감부시대에 시도되기 시작했는데, 군 단위에서 여러 군현을 큰 규모의 군으로 폐합하면서 불합리해 보이는 두입지(斗入地), 비입지(飛入地)를 정리하고 군의 재정권을 비롯한 고유 권한을 축소시켰으며, 자치성이 약한 면 단위에 '면장협의회'를 설치하여 지방통제 첨병으로서 면장제를 강화했다.

그러한 연장선에서 결정적인 개편은 중앙총독부에 의한 1914년의 '부군면통폐합(府郡面統廢合)' 실시다.[95] 자연지리적인 합리성을 명분으로 동리와 면의 구역을 종횡으로 통폐합하여 기존의 자치적인 권역을 붕괴시켜 식민지적으로 재편성하기에 이른 것이다. 총독부에 의한 식민지시기의 정책은 조선왕조의 중앙집권적 재정정책이 면 단위에서 추진된 점을 잇고 있다고 할 수 있으나, 납세조직의 자율성을 보장하지 않았다는 점에서는 단절성을 볼 수 있다.

---

95) 越智唯七 編, 『新舊對照 朝鮮全道府郡面里洞名稱一覽』, 京城 中央市場, 1917, 朝鮮總督府令111號(1914.12.29.).

참고문헌

〈사료〉

『朝鮮王朝實錄』, 『日省錄』, 『承政院日記』

『經國大典』, 『大典會通』, 『萬機要覽』

『公文編案』, 『官報』, 『內部請議書』, 『外各府郡公牒摘要』

『良役實摠』, 『賦役實摠』, 『戶口摠數』

『商山邑例』, 『尙州附事例』, 『商州事例』

『光陽縣各所事例冊』

『大邱府事例』

『畿甸營事例』, 『水原下旨抄錄』, 『華城誌』

『華營啓錄』, 『水原府啓錄』

『秋城三政考錄』

『南原縣牒報移文成冊』

『嘉林報草』

『烏山文牒』

『四政巧』(戶曹)

『牧民心書』(丁若鏞)

『完營日錄』 『華營日錄』(徐有榘)

『楓石全集』(보경문화사 편, 1984.)

『壬戌錄』, 『三政策』

『默齋集』(柳希天)

『句漏文案』(李彙溥)

『端硯日記』(金麟燮)

『響山日記』(李晩燾)

李晩耆 서간문(가회고문서연구소 해제)

『求禮郡 사회조직 문서; 1871~1935』(한국농촌경제연구원 편, 1991.)

『嶺南鄕約資料集成』(嶺南大學校 民族文化研究所 오세창 編, 1986.)

『嶺南古文書集成1』(嶺南大學校 民族文化研究所 編, 1992.)
『慶北鄕校資料集成3』(嶺南大學校 民族文化研究所 編, 1992.)
『朝鮮田制考』(朝鮮總督府中樞院調査課 編)
『독립신문』
『新舊對照 朝鮮全道府郡面里洞名稱一覽』(越智唯七 編)

〈논저〉

김덕진, 『조선후기 지방재정과 잡역세』, 국학자료원, 1999.
김옥근, 『조선왕조재정사』, 일조각, 1984~1988,
김인걸, 『조선후기 공론정치의 새로운 전개; 18, 19세기 향회, 민회를 중심으로』, 서
         울대학교출판문화원, 2017.
김태웅, 『한국근대지방재정연구-지방재정의 개편과 지방행정의 변경-』, 아카넷,
         2012.
박석두, 『한말-일제초 농촌사회구조와 사회조직에 관한 연구-전남 구례군 토지면
         오미동 사례-』, 한국농촌경제연구원, 1996.
문용식, 『朝鮮後期 賑政과 還穀運營』, 경인문화사, 2001.
손병규, 『호적, 1606~1923 호구기록으로 본 조선의 문화사』, 휴머니스트, 2007.
_____, 『조선왕조 재정시스템의 재발견』, 역사비평사, 2008.
송찬섭, 『조선후기 환곡제 개혁 연구』, 서울대출판부, 2002.
오호성, 『조선시대 農本主義思想과 經濟改革論』, 경인문화사, 2009.
이존희, 『조선시대 지방행정제도연구』, 일지사, 1990.
이헌창 역음, 『조선후기 재정과 시장: 경제체제론의 접근』, 서울대학교출판문화원,
         2010.
장동표, 『조선후기 지방재정연구』, 국학자료원, 1999.
정승진, 『韓國近世地域經濟史; 全羅道 靈光郡 一帶의 事例』, 경인문화사, 2003.
宮嶋博史, 『朝鮮土地調査事業史の研究』, 東京大學東洋文化研究所報告, 1991.
須川英德, 『李朝商業政策史研究-十八·十九世紀における公權力と商業-』, 東
         京大學出版會, 1994.
足立啓二, 『專制國家史論 - 中國史から世界史へ』, 栢書房, 1998.

岩井茂樹, 『中國近世財政史の研究』, 京都大學學術出版會, 2004.

고동환, 1991, 「19세기의 부세 운영의 변화와 그 성격」, 한국역사연구회, 『1894년 농민전쟁연구(1): 농민전쟁의 사회경제적 배경』, 역사비평사.

고석규, 1992, 「총론; 18·19세기 농민항쟁의 추이」, 한국역사연구회, 『1894년 농민전쟁연구(2): 18·19세기의 농민항쟁』, 역사비평사.

권기중, 2002, 「조선후기 鄕役과 鄕役者 연구」, 성균관대학교 사학과 박사논문.

_____, 2008, 「『賦役實摠』에 記載된 地方財政의 位相」, 『역사와 현실』70, 한국역사연구회.

권내현, 2001, 「朝鮮後期 戶籍의 作成過程에 대한 分析」, 『大東文化研究』39, 대동문화연구원.

_____, 2003, 「朝鮮後期 平安道 財政運營 研究」, 고려대학교 박사학위논문.

_____, 2014, 「17세기 후반~18세기 전반 조선의 은 유통」, 『歷史學報』221, 歷史學會.

_____, 2017, 「17-18세기 조선의 화폐 유통과 은」, 『민족문화연구』74, 고려대학교 민족문화연구원.

금장태, 2001, 「<白鹿洞規圖>와 退溪의 書院 교육론」, 『退溪學』11, 안동대학교 퇴계학연구소;

김건태, 1999, 「1743~1927년 전라도 靈巖의 南平文氏門中의 농업경영」, 『大東文化研究』35, 대동문화연구원.

_____, 2002, 「조선 후기 호의 구조와 호정운영-단성호적을 중심으로」, 『大東文化研究』40, 대동문화연구원.

_____, 2002, 「조선후기 호적대장의 인구기재 양상」, 『역사와 현실』45, 한국역사연구회.

_____, 2003, 「戶口出入을 통해 본 18세기 戶籍大帳의 編制方式」, 『大東文化研究』42, 대동문화연구원.

김경란, 2009, 「조선후기 동래부의 公作米 운영실태와 그 성격」, 『역사와 현실』72, 한국역사연구회.

_____, 2011, 「19세기 對日 公貿易의 추이와 倭銅의 운용」, 『大東文化研究』76, 대동문화연구원.

김덕진, 1992, 「조선후기 지방관청의 민고 설립과 운영」, 『역사학보』133, 역사학회.

김선경, 2010, 「조선 후기 목민학의 계보와 『목민심서』」, 『조선시대사학보』 52, 조선시대사학회.

김우철, 1991, 「均役法 施行 前後의 私募屬 硏究」, 『충북사학』 4, 충북대사학회.

김재호, 1997, 「甲午改革이후 近代的 財政制度의 形成過程에 관한 硏究」, 서울대학교 박사학위논문.

김태웅, 1995, 「갑오개혁기 전국 읍사례편찬과 신정사례의 마련」, 『국사관논총』 제66집, 국사편찬위원회.

_____, 1997, 「開港前後〜大韓帝國期의 地方財政改革 硏究」, 서울대학교 박사학위논문.

_____, 1999, 「朝鮮後期 邑事例의 系統과 活用」, 『古文書硏究』 15, 한국고문서학회.

김한빛, 2017, 「17세기 조선의 동전 통용정책과 활용양상」, 서울대학교 국사학과 석사논문.

김현구, 2001, 「조선 후기 沿海民의 생활상 -18〜19세기 巨濟府를 중심으로-」, 『지역과 역사』 제8호, 부산경남역사연구소.

德成外志子, 2001, 「조선후기 貢納請負制와 中人層貢人」, 고려대학교 박사학위논문.

문용식, 1999, 「朝鮮後期 守令自備穀의 設置」, 『朝鮮時代史學報』 9, 朝鮮時代史學會.

방기중, 1986, 「조선 후기 수취 제도·민란 연구의 현황과 '국사' 교과서의 서술」, 『역사교육』 39, 역사교육연구회.

배항섭, 2013, 「19세기 후반 민중운동과 공론」, 『한국사연구』 161, 한국사연구회.

_____, 2014, 「19세기 향촌사회질서의 변화와 새로운 공론의 대두-아래로부터 형성되는 새로운 질서-」, 『조선시대사학보』 71, 조선시대사학회

_____, 2016, 「1880〜90년대 동학의 확산과 동학에 대한 민중의 인식 - 유교 이념과의 관련을 중심으로 -」, 『朝鮮時代史學報』 77, 朝鮮時代史學會.

손병규, 1999, 「18세기 양역 정책과 지방의 군역 운영」, 『軍史』 39, 국방군사연구소.

_____, 2000, 「조선후기 상주지방의 역수취 체제와 그 운영」, 『역사와 현실』 38, 한국역사연구회.

_____, 2001, 「戶籍大帳 職役欄의 軍役 記載와 '都已上'의 統計」, 『大東文化硏究』 39, 대동문화연구원.

_____, 2003, 「조선후기 재정구조와 지방재정운영-재정 중앙집권화와의 관계」, 『조선시대사학보』25, 조선시대사학회.

_____, 2003, 「徐有榘의 賑恤政策-『完營日錄』·『華營日錄』을 중심으로」, 『大東文化研究』42, 대동문화연구원

_____, 2003, 「19세기 나주지역의 재정운영과 권력관계」, 『대동문화연구』44, 대동문화연구원.

_____, 2004, 「대한제국의 재정, 그 이념적 굴절에 대하여」, 서중석편, 『새로운 질서를 향한 제국 질서의 해체-역사-』, 청어람미디어.

_____, 2005, 「갑오시기 재정개혁의 의미-조선왕조 재정시스템의 관점에서-」, 『한국사학보』21, 고려사학회.

_____, 2005, 「대한제국기의 호구정책-단성 배양리와 제주 덕수리의 사례」, 『대동문화연구』49, 대동문화연구원.

_____, 2007, 「조선시대 국가경제의 운영원리-국가재분배의 관점에서-」, 『朝鮮時代史學報』42, 조선시대사학회.

_____, 2008, 「조선후기 국가재원의 지역적 분배-賦役實總의 上下納 세물을 중심으로」, 『역사와 현실』70, 한국역사연구회.

_____, 2011, 「18세기 말의 지역별 '戶口總數', 그 통계적 함의」, 『사림』38, 수선사학회

_____, 2011, 「조선후기 비총제 재정의 비교사적 검토 - 조선의 賦役實摠과 明淸의 賦役全書」, 『역사와 현실』81, 한국역사연구회.

_____, 2011, 「조선후기 比摠制的 재정체계의 형성과 그 정치성(총론)」, 『역사와 현실』81, 한국역사연구회.

_____, 2012, 「조선왕조 재정과 시장의 관계 재론」, 『경제사학』53, 경제사학회.

_____, 2012, 「'삼정문란'과 '지방 재정 위기'에 대한 재인식」, 『역사비평』101, 역사문제연구소.

_____, 2014, 「정약용의 재정개혁론 -지방재정에 대한 현실인식을 중심으로-」, 『한국실학연구』27, 한국실학학회.

_____, 2016, 「18~19세기 지방재정운영에 있어 자율적 납세조직의 활동」, 『韓國史學報』65, 高麗史學會.

_____, 2017, 「册封體制下에서의 '國役' - 朝鮮王朝 재정시스템의 특징과 관련하여 -」, 『사림』59, 수선사학회.

송양섭, 1995, 「19세기 良役收取法의 변화-洞布制의 성립과 관련하여-」, 『韓國史研究』89, 한국사연구회.

_____, 1995, 「均役法 施行 以後 軍役制 變動의 推移와 洞布制의 運營」, 『軍史』31, 군사편찬연구소.

_____, 2001, 「朝鮮後期 軍·衙門 屯田의 經營形態 硏究」, 高麗大學校 博士學位論文.

_____, 2008, 「『賦役實摠』에 나타난 財源把握 方式과 財政政策」, 『역사와 현실』70, 한국역사연구회.

_____, 2012, 「임술민란기 부세 문제 인식과 三政改革의 방향」, 『한국사학보』49집, 고려사학회.

_____, 2016, 「19세기 부세운영과 '향중공론'의 대두」, 『역사비평』116, 역사문제연구소.

안병욱, 1989, 「19세기 부세의 도결화와 봉건적 수취제도의 해체」, 『國史館論叢』7, 국사편찬위원회.

양진석, 1989, 「18·19세기 還穀에 관한 硏究」, 『韓國史論』21, 서울대국사학과.

오일주, 1984, 「조선후기 國家財政과 還穀의 부세적 기능의 강화」, 연세대학교 석사학위논문.

윤인숙, 2011, 「조선전기 사림의 사회정치적 구상과 小學운동」, 성균관대학교 박사학위논문.

이규대, 2000, 「19세기의 洞契와 洞役」, 김호일편, 『한국 근현대이행기 사회연구』, 신서원.

이성임, 2001, 「16세기 李文楗家의 收入과 經濟活動」, 『國史舘論叢』97, 國史編纂委員會.

_____, 2004, 「조선 중기 양반관료의 '稱念'에 대하여」, 『朝鮮時代史學報』29, 조선시대사학회.

_____, 2005, 「16세기 양반사회의 선물경제」, 『한국사연구』130, 한국사연구회.

이영훈, 1980, 「朝鮮後期 八結作夫制에 대한 硏究」, 『韓國史研究』29, 한국사연구회.

_____, 1989, 「光武量田의 歷史的 性格-忠清南道 燕岐郡 光武量案에 관한 事例分析」, 안병직외편, 『근대조선의 경제구조』, 비봉출판사.

이용기, 2008, 「19세기 후반 班村 洞契의 기능과 성격 변화 – 전남 장흥군 어서리 동계를 중심으로」, 『史學硏究』 91, 한국사학회.

이윤상, 1996, 「일제에 의한 식민지재정의 형성과정-1894~1910년의 세입구조와 징
　　　세기구를 중심으로-」, 『한국사론』 14, 서울대학교국사학과.

이존희, 1984, 「조선왕조의 유수부경영」, 『한국사연구』 47, 한국사연구회.

이종범, 1994, 「19세기말 20세기초 향촌사회구조와 조세제도의 개편-구례군 토지
　　　면 오미동 '유씨가문서'분석-」, 연세대학교 박사학위논문.

이헌창, 1996, 「朝鮮時代 國家의 再分配機能과 國內商業政策」, 『省谷論叢』 第
　　　27輯1卷, 省谷學術文化財團.

＿＿＿, 2009, 「조선왕조의 經濟統合 體制와 그 변화에 관한 연구」, 『조선시대사
　　　학보』 49, 조선시대사학회.

이효원, 2008, 「17세기후반~18세기 對日關係 硏究—倭館을 통한 銅 輸入을 中
　　　心으로—」, 성균관대학교 동아시아학과 석사논문.

장동표, 1985, 「18·19세기 이액 증가의 현상에 관한 연구」, 『釜大史學』 9, 부산대학
　　　교사학회.

＿＿＿, 1990, 「朝鮮後期 民庫 운영의 성격과 運營權」, 『碧史李佑成教授定年
　　　退職紀念論叢; 民族史의 展開와 그 文化』(상) 벽사이우성교수정년퇴직
　　　기념논총간행위원회.

장품단·김홍수, 2012, 「주희 서원교육 사상에 대한 이황의 계승과 발전 -'白鹿洞書
　　　院揭示'를 중심으로-」, 『안동학연구』 11, 한국국학진흥원.

전민영, 2015, 「巨濟 舊助羅里 古文書를 통한 마을의 運營 연구」, 한국학중앙연
　　　구원 한국학대학원 석사학위논문.

정수환, 2007, 「17世紀 銅錢流通의 政策과 實態」, 한국학중앙연구원 한국학대학
　　　원 박사논문.

정승진, 2016, 「폴라니(K. Polanyi)의 복합사회론- 한국사 연구에 대한 몇 가지 단상
　　　-」, 『역사와 담론』 80, 호서사학회.

정연식, 1985, 「17, 18세기 양역균일화정책의 추이」, 『韓國史論』 13, 서울대학교 국
　　　사학과.

＿＿＿, 1993, 「조선후기 역총의 운영과 양역변통」, 서울대학교 박사학위논문.

정진영, 2002, 「조선후기 호적 호의 편제와 성격」, 『대동문화연구』 40, 대동문화연구원.

정해은, 2002, 「丹城縣 戶籍大帳에 등재된 戶의 出入」, 『大東文化硏究』 40, 대동
　　　문화연구원.

정형지, 1993, 「朝鮮後期 賑資調達策」, 『梨花史學硏究』제20·21합호, 이화사학연구소.

조석곤, 1990, 「광무년간의 호정운영체계에 관한 소고」, 김홍식외, 『대한제국기의 토지제도』, 민음사.

_____, 2001, 「근대적 재정제도의 성립과 징세기구의 변화」, 안병직편, 『한국경제성장사-예비적 고찰-』, 서울대학교출판부.

조영준, 2010, 「조선후기 ‘雜稅’ 연구의 현황과 과제」, 『奎章閣』36, 서울대 규장각 한국학연구원.

허원영, 2007, 「19세기 후반 제주 호구중초에 등재된 호의 경제적 성격: 제주도 대정현 사계리의 사례를 중심으로-」, 『古文書硏究』30, 한국고문서학회.

井上和枝, 1985, 「李朝後記慶尙道丹城縣の社會變動」, 『學習院史學』23, 學習院大學史學會.

_____, 1990, 「丹城民亂期における在地士族の動向」, 『朝鮮後期の慶尙道丹城縣における社會動態の硏究 (1)』, 學習院大學 東洋文化硏究所.

足立啓二, 1990, 「專制國家と財政·貨幣」, 中國史硏究會編, 『中國專制國家と社會統合:中國史像の再構成2』, 文理閣.

宮嶋博史, 1990, 「植民地朝鮮」, 柴田三千雄ほか編, 『シリーズ世界史への問い8; 歷史のなかの地域』. 岩波書店.

李榮薰, 1993, 「朝鮮前期·明代の戶籍についての比較史的檢討」, 中村哲編, 『東アジア專制國家と社會·經濟-比較史の視點から-』, 靑木書店.

岩井茂樹, 1994, 「徭役と財政のあいだ-中國稅·役制度の歷史的理解にむけて-」, 『經濟經營論叢』第28卷第4号(3月), 第29卷1·2·3号(6·9·12月), 京都産業大學.

宮澤知之, 1999, 「中國專制國家財政の展開」, 樺山紘一 外編, 『岩波講座世界歷史9; 中華の分裂と再生 3-13世紀』, 岩波書店.

찾아보기

|가|

가봉(加捧) 206, 247
가징(加徵) 86, 206, 207, 209, 210, 211
각사(各司) 21, 94, 123, 147, 148, 150, 168, 176, 177, 192, 242, 243
각사자판(各司自辦) 36, 267
감관(監官) 99, 100, 102, 123, 243, 244
감영(監營) 10, 11, 25, 26, 27, 30, 39, 47, 51, 68, 86, 94, 96, 114, 129, 132, 134, 139, 143, 144, 145, 150, 151, 152, 153, 154, 155, 156, 157, 158, 160, 164, 204, 208, 220, 243, 244
갑오개혁(甲午改革) 13, 32, 195, 202, 203, 204, 205, 207, 221, 235, 241, 242, 250, 251, 256, 257, 265, 269, 270, 271, 277, 278
갑오승총(甲午陞摠) 13, 220, 243, 250, 265
개색(改色) 96, 115
결세(結稅) 13, 129, 202, 241, 266
결전(結錢) 18, 50, 95, 98, 113, 124, 129, 132, 140, 210, 243, 244, 246, 247, 248
경사군문(京司軍門) 68, 129, 146, 179, 208

경상납(京上納) 50
경자양전(庚子量田) 23, 178
계방(契房) 25, 31, 32, 51, 72, 73
고정화 39, 43, 60, 61, 64, 77, 140, 150, 179, 193, 194, 218, 234, 254, 275, 276
공납(貢納) 17, 18, 22, 29, 30, 37, 41, 56, 62, 63, 85, 93, 113, 131, 177, 182, 190, 214, 215, 218, 230, 233, 271, 278
공인(貢人) 42, 50, 154, 177, 214, 231
공전(公田) 113, 244
공전(公錢) 224, 225, 242, 248, 249
공진(公賑) 162
관납보(官納保) 182
관아(官衙) 9, 19, 21, 22, 24, 25, 26, 28, 29, 30, 31, 32, 47, 58, 68, 70, 73, 83, 84, 85, 86, 88, 89, 94, 96, 97, 102, 106, 107, 111, 112, 113, 114, 117, 118, 151, 170, 176, 199, 224, 229, 246, 279
관역(官役) 88
관치분권주의(官治分權主義) 189, 192
광무양전(光武量田) 23, 268, 270
국가재분배 5, 6, 12, 35, 66, 76, 106, 213, 215, 227, 231, 232, 234, 235, 236
국가지불수단 194, 230

국고(國庫) 13, 17, 18, 20, 23, 25, 32,
    45, 58, 66, 67, 71, 77, 109, 111,
    157, 176, 177, 180, 181, 183, 194,
    202, 205, 213, 243, 245, 265, 271,
    272, 274, 275, 276, 279
국용(國用) 17, 18, 20, 35, 191
군문(軍門) 5, 21, 43, 124, 132
군보(軍保) 5, 98, 124, 126, 129, 132,
    153, 157, 224, 242, 246, 248
군액(軍額) 43, 113, 114, 116, 132,
    179, 180, 181, 224
군역(軍役) 4, 5, 17, 18, 19, 20, 21,
    22, 26, 30, 37, 40, 42, 43, 45, 46,
    50, 51, 52, 56, 60, 63, 64, 89, 93,
    94, 95, 96, 98, 107, 108, 110,
    111, 113, 114, 115, 116, 117, 124,
    126, 129, 154, 156, 165, 172, 179,
    180, 181, 182, 183, 206, 211, 218,
    222, 223, 224, 225, 233, 241, 253,
    260, 274
군향(軍餉) 115
군현제(郡縣制) 6, 8, 11, 67, 108,
    186, 187, 188, 190, 195, 212, 232,
    236, 237, 270, 273, 278, 281
궁방(宮房) 22, 37, 68, 69, 70, 71,
    106, 113, 177, 202, 204, 220, 243,
    244
궁방전(宮房田) 25, 32, 42, 113, 243,
    264, 265
궁장토(宮庄土) 23
권농(勸農) 164, 165, 166, 167, 169,
    173, 178
규정외 57
균역법(均役法) 18, 56, 63, 93, 131,
    179, 218, 233
균역청(均役廳) 18, 42, 50, 95, 112,
    113, 180, 209, 210, 218, 233
기전(起田) 178
김인섭(金麟燮) 105, 106
깃기(衿記) 24

|나|

내수사(內需司) 22, 45, 46
농형(農形) 170

|다|

답험(踏驗) 34, 178
대동(大同) 18, 29, 45, 50, 53, 62, 87,
    95, 98, 99, 102, 113, 122, 124,
    129, 132, 140, 158, 177, 210, 214,
    267
대동법(大同法) 18, 37, 56, 65, 93,
    131, 176, 182, 214, 215, 218, 230,
    232, 233
대한제국(大韓帝國) 5, 12, 13, 195,
    202, 205, 221, 231, 242, 245, 246,
    251, 253, 256, 258, 259, 261, 262,
    264, 265, 268, 269, 270, 271, 272,
    277, 279, 281
도결(都結) 72, 76, 113, 217
도이상(都已上) 27, 223, 253
동계(洞契) 83, 84, 87, 88, 89, 90, 91,
    225, 226, 281

동포(洞布) 64, 107, 116, 262
둔토(屯土) 23, 25, 202, 220, 243, 244, 280

|마|

명청(明淸) 4, 5, 11, 34, 35, 58, 187, 234, 273
모곡(耗穀) 53, 96, 97, 102, 108, 115, 116, 122, 126, 129, 130, 131, 132, 134, 135, 136, 137, 138, 140, 141, 142, 143, 144, 145, 146, 147, 148, 149, 150, 151, 155, 158, 161, 163, 168, 173, 174, 175, 235
목민서(牧民書) 7, 28, 106, 107
목민심서(牧民心書) 7, 17, 29, 106, 107
무명잡세(無名雜稅) 11, 109, 201, 203, 204, 267
민결(民結) 25, 50, 51, 96, 244
민고(民庫) 9, 29, 30, 31, 53, 72, 73, 89, 103, 130, 155, 184
민장(民狀) 241

|바|

방곡(防穀) 161, 166, 167
방납(防納) 176
방역(防役) 87, 88
방적(防糴) 166
병탑몽흔록(病榻夢痕錄) 78

복호(復戶) 50, 51, 102, 243
본관봉용(本官奉用) 33, 39, 47, 50, 51, 70, 182, 209, 210
본색(本色) 45, 65, 109, 166, 194, 247, 266, 276
부국강병(富國强兵) 7, 13, 269, 272
부역실총(賦役實摠) 7, 33, 39, 41, 42, 43, 44, 45, 46, 47, 48, 49, 50, 51, 60, 61, 62, 63, 66, 70, 130, 131, 181, 182, 183, 208, 209, 210, 250
부역전서(賦役全書) 58, 59, 60, 62, 64
분정(分定) 8, 70, 85, 176
비총제(比摠制) 23, 33, 58, 74, 140, 179

|사|

사노(私奴) 96, 114
사모속(私募屬) 21, 69
사전(私田) 60, 113
사진(私賑) 156, 157, 162
삼정(三政) 6, 9, 10, 77, 78, 107, 108, 110, 111, 116, 117, 169, 241, 253
상산읍례(商山邑例) 48, 49, 50, 51, 52, 98, 209, 210
상정가(詳定價) 131, 136, 137, 147, 148, 160, 166
서원(書員) 25, 29, 30, 53, 75, 88, 90, 91, 99, 100, 216, 224
서유구(徐有榘) 10, 134, 135, 137, 138, 139, 140, 141, 142, 143, 145, 146, 147, 148, 149, 151, 152, 154,

156, 157, 159, 160, 161, 162, 163, 164, 165, 166, 167, 168, 169, 170, 171, 172, 173, 174, 175, 176

선물경제 65, 228, 229, 233

선혜청(宣惠廳) 18, 41, 45, 113, 158, 177, 218, 233

소학(小學) 90, 91

수미(需米) 50, 132, 145, 158, 210

수세실결(收稅實結) 23, 24, 75, 178, 179, 216, 220, 245

수원유수부 10, 11, 121, 122, 123, 124, 125, 128, 133, 134, 135, 137, 140, 143, 144, 145, 146, 147, 149, 150, 151, 168, 170, 175

수조권(受租權) 13, 36, 37, 63, 69, 94, 243, 244, 265, 274, 280

시전(市廛) 42, 65, 176, 199, 200, 214, 231, 235

시탄(柴炭) 51, 96

실결(實結) 13, 34, 75, 93, 112, 116, 138, 139, 216, 220, 243

|아|

액내(額內) 51, 70

액외(額外) 51, 70, 113, 114, 193, 194, 276

양안(量案) 52, 99, 178, 244

양역실총(良役實摠) 43, 182, 183

양입위출(量入爲出) 191

양전(量田) 116, 178

에도[江戶] 4, 5, 11

역부담 21, 55, 62, 64, 99, 100, 213

역수취체제 70, 98, 100, 102, 125, 181, 183, 184, 194, 276

완영일록(完營日錄) 10, 134, 152, 154

왕토(王土) 37, 54, 56, 94, 189, 191, 212, 264, 265, 270, 272, 274, 278, 279, 280

요역(徭役) 18, 27, 29, 37, 40, 41, 56, 59, 62, 63, 64, 69, 74, 85, 86, 96, 104, 113, 129, 154, 165, 189, 193, 194, 214, 218, 233, 234, 241, 276

요호(饒戶) 17, 19, 104, 109, 116, 160, 260, 276

우주송삼금(牛酒松三禁) 164

원곡(元穀) 96, 97, 115, 130, 144, 148, 150, 151, 235

원액(原額) 11, 34, 37, 38, 39, 45, 46, 59, 60, 61, 64, 94, 218, 234, 280

원액주의(原額主義) 34, 35, 59, 94, 163, 193, 194, 276

유희천(柳希天) 84, 85, 86, 87, 88, 89, 90, 91

은결(隱結) 23, 75, 88, 112, 178, 179, 216, 245

읍사례(邑事例) 183, 204, 205, 220, 250, 285

읍소속(邑所屬) 26, 31, 52, 96, 114, 181, 183

읍재정(邑財政) 7, 8, 26, 29, 32, 47, 51, 66, 68, 70, 71, 73, 83, 182, 209, 257

이휘부(李彙溥) 104, 109

인군무사장(人君無私藏) 265, 278

일조편법(一條鞭法) 58, 59, 60, 62

|자|

자비(自備)   154, 155, 156, 157, 192

작전(作錢)   105, 113, 114, 115, 132, 143, 145, 147, 159, 160, 166, 173, 174, 175, 266

잡비(雜費)   11, 45, 46, 47, 78, 130, 153, 182, 199, 200, 205, 206, 207, 208, 209, 210, 211, 248, 250, 280

잡세(雜稅)   11, 50, 96, 129, 131, 169, 199, 200, 201, 202, 203, 204, 205, 206, 211, 249, 266, 277

잡역(雜役)   11, 12, 29, 50, 51, 56, 62, 63, 64, 70, 72, 74, 113, 130, 193, 206, 212, 241, 275, 276

재결(災結)   23, 24, 50, 138, 139, 140, 155, 158, 159, 178, 179

재정과정(財政過程)   6, 9, 19, 38, 56, 67, 73, 75, 83, 94, 200, 203, 208, 212, 215, 218

재정시스템   4, 5, 6, 7, 8, 9, 11, 12, 13, 14, 15, 32, 33, 35, 38, 39, 54, 55, 58, 61, 69, 70, 71, 73, 77, 78, 79, 151, 176, 187, 188, 189, 193, 194, 195, 202, 215, 220, 231, 232, 233, 237, 239, 242, 264, 267, 268, 273, 274, 276, 278, 279

재정이념(財政理念)   13, 30, 35, 54, 56, 66, 71, 91, 109, 190, 192, 212, 237, 265, 268, 269, 272, 274, 279, 280, 281

저치(儲置)   95, 178

전곡(錢穀)   86

전라도감영   10

전세(田稅)   17, 18, 29, 30, 33, 34, 37, 45, 49, 56, 62, 85, 88, 98, 111, 113, 131, 140, 209, 210, 212

전제(專制)   4, 5, 7, 11, 12, 19, 20, 28, 34, 35, 42, 54, 57, 58, 66, 67, 68, 71, 78, 105, 110, 117, 187, 188, 189, 218, 223, 229, 231, 232, 233, 234, 236, 237, 269, 270, 272, 273, 278, 280

절약재정(節約財政)   5, 6, 8, 11, 55, 66, 189, 267, 275, 280, 281

절용(節用)   8, 55, 118, 158, 190, 191, 192, 212, 237

정액(定額)   7, 8, 11, 21, 33, 34, 35, 37, 40, 45, 50, 56, 57, 59, 60, 61, 62, 63, 66, 76, 77, 93, 95, 96, 114, 116, 117, 129, 176, 177, 179, 180, 181, 191, 193, 210, 213, 216, 217, 218, 223, 233, 245, 274, 275

정액사업(定額事業)   43, 52, 63

정약용(丁若鏞)   7, 17, 18, 20, 22, 23, 24, 25, 26, 27, 28, 29, 30, 31, 32, 33, 51, 53, 72, 104

조공책봉체제(朝貢册封體制)   5

조운(漕運)   46, 78, 79, 206, 208

족계(族契)   88, 226

중간비용   26, 79, 83, 88, 95, 160, 208, 212, 213, 216, 218, 268

중앙정부   8, 9, 18, 21, 24, 33, 36, 37, 38, 39, 40, 43, 46, 47, 55, 56, 57, 58, 59, 60, 61, 66, 88, 93, 94, 101, 107, 108, 109, 111, 112, 113, 116, 117, 118, 138, 154, 162, 164,

166, 168, 176, 178, 179, 186, 194,
195, 203, 204, 205, 206, 207, 208,
209, 211, 215, 216, 217, 218, 220,
221, 223, 231, 232, 234, 245, 247,
249, 250, 251, 253, 255, 256, 260,
261, 263, 266, 267, 273, 274, 276,
279

지방관청 6, 7, 8, 9, 11, 13, 19, 37,
38, 48, 50, 51, 52, 55, 57, 58, 61,
63, 67, 68, 69, 70, 71, 74, 75, 76,
77, 93, 95, 96, 98, 99, 100, 109,
112, 121, 129, 130, 163, 177, 178,
179, 180, 181, 182, 183, 184, 193,
194, 202, 203, 204, 206, 207, 208,
209, 210, 211, 212, 213, 214, 216,
217, 233, 236, 243, 244, 245, 249,
250, 251, 252, 257, 266, 267, 274,
275, 279

직역(職役) 20, 37, 55, 63, 181, 192,
213, 223, 253, 255

진결(陳結) 112, 138

진상(進上) 52, 70, 102, 127, 130,
161

진전(陳田) 23, 67, 116, 164, 165,
166, 178, 234, 263, 264

진휼(賑恤) 112, 115, 122, 125, 134,
142, 151, 152, 153, 154, 155, 156,
157, 158, 159, 160, 161, 162, 163,
164, 165, 166, 167, 173

|차|

총액 7, 9, 24, 27, 28, 33, 34, 35, 37,
38, 39, 52, 60, 74, 85, 93, 94,
107, 108, 112, 121, 140, 178, 179,
205, 208, 220, 224

취식(取殖) 84, 85, 86, 102, 163, 223,
224, 225

|타|

탁지아문(度支衙門) 202, 220, 242,
243, 244, 245, 246, 247, 248, 249,
255

태가잡비(駄價雜費) 12, 46, 208

|하|

향리(鄕吏) 8, 9, 17, 19, 20, 22, 24,
25, 30, 31, 53, 57, 58, 67, 72, 73,
81, 83, 89, 92, 95, 99, 100, 103,
105, 107, 108, 109, 136, 163, 199,
200, 206, 212, 217, 218, 221, 229,
251, 264, 268

향안조직(鄕案組織) 91, 92, 100

향임(鄕任) 72, 99, 100, 123, 163,
173

향회(鄕會) 10, 83, 84, 106, 107, 220,
221, 222, 225, 245, 258, 281

호구(戶口) 5, 8, 12, 13, 26, 27, 28,
29, 31, 38, 62, 63, 85, 95, 107,

116, 154, 189, 191, 192, 202, 205,
220, 224, 231, 232, 241, 243, 245,
246, 253, 254, 255, 256, 257, 258,
259, 260, 261, 262, 263, 266, 268
호구조사규칙(戶口調査規則) 246, 256,
257
호구총수(戶口總數) 26, 28, 104, 253,
254, 256, 261, 263
호세(戶稅) 13, 202, 246, 258, 261,
266
호역(戶役) 50, 51, 85, 87, 96, 105,
107, 241, 255, 262
호적(戶籍) 19, 26, 27, 28, 52, 96, 99,
104, 116, 154, 170, 181, 205, 211,
221, 223, 224, 231, 232, 236, 245,
253, 254, 255, 256, 257, 258, 259,
260, 263, 268, 276

호조(戶曹) 18, 33, 34, 40, 41, 42, 43,
45, 50, 64, 68, 98, 107, 113, 117,
129, 131, 139, 140, 146, 147, 149,
150, 199, 200, 209, 210, 242, 271
화성(華城) 119, 121, 123, 124, 125,
131, 132, 133, 134, 135, 136, 137,
141, 146, 148, 149, 168, 172, 173
화영일록(華營日錄) 10, 134, 135
환곡(還穀) 9, 53, 85, 86, 96, 97, 102,
104, 105, 106, 108, 110, 111, 115,
116, 117, 122, 125, 126, 129, 130,
131, 132, 134, 135, 136, 137, 138,
139, 140, 141, 143, 144, 145, 146,
148, 149, 150, 151, 152, 153, 154,
155, 158, 159, 160, 161, 163, 166,
167, 168, 172, 173, 174, 203, 235,
236, 260, 267, 268

손병규(孫炳圭)

성균관대학교 사학과를 졸업하고 일본 동경대학교 대학원에서 박사학위를 취득했다. 조선시대 재정사를 비롯한 사회경제사 연구와 호적 및 족보에 근거한 역사인구학 연구를 병행하고 있다. 현재 성균관대학교 동아시아학술원 교수로 재직 중이다.

저서
『호적, 1606~1923 호구기록으로 본 조선의 문화사』, 휴머니스트, 2007
『조선왕조 재정시스템의 재발견』, 역사비평사, 2008
『임술민란과 19세기 동아시아 민중운동』(공저), 성균관대학교출판부, 2013
『통계로 보는 조선후기 국가경제』(공저), 성균관대학교출판부, 2013
『한국역사인구학연구의 가능성』(공저), 성균관대학교출판부, 2016

19세기 지방재정 운영

초판 1쇄 발행일	2018년 4월 25일
지은이	손병규
펴낸이	한정희
총괄이사	김환기
편집부	김지선 박수진 한명진 유지혜 장동주
마케팅	김선규 하재일 유인순
펴낸곳	경인문화사
출판신고	제406-1973-000003호
주소	경기도 파주시 회동길 445-1 경인빌딩 B동 4층
대표전화	031-955-9300 **팩스** 031-955-9310
홈페이지	http://www.kyunginp.co.kr
이메일	kyungin@kyunginp.co.kr
ISBN	978-89-499-4740-2 94910
	978-89-499-4739-6 (세트)

값 22,000원
ⓒ 성균관대학교 동아시아학술원, 2018

* 이 도서의 국립중앙도서관 출판예정도서목록(CIP)은 서지정보유통지원시스템 홈페이지(http://seoji.nl.go.kr)와 국가자료공동목록시스템(http://www.nl.go.kr/kolisnet)에서 이용하실 수 있습니다.(CIP제어번호: CIP2016033455)
* 이 저서는 2013년도 정부(교육과학기술부)의 재원으로 한국학중앙연구원(한국학진흥사업단)의 지원을 받아 수행된 연구임(AKS-2013-KSS-1230001)